Beck-Rechtsberater

Guter Rat bei Arbeitslosigkeit

dtv

Beck-Rechtsberater

Guter Rat bei

Arbeitslosigkeit

Arbeitslosengeld · Kurzarbeitergeld · Insolvenzgeld · Soziale Sicherung · Rechtsschutz

Von Dr. Matthias Schneil

13. Auflage

dtv

www.dtv.de
www.beck.de

Originalausgabe

dtv Verlagsgesellschaft mbH & Co. KG,
Tumblingerstraße 21, 80337 München

Druck und Bindung: Druckerei C.H. Beck, Nördlingen
(Adresse der Druckerei: Wilhelmstraße 9, 80801 München)
Satz: ottomedien GmbH, Darmstadt
Umschlaggestaltung: Design Concept Krön, Puchheim
unter Verwendung eines Fotos von GettyImages

CO_2 neutral
chbeck.de/nachhaltig

ISBN 978-3-423-51250-3 (dtv)
ISBN 978-3-406-76131-7 (C.H.Beck)
ISBN 978-3-406-76132-4 (eBook)

9 783406 761317

Vorwort

Seit dem Erscheinen der 12. Auflage im Juli 2012 unter der Feder von Thomas Bubeck mit Mitwirkung von Ulrich Sartorius hat sich das Sozialrecht weiterentwickelt, so dass entsprechende Änderungen an diesem Werk erforderlich waren. An der Grundkonzeption des von Hermann Hummel-Liljegren begründeten Buches – nämlich einen der Zeit entsprechenden Ratgeber im Themenbereich der Arbeitslosigkeit darzustellen – wurde nichts verändert. Hinzugekommen sind – aus aktuellem Anlass – Ausführungen zum Kurzarbeitergeld. Auf Ausführungen zur Sozialhilfe wurde dagegen bewusst verzichtet, da dazu bereits der Ratgeber „Sozialhilfe und Arbeitslosengeld II" von *Hüttenbrink/Kilz* als Beck-Rechtsberater im dtv erhältlich ist.

Alle Gesetzesänderungen und – soweit erforderlich – wesentlichen Entscheidungen des Bundessozialgerichts seit der letzten Auflage wurden berücksichtigt. Auf befristet geltende Sonderregelungen im Rahmen der Covid-19-Krise wird jeweils im Zusammenhang hingewiesen.

Um den Lesefluss nicht zu verlangsamen, wird im Folgenden ausschließlich die männliche Form verwendet und auf die Nennung von m/w/d verzichtet.

Freising, im Juni 2020 *Matthias Schneil*

Inhaltsübersicht

Inhaltsverzeichnis

Abkürzungsverzeichnis

Abs.	Absatz
Art.	Artikel
BAföG	Bundesausbildungsförderungsgesetz
BEEG	Bundeselterngeld- und Elternzeitgesetz
BGB	Bürgerliches Gesetzbuch
BGBl.	Bundesgesetzblatt
BSG	Bundessozialgericht
BUrlG	Bundesurlaubsgesetz
d.h.	das heißt
EFZG	Entgeltfortzahlungsgesetz
EGStGB	Einführungsgesetz zum Strafgesetzbuch
EStG	Einommensteuergesetz
etc.	et cetera
f./ff.	folgende/fortfolgende
GG	Grundgesetz
HGB	Handelsgesetzbuch
InsO	Insolvenzordnung
i.V.m.	in Verbindung mit
KSchG	Kündigungsschutzgesetz
Kug	Kurzarbeitergeld
KugV	Kurzarbeitergeldverordnung
LSG	Landessozialgericht
MuSchG	Mutterschutzgesetz
S.	Satz/Seite
s.	siehe
SGB I	Sozialgesetzbuch – Allgemeiner Teil (1. Buch)
SGB II	Sozialgesetzbuch – Grundsicherung für Arbeitsuchende (2. Buch)
SGB III	Sozialgesetzbuch – Arbeitsförderung (3. Buch)
SGB IV	Sozialgesetzbuch – Gemeinsame Vorschriften für die Sozialversicherung (4. Buch)
SGB V	Sozialgesetzbuch – Gesetzliche Krankenversicherung (5. Buch)

SGB VI	Sozialgesetzbuch – Gesetzliche Rentenversicherung (6. Buch)
SGB VII	Sozialgesetzbuch – Gesetzliche Unfallversicherung (7. Buch)
SGB VIII	Sozialgesetzbuch – Kinder und Jugendhilfe (8. Buch)
SGB IX	Sozialgesetzbuch – Rehabilitation und Teilhabe behinderter Menschen (9. Buch)
SGB X	Sozialgesetzbuch – Verwaltungsverfahren (10. Buch)
SGB XI	Sozialgesetzbuch – Soziale Pflegeversicherung (11. Buch)
SGB XII	Sozialgesetzbuch – Sozialhilfe (12. Buch)
SGG	Sozialgerichtsgesetz
StGB	Strafgesetzbuch
TzBfG	Teilzeit- und Befristungsgesetz
usw.	und so weiter
VGH	Verwaltungsgerichtshof
vgl.	vergleiche
VO	Verordnung
z.B.	zum Beispiel
ZPO	Zivilprozessordnung

1. Kapitel

Arbeitslosengeld

I. Wer erhält Arbeitslosengeld?

1. Anspruchsvoraussetzungen

Arbeitslosengeld im Falle von **Arbeitslosigkeit** und bei **Beruflicher Weiterbildung** (§ 136 Abs. 1 SGB III) erhält nach § 137 Abs. 1 SGB III, wer

- arbeitslos ist
- sich bei der Agentur für Arbeit arbeitslos gemeldet und
- die Anwartschaftszeit erfüllt hat.

Jede dieser Voraussetzungen muss erfüllt sein. Außerdem endet der Anspruch auf Arbeitslosengeld mit Ablauf des Monats, in dem Sie das für die **Regelaltersrente** im Sinne des SGB VI erforderliche Lebensjahr vollenden (§ 136 Abs. 2 SGB III). Das gilt auch dann, wenn Ihnen keine gesetzliche Altersrente zusteht. Für diejenigen, die **vor dem 1.1.1947 geboren** sind, gilt nach § 235 Abs. 2 S. 1 SGB VI als Regelaltersgrenze die Vollendung des 65. Lebensjahres. Sind Sie **nach dem 31.12.1963 geboren,** müssen Sie das 67. Lebensjahr vollendet haben, um die Regelaltersrente beanspruchen zu können (§§ 35 S. 2, 235 SGB VI). Für die **Jahrgänge 1947 bis 1963** wird die Regelaltersgrenze schrittweise um jeweils einen Monat/Jahrgang (Jahrgänge 1947 bis 1958) bzw. um jeweils weitere zwei Monate/Jahrgang (Jahrgänge 1959 bis 1963) angehoben (§ 235 Abs. 2 S. 2 SGB VI).

2. Sind Sie Arbeitsloser? – Sind Sie Arbeitnehmer?

Arbeitslos ist nach § 138 Abs. 1 SGB III, wer Arbeitnehmer oder Arbeitnehmerin ist, und:

- nicht in einem Beschäftigungsverhältnis steht (Beschäftigungslosigkeit)
- sich bemüht, seine Beschäftigungslosigkeit zu beenden (Eigenbemühungen) und
- den Vermittlungsbemühungen der Agentur für Arbeit zur Verfügung steht (Verfügbarkeit).

a) Arbeitnehmer-Eigenschaft

Arbeitnehmer ist – vereinfacht gesagt – wer **abhängig** beschäftigt wäre, wenn er Arbeit hätte. **Abhängig erwerbstätig** sind Sie, wenn Sie im Betrieb eines Arbeitgebers arbeiten und von ihm oder seinen Mitarbeitern Weisungen empfangen. Nicht jeder, der Arbeit sucht, ist also Arbeitsloser im Sinne des Gesetzes, sondern nur der, der zumindest von nun an eine **abhängige Beschäftigung** sucht. Dass er bisher **selbstständig** tätig war oder sich später einmal **selbstständig** machen will, schadet nicht.

BEISPIEL: Gastwirt G muss sein Lokal nach einem Jahr aufgeben, weil es sich nicht rentiert. Zuvor war er viele Jahre als Gerüstbauer beschäftigt. Er meldet sich arbeitslos, beantragt Arbeitslosengeld und erklärt, wieder als Arbeitnehmer tätig sein zu wollen. Die Suche nach einer versicherungspflichtigen Beschäftigung bleibt erfolglos. Nach einem halben Jahr erklärt er, wieder selbstständig eine Gaststätte pachten und betreiben zu wollen. Ist G zum Zeitpunkt der Arbeitslosmeldung Arbeitsloser im Sinne des Gesetzes? Ja, weil er bereit war, bis zur erneuten Selbstständigkeit abhängig zu arbeiten. Ihm steht auch für das halbe Jahr Arbeitslosengeld zu, da er von den letzten zwei Jahren zwölf Monate als Arbeitnehmer versicherungspflichtig beschäftigt war und damit die erforderliche Anwartschaftszeit (dazu siehe S. 38 ff.) erfüllt hat.

Wer künftig erstmalig oder nach langjähriger Pause erneut als Arbeitnehmer tätig sein will, kann sich ebenfalls als Arbeitsloser melden.

BEISPIEL: A war nach der Ausbildung als Erzieherin sieben Jahre lang Hausfrau, sucht jetzt Arbeit und meldet sich arbeitslos. Auch sie ist Arbeitslose im Sinne des § 136 SGB III (vgl. auch § 16 SGB III) und wird als Arbeitsuchende (§ 15 SGB III) vermittelt. Arbeitslosengeld steht ihr allerdings wegen der nicht erfüllten Anwartschaftszeit nicht zu. Möglicherweise stehen ihr jedoch Leistungen der Grundsicherung für Arbeitsuchende zu (§§ 19 ff. SGB II, dazu siehe *Hüttenbrink/Kilz*, Sozialhilfe und Arbeitslosengeld II).

Es spielt keine Rolle, warum jemand seine Arbeitnehmerstelle verliert – z.B. Kündigung wegen Verringerung des Personalbedarfes, eigene Kündigung, eigenes Verschulden, Insolvenz der Firma. In allen Fällen sind Sie Arbeitsloser und erhalten – abgesehen vom möglichen Eintritt einer Sperrzeit (dazu siehe S. 93 ff.) – Arbeitslosengeld, wenn alle Voraussetzungen erfüllt sind. Arbeitnehmer sind auch **Auszubildende** (vgl. § 25 Abs. 1 SGB III) und Heimarbeiter (§ 13 SGB III i.V.m. § 12 Abs. 2 SGB IV).

b) Beschäftigungslosigkeit

Beschäftigungslos sind Sie immer dann, wenn Sie nicht (mehr) in einem Beschäftigungsverhältnis stehen. Dabei kommt es nicht entscheidend auf die arbeitsrechtliche, sondern auf die **tatsächliche Situation** an. Besteht arbeitsrechtlich zwar noch ein Arbeitsverhältnis (z.B. bei Freistellung des Arbeitnehmers von der Arbeit), so sind Sie dennoch beschäftigungslos im Sinne des § 138 Abs. 1 Nr. 1 SGB III, wenn der Arbeitgeber Ihre Verpflichtungen aus dem Arbeitsvertrag nicht mehr beansprucht oder wenn Sie sich der Verfügungsgewalt des Arbeitgebers nicht mehr unterwerfen. Dies bedeutet, dass Sie sich bei tatsächlicher Beschäftigungslosigkeit trotz des arbeitsrechtlich noch bestehenden Arbeitsverhältnisses arbeitslos melden und Arbeitslosengeld beantragen können. Erhalten Sie solches, z.B. weil Ihr Arbeitgeber seiner Entgeltzahlungsverpflichtung nicht nachkommt (**Gleichwohlgewährung** nach § 157 Abs. 3 S. 1 SGB III), geht

Ihr Anspruch auf Arbeitsentgelt gegenüber Ihrem Arbeitgeber allerdings auf die Bundesagentur für Arbeit über (§ 115 Abs. 1 SGB X). Solange Sie jedoch von Ihrem Arbeitgeber noch Entgelt beziehen, ruht Ihr Anspruch auf Arbeitslosengeld (§ 157 Abs. 1 SGB III).

c) Beschäftigungslosigkeit trotz kurzzeitiger Beschäftigung?

Als beschäftigungslos gelten Sie auch dann, wenn Sie zwar beschäftigt sind, Ihre Arbeitszeit jedoch – von gelegentlichen Abweichungen von geringer Dauer abgesehen – **weniger als 15 Stunden/Woche** umfasst. Dabei werden mehrere Beschäftigungen zusammengerechnet (§ 138 Abs. 3 SGB III). Auf die Höhe des aus dieser Beschäftigung erzielten Entgeltes kommt es dabei nicht an.

BEISPIEL: A arbeitet vertragsmäßig regelmäßig vierzehn Stunden/ Woche und erzielt hieraus ein Einkommen von 700 €/Monat.
A ist damit trotz des über der Geringfügigkeitsgrenze (§ 8 SGB IV) liegenden Entgeltes beschäftigungslos im Sinne des § 138 Abs. 1 Nr. 1 SGB III. Allerdings wird sein erzieltes Arbeitsentgelt möglicherweise nach § 155 SGB III auf das Arbeitslosengeld angerechnet (dazu siehe S. 68 ff.).

Die gleichen Regeln gelten nach § 138 Abs. 3 SGB III auch für **selbstständige Tätigkeiten** (selbstständig ist, wer wirtschaftlich eigenverantwortlich und persönlich unabhängig tätig ist, um Einkommen zu erzielen) und für Tätigkeiten als mithelfender Familienangehöriger. Familienangehörige sind Ehegatten, Verwandte in gerader Linie (einschließlich nichtehelicher und für ehelich erklärter Kinder), Verschwägerte ersten Grades, Adoptiveltern und Adoptivkinder sowie Pflegeeltern und Pflegekinder.

Hinsichtlich der **Anrechnung von Nebeneinkommen** gelten für kurzzeitige selbstständige Tätigkeiten und kurzzeitige Tätigkeiten als mithelfende Familienangehörige im Wesentlichen dieselben Vorschriften wie für kurzzeitig abhängige Beschäftigte (§ 155 Abs. 1 S. 2 SGB III).

Während der Zeit, in der trotz kurzzeitiger Beschäftigung (weniger als 15 Stunden/Woche) ein Anspruch auf Arbeitslosengeld besteht, sind Sie – anders als im Falle mehr als geringfügiger Beschäftigung

(§ 8 SGB IV) in den anderen Zweigen der Sozialversicherung (Renten-, Kranken- und Pflegeversicherung) – in der **Arbeitslosenversicherung versicherungsfrei** (§ 27 Abs. 5 S. 1 SGB III). Solche Beschäftigungszeiten zählen dementsprechend auch nicht als Anwartschaftszeiten für die Erfüllung eines (neuen) Anspruchs aus der Arbeitslosenversicherung (§ 142 Abs. 2 SGB III; dazu siehe S. 38 ff.).

3. Eigenbemühungen

Um das Tatbestandsmerkmal der Eigenbemühungen zu erfüllen (§ 138 Abs. 1 Nr. 2 SGB III), müssen Sie **alle Möglichkeiten zur beruflichen Eingliederung** nutzen (§ 138 Abs. 4 S. 1 SGB III). Hierzu gehören nach § 138 Abs. 4 S. 2 SGB III insbesondere, dass Sie:

- die Verpflichtungen aus der Eingliederungsvereinbarung wahrnehmen
- bei der Vermittlung durch Dritte mitwirken und
- die Selbstinformationseinrichtungen der Agentur für Arbeit in Anspruch nehmen.

Besonders wichtig in diesem Zusammenhang ist die Wahrnehmung der Verpflichtungen aus der Eingliederungsvereinbarung (§ 37 Abs. 2 SGB III). Wer arbeitslos wird, hat Anspruch auf Vermittlung durch die Agentur für Arbeit (§ 35 Abs. 1 und 2 SGB III). Nach der Arbeitslosmeldung wird der Arbeitsvermittler daher zunächst mit Ihnen zusammen feststellen, in **welche berufliche Tätigkeit** Sie vermittelt werden können und – erforderlichenfalls – insofern Ihre Teilnahme an einer Maßnahme **zur Aktivierung und beruflichen Eingliederung** veranlassen (§ 45 SGB III).

Im Rahmen einer – gegebenenfalls anzupassenden bzw. fortzuschreibenden – **Eingliederungsvereinbarung,** die zusammen mit dem Arbeitslosen getroffen wird, werden sodann für einen zu bestimmenden Zeitraum unter anderem die Vermittlungsbemühungen der Agentur für Arbeit, die Eigenbemühungen des Arbeitslosen sowie – gegebenenfalls – künftige Leistungen der aktiven Arbeitsförderung festgelegt (§ 37 Abs. 2 S. 1 SGB III). Festgelegt wird in diesem Zusammenhang z.B. die Anzahl von **Initiativbewerbungen,** also der Bewerbungen, die der Arbeitslose nicht auf Vorschlag der Agentur für Arbeit, sondern eigeninitiativ unternimmt und in diesem Zusammenhang die Frage, in welcher Form diese nachgewiesen werden müssen.

Um insofern Beweisschwierigkeiten zu vermeiden, sollte darauf Wert gelegt werden, alle **Eigenbemühungen** genauestens in der von der Agentur für Arbeit gewünschten Art und Weise zu **dokumentieren** und dieser rechtzeitig nachzuweisen.

Kommt der Arbeitslose den in der Eingliederungsvereinbarung festgeschriebenen Eigenbemühungen nicht nach, tritt nach § 159 Abs. 1 S. 2 Nr. 3, Abs. 5 SGB III wegen versicherungswidrigen Verhaltens eine zweiwöchige **Sperrzeit** ein (siehe S. 119).

4. Verfügbarkeit

Die Verfügbarkeit ist einer der am streitanfälligsten Voraussetzungen in der Praxis der Agenturen für Arbeit. Hier ist ein äußerst klares und deutliches Äußern der eigenen Verfügbarkeit des Arbeitslosen unbedingt erforderlich. Die Verfügbarkeit besteht aus mehreren Komponenten: erforderlich sind objektive Verfügbarkeit, subjektive Verfügbarkeit und Erreichbarkeit. Den Vermittlungsbemühungen der Agentur für Arbeit stehen Sie nach § 138 Abs. 5 SGB III nur dann zur Verfügung, wenn Sie

- eine versicherungspflichtige, mindestens fünfzehn Stunden wöchentlich umfassende zumutbare Beschäftigung unter den üblichen Bedingungen des für Sie in Betracht kommenden Arbeitsmarktes ausüben können und dürfen und Sie auch bereit sind, jede Beschäftigung insofern anzunehmen und auszuüben (Nr. 1 und 3)
- Vorschlägen der Agentur für Arbeit zur beruflichen Eingliederung zeit- und ortsnah Folge leisten können (Nr. 2) und
- bereit sind, an Maßnahmen zur beruflichen Eingliederung in das Erwerbsleben teilzunehmen (Nr. 4).

a) Welches ist der für Sie in Betracht kommende Arbeitsmarkt?

Aus der Sicht der vermittelnden Agentur für Arbeit stellt es den Idealfall dar, wenn Sie im Falle der Arbeitslosigkeit durch nichts gehindert sind, jede Tätigkeit, die auf dem Arbeitsmarkt angeboten wird, aufnehmen bzw. ausüben zu können und Sie hierzu auch bereit sind.

Dass dies der Wirklichkeit meist nicht entspricht, liegt auf der Hand.

Dementsprechend muss der Arbeitsvermittler – insbesondere aufgrund Ihrer Angaben im Antragsformular bzw. im Zusammenhang mit dem mit Ihnen geführten Beratungsgespräch – feststellen, ob und wenn ja, welchen Einschränkungen Sie hinsichtlich künftiger beruflicher Tätigkeiten unterliegen bzw. – anders formuliert – welche Beschäftigungen für Sie zumutbar sind. Beachten Sie dabei unbedingt, dass eine Einschränkung Ihrer wöchentlichen Verfügbarkeit im Antrag oder Vermittlungsgespräch unmittelbar Einfluss auf die Höhe Ihres Arbeitslosengeldes haben kann, und zwar dann, wenn Sie sich im Vergleich zu der vorher von Ihnen geleisteten Arbeitszeit, die der Bemessung des Arbeitslosengeldes zugrunde liegt, zeitlich einschränken.

Gegebenenfalls kommt in diesem Zusammenhang auch eine **Maßnahme zur Aktivierung und beruflichen Eingliederung** (§ 45 SGB III) in Betracht. Sodann muss eine **Eingliederungsvereinbarung** getroffen werden (§ 37 Abs. 2 und 3 SGB III). Kommt eine solche nicht zustande, wird die Agentur für Arbeit die von Ihnen geforderten Eigenbemühungen durch eine Bescheid feststellen (§ 37 Abs. 3 S. 4 SGB III). Nimmt der Arbeitslose trotz Belehrung über die Rechtsfolgen an einer Maßnahme zur Aktivierung und beruflichen Eingliederung (§ 45 SGB III) nicht teil, tritt eine **Sperrzeit** ein (§ 159 Abs. 1 S. 2 Nr. 4 SGB III; siehe S. 112).

aa) Zumutbare Arbeit: § 140 Abs. 1 SGB III geht zunächst ganz allgemein davon aus, dass dem Arbeitslosen alle seiner Arbeitsfähigkeit entsprechenden Beschäftigungen zumutbar sind, soweit allgemeine oder personenbezogene Gründe dem nicht entgegenstehen.

Daraus folgt zunächst, dass im Rahmen der Frage der **Arbeitsfähigkeit** geprüft werden muss, inwieweit der Arbeitslose hinsichtlich künftiger Tätigkeiten wegen

- körperlicher
- gesundheitlicher bzw.
- geistiger Umstände

und/oder aus Gründen, die in seiner

- Berufsausbildung bzw.
- bisherigen beruflichen Tätigkeit liegen

eingeschränkt ist.

Diese Frage entscheidet sich anhand **objektiver Kriterien**; auf die subjektive Sicht des Arbeitslosen kommt es dabei nicht an. Problematisch wird dies vor allem in den Fällen, in denen der Arbeitslose glaubt, aus gesundheitlichen Gründen bestimmte Tätigkeiten nicht mehr verrichten zu können.

BEISPIEL: A war bisher als Bauarbeiter tätig. Nachdem er arbeitslos geworden ist, äußert er im Hinblick auf Rückenbeschwerden gegenüber dem Arbeitsvermittler, er könne und wolle Tätigkeiten auf dem Bau künftig nicht mehr verrichten.
Der Arzt der Agentur für Arbeit kommt in seinem vom Arbeitsvermittler daraufhin veranlassten Gutachten zu dem Ergebnis, die Rückenbeschwerden des A seien nicht so gravierend, dass hierdurch Bauarbeitertätigkeiten für jenen nicht mehr in Betracht kämen.
A bleibt jedoch nach Rücksprache mit seinem Orthopäden, der das Arztgutachten für falsch hält, bei seiner Auffassung und lehnt seine Vermittlung in eine Tätigkeit als Bauarbeiter ab.
Die Agentur für Arbeit spricht A daraufhin die Verfügbarkeit ab und versagt ihm die Gewährung von Arbeitslosengeld.
Diese Fallgestaltung stellt sich für A als großes Dilemma dar.
Einerseits fühlt er sich subjektiv für Tätigkeiten als Bauarbeiter nicht mehr in der Lage und wird seine Einschätzung von seinem behandelnden Orthopäden auch geteilt; andererseits kommt der Sozialmediziner der Agentur für Arbeit in seinem Gutachten zum gegenteiligen Ergebnis.
Zwar kann A die die Gewährung von Arbeitslosengeld ablehnende Entscheidung mit dem Rechtsbehelf des Widerspruchs bzw. mit der Klage

zum Sozialgericht angreifen; bleibt er jedoch bis zur letztinstanzlichen Entscheidung bei seiner Haltung, besteht die Gefahr, dass er – wird letztlich das sozialmedizinische Gutachten des Arztes der Agentur für Arbeit bestätigt – von Anfang an durchgehend nicht verfügbar war. Da dies rückwirkend nicht behebbar ist, besteht für den gesamten Zeitraum kein Anspruch auf Arbeitslosengeld.
A kann bei dieser Fallkonstellation daher nur geraten werden, sich im Rahmen des sozialmedizinischen Gutachtens der Arbeitsvermittlung zur Verfügung zu stellen. Bietet ihm die Agentur für Arbeit daraufhin eine Stelle als Bauarbeiter an und lehnt A diese jetzt ab, so verringert sich sein Risiko zunächst einmal auf den Zeitraum von drei Wochen. Die Agentur für Arbeit wird nämlich wegen Ablehnung einer zumutbaren Arbeit den Eintritt einer dreiwöchigen Sperrzeit feststellen (§ 159 Abs. 1 S. 2 Nr. 2, Abs. 4 S. 1 Nr. 1 SGB III; dazu siehe S. 112, 119).
Im Rahmen des „Sperrzeitverfahrens" (Widerspruch, Klage zum Sozialgericht) kann dann geklärt werden, ob die Ablehnung des Arbeitsangebotes aus gesundheitlichen Gründen objektiv berechtigt war oder nicht. Von dem Ergebnis kann A dann sein Verhalten hinsichtlich der Frage seiner Vermittelbarkeit abhängig machen. Das Risiko erhöht sich allerdings dann erheblich, wenn sich – bezogen auf die Zeit ab zwölf Monaten vor der Entstehung des Anspruchs – mehrere Sperrzeiten auf 21 Wochen aufsummieren und das Erlöschen des Gesamtanspruchs droht (§ 161 Abs. 1 Nr. 2 SGB III; dazu siehe S. 123 ff.).

Aus **allgemeinen Gründen** ist einem Arbeitslosen sodann nach § 140 Abs. 2 SGB III eine Beschäftigung insbesondere dann nicht zumutbar und kann eine solche, ohne die Verfügbarkeit zu gefährden oder den Eintritt einer Sperrzeit zu riskieren, abgelehnt werden (§§ 138 Abs. 5 Nr. 1, 159 Abs. 1 S. 2 Nr. 2 SGB III), wenn sie gegen

- gesetzliche
- tarifliche oder
- in Betriebsvereinbarungen festgelegte Bestimmungen über Arbeitsbedingungen oder gegen solche des
- Arbeitsschutzes verstößt.

Aus der Formulierung des Gesetzes („insbesondere“) folgt, dass neben den konkret genannten Fällen auch **andere** allgemeine Gründe im Einzelfall dazu führen können, eine Beschäftigung als nicht zumutbar anzusehen. So dürfte dies beispielsweise dann der Fall sein, wenn ein tariflich nicht gebundener Betrieb Entgelt nur weit unterhalb des Tarifentgeltes oder der Ortsüblichkeit zu zahlen bereit ist.

Demgegenüber ist die Zumutbarkeit von Beschäftigungen

- im Schichtbetrieb oder
- in Betrieben, die Arbeitnehmer verleihen

nicht aus allgemeinen Gründen ausgeschlossen. Gleiches gilt für befristete Beschäftigungen (§ 140 Abs. 5 SGB III). Aus personenbezogenen Gründen kann dies allerdings im Einzelfall anders zu beurteilen sein.

Aus **personenbezogenen Gründen** ist im Übrigen nach § 140 Abs. 3 S. 1 SGB III einem Arbeitslosen eine Beschäftigung insbesondere dann nicht zumutbar, wenn das hieraus erzielbare Entgelt erheblich niedriger ist als das der Bemessung des Arbeitslosengeldes zugrunde liegende Arbeitsentgelt (zu Einzelheiten hinsichtlich der Höhe des Bemessungsentgelts siehe S. 64 f.).

Das Gesetz sieht insofern eine **zeitliche Abstufung** vor. So ist in den **ersten drei Monaten der Arbeitslosigkeit** eine Minderung um **mehr als 20 %** und in den **folgenden drei Monaten** eine solche um **mehr als 30 %** gegenüber dem Bemessungsentgelt **nicht zumutbar** (§ 140 Abs. 3 S. 2 SGB III).

BEISPIEL: Beträgt das Bemessungsentgelt 60 €/Tag, können Sie in den ersten drei Monaten der Arbeitslosigkeit eine Beschäftigung ablehnen, die mit brutto weniger als 48 €/Tag dotiert ist, ohne dass hierdurch Ihre Verfügbarkeit berührt wäre bzw. Sie den Eintritt einer Sperrzeit riskieren. Für die folgenden drei Monate müssen Sie, um verfügbar zu sein, bereit sein, Beschäftigungen anzunehmen, die brutto mit mindestens 42 €/Tag dotiert sind.

Sind Sie **länger als sechs Monate** arbeitslos, sind Ihnen schließlich auch Beschäftigungen zumutbar, bei denen Sie ein Nettoentgelt erzielen, welches nicht höher ist als das Arbeitslosengeld (§ 140 Abs. 3 S. 3 SGB III). Zugunsten des Arbeitslosen werden dabei allerdings die mit der Beschäftigung zusammenhängenden Aufwendungen, also die Werbungskosten, berücksichtigt. Für einen vor Eintritt der Arbeitslosigkeit gut verdienenden Arbeitslosen kann dies in der Praxis die Vermittlungstätigkeit der Agentur für Arbeit stark beeinflussen, da diese ihre Vermittlungsvorschläge an die Arbeitslosen im Hinblick auf diese Zumutbarkeitsregelung zu überprüfen hat.

Nicht zumutbar – dies ergibt sich aus § 140 Abs. 4 SGB III – sind dem Arbeitslosen weiter Beschäftigungen, wenn die **täglichen Pendelzeiten** zwischen seiner Wohnung und der Arbeitsstätte im Vergleich zur Arbeitszeit unverhältnismäßig lang sind. Das Gesetz unterscheidet in diesem Zusammenhang Arbeitszeiten von bis zu sechs Stunden und solchen von mehr als sechs Stunden. Bei einer **Arbeitszeit bis zu sechs Stunden** ist erst eine tägliche Pendelstrecke von mehr als zwei Stunden unzumutbar. Beträgt die **Arbeitszeit mehr als sechs Stunden**, müssen sogar Pendelzeiten von zweieinhalb Stunden in Kauf genommen werden.

BEISPIEL: Die Agentur für Arbeit bietet der Arbeitslosen A eine – unter allen sonstigen Gesichtspunkten zumutbare – Vollzeitstelle in der 25 km entfernt liegenden Kreisstadt an. Mit öffentlichen Verkehrsmitteln benötigt A für den Arbeitsweg von Tür zu Tür hin und zurück zwei Stunden und 30 Minuten. Ist dies zumutbar? Ja, denn nach § 140 Abs. 4 S. 2 SGB III sind Pendelzeiten bei Vollzeitarbeit erst bei einem zeitlichen Aufwand von mehr als zweieinhalb Stunden unzumutbar.

Anders stellt sich die Sachlage dar, wenn es sich bei der Stelle lediglich um eine Teilzeitbeschäftigung (bis zu sechs Stunden/Tag) handelt. In diesen Fällen ist eine tägliche Pendelzeit von mehr als zwei Stunden unzumutbar.

In abgelegenen Regionen, in denen sich schon seit Jahren Arbeitnehmer **längere Pendelzeiten** zumuten, werden solche auch Arbeitslosen zugemutet. Ausdrücklich bestimmt § 140 Abs. 4 S. 3 SGB III: „Sind in einer Region unter vergleichbaren Beschäftigten längere Pendelzeiten üblich, bilden diese den Maßstab.“ Solche abgelegenen Regionen finden sich etwa im Bayerischen Wald, im Hochschwarzwald oder auf der Schwäbischen Alb.

Auch bei den personenbezogenen Gründen folgt aus der Formulierung des Gesetzes („insbesondere“), dass neben den in § 140 Abs. 3

und 4 SGB III konkret genannten Fällen auch **andere personenbezogene Gründe** im Einzelfall dazu führen können, eine Beschäftigung als nicht zumutbar anzusehen.

Zunächst muss in diesem Zusammenhang allerdings auf § 140 Abs. 5 SGB III hingewiesen werden, in welchem der Gesetzgeber ausdrücklich geregelt hat, dass eine Beschäftigung nicht schon deshalb unzumutbar ist, weil sie

- befristet
- vorübergehend eine getrennte Haushaltsführung erfordert oder
- nicht der Beschäftigung entspricht, für die der Arbeitnehmer ausgebildet ist, oder die er bisher ausgeübt hat.

Bietet Ihnen die Agentur für Arbeit dementsprechend eine Stelle an, hinsichtlich derer Sie lediglich einwenden könnten, einer der drei genannten Umstände sei mit deren Aufnahme verbunden, so ist diese Stelle für Sie zumutbar.

Anders kann sich die Situation darstellen, wenn daneben weitere personenbezogene Gründe vorliegen.

BEISPIEL: A, dessen behinderte Ehefrau und zwei Kinder leben im gemeinsamen Familienhaushalt. Der Familie gelingt es, den Mehraufwand an Organisation, den die Behinderung der Ehefrau erfordert, ohne Kosten verursachende Hilfe von außen innerfamiliär aufzufangen. Nachdem A arbeitslos geworden ist, bietet ihm die Agentur für Arbeit eine Stelle in einer 300 km entfernten Stadt an. Durch die hierdurch erforderlich werdende Trennung wäre die bisherige Familienorganisation nicht mehr möglich.
Dieses Arbeitsangebot dürfte für A nicht zumutbar sein. Jedenfalls gilt dies dann, wenn nicht ganz kurzfristig ein Familienumzug, gefördert z.B. durch Leistungen aus dem Vermittlungsbudget seitens der Agentur für Arbeit (§ 44 SGB III; siehe S. 30 f.), möglich und für die Familie insgesamt auch zumutbar wäre.
Spinnt man den Fall etwas weiter, kann sich allerdings ein Sachverhalt ergeben, der A trotz der beschriebenen Familiensituation die vorübergehende Trennung zumutbar macht.
Ist A beispielsweise erst 40 Jahre alt und hat er einen Beruf, der aus Strukturgründen im näheren Bereich seines Wohnortes nicht mehr verwertbar ist, dürfte ein Stellenangebot in einer entfernten Stadt für ihn

trotz vorübergehender Trennung zumutbar sein, wenn hiermit seine langfristige berufliche Eingliederung gesichert wäre und besondere familienbedingte Umstände einem Umzug nicht entgegenstünden.

Nach § 140 Abs. 4 S. 4 SGB III ist ein Umzug zur Aufnahme einer Beschäftigung **außerhalb** des **zumutbaren Pendelbereiches** zumutbar, wenn nicht zu erwarten ist, dass der Arbeitslose innerhalb der **ersten drei Monate** der Arbeitslosigkeit eine Beschäftigung innerhalb des zumutbaren Pendelbereiches aufnehmen wird. Vom vierten Monat der Arbeitslosigkeit an ist ein solcher Umzug **in der Regel** zumutbar (§ 140 Abs. 4 S. 5 SGB III). All dies gilt allerdings dann nicht, wenn dem Umzug ein **wichtiger Grund,** der sich insbesondere aus familiären Bindungen ergeben kann, entgegensteht (§ 140 Abs. 4 S. 6 und 7 SGB III).

Das Beispiel mit seinen zwei Fallvarianten und die Formulierung des Gesetzes zur Frage der Zumutbarkeit eines Umzuges zeigen, dass die Frage der Zumutbarkeit sehr stark vom individuellen Einzelfall und dessen Bewertung durch die Arbeitsverwaltung bzw. die Sozialgerichte abhängt. Was dem einen – mit durchaus nachvollziehbaren Argumenten – noch als zumutbar erscheint, hält der andere – möglicherweise ebenfalls mit nachvollziehbaren Argumenten – nicht mehr für akzeptabel.

Prüfen Sie die Frage der Zumutbarkeit aus personenbezogenen Gründen daher besonders kritisch, um Ihre Verfügbarkeit und damit Ihren Leistungsanspruch nicht unnötig zu gefährden. Gegebenenfalls sollten Sie mit Ihrem Arbeitsvermittler bei der Agentur für Arbeit ein Beratungsgespräch führen und Ihre Gründe im Einzelnen darlegen, bevor Sie sich für die Ablehnung eines Arbeitsangebotes entscheiden. Die Darlegung der Unzumutbarkeit ist nämlich Sache des Arbeitslosen, deren Berücksichtigung Sache der Agentur für Arbeit.

Insofern werden auch künftig immer wieder Einzelfallentscheidungen ergehen. Anhaltspunkte bieten **Sperrzeitentscheidungen,** die sich mit der Frage des Vorliegens eines **wichtigen Grundes** befassen (siehe dazu S. 108 ff.). Was im Zusammenhang mit der Aufgabe einer Beschäftigung als wichtiger Grund angesehen wird, dürfte auch bei der Frage der Zumutbarkeit eine Rolle spielen.

Die folgenden Entscheidungen dürften auch der heutigen Rechtslage entsprechen und können Ihnen weitere Anhaltspunkte für Ihren eigenen Fall liefern:

- Einem arbeitslosen Elektrikermeister ist eine Tätigkeit als Elektriker zum Gesellentarif zuzumuten. – **Anmerkung:** Beachte jedoch § 140 Abs. 3 S. 2 SGB III, wonach in den ersten drei bzw. sechs Monaten der Arbeitslosigkeit das Arbeitsentgelt gegenüber dem für die Bemessung des Arbeitslosengeldes maßgeblichen Bemessungsentgelt um nicht mehr als 20 % bzw. 30 % gemindert sein darf, soll die Tätigkeit zumutbar sein.
- Ein Arbeitsloser kann auswärtige Arbeit nicht mit dem allgemeinen Hinweis ablehnen, dass hierdurch seine Ehe gefährdet würde.
- Nach fünf Monaten Arbeitslosigkeit ist für eine 47-jährige einfache Büroangestellte die Vermittlung in ungelernter Handarbeit (Küchenhilfe, Putzfrau, Hilfsarbeiterin) zumutbar.
- Ein Facharbeiter, der länger arbeitslos war (zehn Monate) und der in absehbarer Zeit weder in seinem Beruf noch berufsnah vermittelt werden kann, muss als Hilfsarbeiter tätig sein.
- Eine Krankenpflegehelferin muss notfalls auch als Verkäuferin arbeiten.
- Ein 40-jähriger Lagerarbeiter, der weder zu einem Umzug noch dazu bereit ist, täglich 4,6 km von seinem Einödhof zur Bahnstation und ebenso abends 4,6 km zurück zu Fuß zu gehen, verliert seinen Leistungsanspruch. Der Arbeitslose hatte den neuen Arbeitsplatz abgelehnt, weil er nicht vom Arbeitgeber mit dem Auto abgeholt wurde.
- Bekleidungsvorschriften des Arbeitgebers, die berufstypisch oder jedenfalls nicht willkürlich sind, sind zumutbar und rechtfertigen nicht die Ablehnung eines Arbeitsplatzangebotes.
- Im Fall eines Ausbildungsverhältnisses ist ein wichtiger Grund anzunehmen, wenn das Grundrecht des Auszubildenden auf freie Wahl des Berufes nach Art. 12 GG in seinem Kernbereich berührt ist. Der Auszubildende darf sich gegen eine nicht sachgerechte oder für ihn ungeeignete Ausbildung wehren. Für die Ausbildungsentscheidung muss ein weiter Spielraum eingeräumt werden.
- Die Aufgabe einer Beschäftigung, um eine eheähnliche Gemeinschaft herzustellen oder fortzusetzen, ist gerechtfertigt, wenn diese Gemeinschaft bereits seit etwa drei Jahren bestanden hat oder wenn sich die Dauerhaftigkeit und Kontinuität der Einstehensgemeinschaft auf andere Weise feststellen lässt. Dementsprechend ist ein Arbeitsangebot,

welches zwingend die dauerhafte Trennung einer solchen eheähnlichen Gemeinschaft nach sich zieht, unzumutbar.

- Eine nach statistischen Erhebungen gegebene erhöhte Häufigkeit für Überfälle im Bereich von Spielhallen allgemein ist nicht ausreichend, um eine Unzumutbarkeit der Beschäftigung in diesem Bereich zu begründen. Anderes kann dann gelten, wenn die konkrete Spielhalle, in welcher der Arbeitslose beschäftigt werden soll, zum Zeitpunkt des Arbeitsangebotes nachgewiesen besonders häufig Ziel strafbarer Handlungen war. Diesbezügliche Ängste des Arbeitslosen begründen eine Unzumutbarkeit der angebotenen Beschäftigung nur dann, wenn sie ein Ausmaß erreicht haben, das dem Arbeitnehmer eine Ausübung der Beschäftigung nicht oder nur unter gesundheitlichen Risiken möglich macht.

Hat der Arbeitslose eine zumutbare, ihn aber nicht zufriedenstellende Beschäftigung aufgenommen, kann er sich bei der Agentur für Arbeit – obwohl er nicht arbeitslos ist – **arbeitsuchend** melden (§§ 15, 3 Abs. 1 Nr. 1 SGB III). Jene muss dann versuchen, ihm Stellen anzubieten, die ihm eher entsprechen.

bb) Vollzeit oder Teilzeit? Eine wichtige Regelung enthält § 139 Abs. 4 SGB III. Danach schließt die Bereitschaft, nur **Teilzeitbeschäftigungen** auszuüben, die **Verfügbarkeit nicht** mehr **aus,** wenn sich diese auf Teilzeitbeschäftigungen erstreckt, die **versicherungspflichtig** sind, **mindestens 15 Stunden wöchentlich** umfassen und den **üblichen Bedingungen** des für den Arbeitslosen in Betracht kommenden **Arbeitsmarktes** entsprechen (§ 139 Abs. 4 S. 1 SGB III).

Der Arbeitslose muss also nicht für jede ihm grundsätzlich zumutbare Vollzeitbeschäftigung zur Verfügung stehen. Vielmehr kann er sich **ohne jede Begründung** auf eine versicherungspflichtige Teilzeitbeschäftigung beschränken. Allerdings hat dies auch zur Folge, dass sich die **Höhe** seines **Arbeitslosengeldes** entsprechend **vermindert** (§ 151 Abs. 5 S. 1 SGB III).

Wichtig in diesem Zusammenhang ist weiter, dass die Einschränkung auf eine Teilzeitbeschäftigung aus Anlass eines **konkreten Arbeits- oder Maßnahmeangebotes nicht zulässig** ist (§ 139 Abs. 4 S. 2 SGB III).

BEISPIEL: A hat sich für alle ihm zumutbaren Vollzeitbeschäftigungen zur Verfügung gestellt und erhält demzufolge Arbeitslosengeld in voller Höhe. Die Agentur für Arbeit bietet ihm dementsprechend eine zumutbare Vollzeitbeschäftigung an. A lehnt die Annahme dieser Beschäftigung mit der Begründung ab, er wolle sich nunmehr nur noch für versicherungspflichtige Teilzeitbeschäftigungen im Umfang von 20 Stunden/Woche zur Verfügung stellen.
Diese Erklärung hat insofern Auswirkungen, als A sich für die Zukunft wirksam auf die gewünschte Teilzeit mit der Folge eingeschränkt hat, dass er ab sofort auch nur noch entsprechend gemindertes Arbeitslosengeld erhält; nicht vermeiden durch seine Erklärung kann er jedoch, dass aufgrund der Ablehnung des Arbeitsangebots eine mindestens dreiwöchige Sperrzeit eingetreten ist (§ 159 Abs. 1 S. 2 Nr. 2, Abs. 4 Nr. 1 SGB III; dazu siehe S. 112, 119 f.).

Voraussetzung bei alledem ist allerdings, dass Sie trotz der Beschränkung auf Teilzeit eine versicherungspflichtige Beschäftigung unter den **üblichen Bedingungen** (z.B. üblicher Arbeitsbeginn, übliches Arbeitsende, übliche Lage und Verteilung der Arbeitszeit, übliche Anforderungen an die körperliche und geistige Leistungsfähigkeit) des für Sie in Betracht kommenden Arbeitsmarktes suchen. Üblich ist, was in nennenswertem Umfang, nicht nur vereinzelt, auf dem Arbeitsmarkt vorkommt.

BEISPIEL 1: A ist Mutter von fünf Kindern, die von ihrer Schwiegermutter betreut werden. Durch den Tod der Schwiegermutter ist A gezwungen, ihre Ganztagsarbeit als Bürofachkraft aufzugeben. Sie meldet sich arbeitslos, beantragt Arbeitslosengeld und sucht nunmehr eine Halbtagsbeschäftigung ab 20:00 Uhr, weil dann ihr Ehemann die weitere Betreuung der Kinder übernehmen kann. Ist A verfügbar? Nein, denn der von ihr gewünschte Beginn der Arbeitszeit weicht von der üblichen Lage der Arbeitszeit im Bürobetrieb ab. Üblich wäre die von ihr gewünschte Lage der Arbeitszeit nur dann, wenn sie wenigstens mit **Beginn oder Ende** einer üblichen Teilzeitbeschäftigung derselben Art übereinstimmt. Beides ist nicht der Fall. Arbeitslosengeld steht ihr nicht zu. Etwas anderes könnte z.B. dann gelten, wenn sich A für Hotelrezeptionstätigkeiten zur Verfügung stellt. Solche Tätigkeiten im Hotelbetrieb sind durchaus üblich. Hier wäre dann zu prüfen, ob es ausreichend Firmen gibt, die in nennenswertem Umfang derartige Teilzeitstellen anbieten. Ist dies der Fall, wäre Verfügbarkeit wohl zu bejahen.

BEISPIEL 2: A sucht für den Vormittag Halbtagsarbeit. Sie ist verfügbar, weil im Verkauf **Halbtagsarbeit üblich** ist. Ob derzeit Stellen offen sind, spielt keine Rolle. Nicht verfügbar wäre sie, wenn sie vormittags und nachmittags je zwei Stunden arbeiten wollte, weil das **nicht üblich** ist. Es würde ihr auch nicht helfen, dass sie nachweist, dass eine solche Verteilung der Arbeitszeit **ausnahmsweise** vorkommt.

Um Ihre Verfügbarkeit in Fällen erforderlicher **Kinderbetreuung** nachzuweisen, müssen Sie in der Regel hinsichtlich der Zeit Ihrer – im Fall einer Vermittlung – arbeitsbedingten Abwesenheit von zu Hause eine schriftliche Erklärung der Betreuungsperson vorlegen, wonach diese bereit ist, für das Kind zu sorgen.

cc) Heimarbeit: Haben Sie – was möglich ist – einen Arbeitslosengeldanspruch durch Heimarbeit erworben, so können Sie nach § 139 Abs. 4 S. 3 SGB III Ihre Verfügbarkeit allein auf Heimarbeitstätigkeiten beschränken. In der Praxis allerdings spielt Heimarbeit keine Rolle mehr.

b) Dürfen Sie arbeiten?

Ein Arbeitnehmer ist nicht verfügbar, wenn er **rechtlich** daran gehindert ist zu arbeiten (§ 138 Abs. 5 Nr. 1 SGB III). Gesetzliche Beschäftigungsverbote ergeben sich zum Beispiel aus dem Aufenthaltsgesetz (Arbeitserlaubnis), dem Mutterschutzgesetz und aus dem Bundesinfektionsschutzgesetz.

Für die Verfügbarkeit während des Beschäftigungsverbotes ist **§ 16 Mutterschutzgesetz** von erheblicher Bedeutung. Diese Vorschrift sieht vor, dass ein Arzt dann ein **Beschäftigungsverbot** aussprechen kann, wenn die **Gesundheit der schwangeren Frau oder des Kindes** gefährdet ist. Nach § 2 Abs. 3 S. 3 der Arbeitsunfähigkeits-Richtlinie liegt bei arbeitslosen Schwangeren Arbeitsunfähigkeit vor, wenn sie ohne Gefährdung für sich oder das ungeborene Kind nicht in der Lage sind, leichte Arbeiten in einem zeitlichen Umfang von mindestens 15 Stunden wöchentlich auszuüben. Es besteht daher ein Leistungsfortzahlungsanspruch nach § 146 Abs. 1 SGB III für sechs Wochen (siehe S. 25 f.).

Sofern ein Beschäftigungsverbot nach dem Infektionsschutzgesetz angeordnet ist, so besteht keine Verfügbarkeit für die Arbeitsvermittlung. Bei Personen, die keine Berechtigung zur dauerhaften Niederlassung und Erwerbstätigkeit in der Bundesrepublik Deutschland haben, prüft die Agentur für Arbeit den Aufenthaltsstatus. Nur wenn eine entsprechende Erlaubnis vorhanden ist, besteht die objektive Verfügbarkeit als Voraussetzung für den Anspruch auf Arbeitslosengeld.

c) Wollen Sie arbeiten? Sind Sie bereit, jede Ihnen zumutbare Arbeit anzunehmen?

Ihre Bereitschaft, im Rahmen der von Ihnen vorgenommenen zeitlichen Verfügbarkeitsbestimmung jede zumutbare Beschäftigung, die Ihnen die Agentur für Arbeit anbietet, anzunehmen, ist zwingende Voraussetzung für den Anspruch auf Arbeitslosengeld. Gleichermaßen müssen Sie bereit sein, an jeder zumutbaren Maßnahme zur beruflichen Eingliederung in das Erwerbsleben teilnehmen. Zu Letzterem gehören z.B. Maßnahmen zur Aktivierung und beruflichen Eingliederung (§ 45 SGB III).

Einzelheiten hinsichtlich solcher Maßnahmen, insbesondere zu der Frage, wie diese seitens der Agentur für Arbeit gefördert werden, ergeben sich aus § 45 SGB III. Zu beachten ist dabei aber, dass kein Rechtsanspruch auf eine Förderung besteht, da diese Förderleistungen im Ermessen der Agentur für Arbeit stehen.

Ihre „subjektive" Verfügbarkeit erklären Sie im Übrigen regelmäßig mit der Antragstellung. Ergeben sich aus Ihrem Verhalten bzw. aus anderen Umständen allerdings Zweifel an Ihrer Arbeitsbereitschaft, so müssen Sie diese gegebenenfalls nachweisen.

Verbleiben Zweifel, geht dies zu Lasten des Arbeitslosen.

d) Können Sie Vorschlägen der Agentur für Arbeit zur beruflichen Eingliederung zeit- und ortsnah Folge leisten?

Mit dieser Formulierung in § 138 Abs. 5 Nr. 2 SGB III hat der Gesetzgeber die früher geltende strenge **Residenzpflicht** etwas abgemildert. Während es früher darauf ankam, dass der Arbeitslose die Agentur für Arbeit täglich erreichen konnte und für diese (täglich) erreichbar war, ist für die Verfügbarkeit jetzt entscheidend, dass der Arbeitslose sowohl in zeitlicher Hinsicht, als auch in Bezug auf seinen Aufenthalt **jederzeit** in der Lage ist, einen möglichen neuen Arbeitgeber aufzusuchen, einen Vorstellungs- oder einen Beratungstermin wahrzunehmen, an einer Maßnahme zur Eingliederung in das Erwerbsleben teilzunehmen oder einem sonstigen Vorschlag der Agentur für Arbeit Folge zu leisten.

Daraus folgt zunächst, dass Sie sicherstellen müssen, dass Stellenangebote, Angebote für Eingliederungsmaßnahmen und sonstige Vorschläge der Agentur für Arbeit **Sie jederzeit erreichen**. Wie Sie dies bewerkstelligen, bleibt – anders als früher, als Sie sich täglich zum Zeitpunkt der Briefzustellung durch die Post unter der Adresse aufhalten mussten, die Sie gegenüber der Agentur für Arbeit angegeben haben – Ihnen nunmehr in gewisser Weise selbst überlassen.

Allerdings müssen Sie nach § 1 S. 2 der vom Verwaltungsrat der Bundesagentur für Arbeit hierzu erlassenen **Erreichbarkeitsanordnung** sicherstellen, dass die Agentur für Arbeit **Sie persönlich** (zumindest einmal) an jedem Werktag an Ihrem Wohnsitz oder gewöhnlichen Aufenthalt unter der von Ihnen benannten Anschrift durch Briefpost erreichen kann.

Diese Auslegung durch die Bundesagentur für Arbeit steht mit dem Gesetzeswortlaut in Einklang. Die Rechtsprechung der Sozialgerichte handhabt die Erreichbarkeit traditionell ähnlich streng wie die Agentur für Arbeit; insbesondere wird das Argument, dass man ja schließlich nicht mehr im Mittelalter lebe und ja ständig über Mobiltelefon und Email erreichbar sei, im Hinblick auf die Geltung der Erreichbarkeitsanordnung nicht gelten gelassen.

Im Falle eines **nicht gemeldeten Umzuges** erkennt die Bundesagentur für Arbeit Verfügbarkeit allenfalls dann an, wenn dieser **innerhalb der Wohngemeinde** oder **in eine Nachbargemeinde** vorgenommen und rechtzeitig vorher ein **Postnachsendeantrag** gestellt wurde. Ganz unabhängig davon sollten Sie – um jedes Risiko auszuschließen – jeden Umzug Ihrer Agentur für Arbeit sofort mitteilen. Sofern Sie bei der Agentur für Arbeit ein offizielles Dokument der Einwohnermeldebehörden einreichen, können Sie davon ausgehen, dass die Agentur für Arbeit Ihre Erreichbarkeit anhand des darin festgehaltenen Einzugsdatums überprüft. Sofern Sie der Agentur für Arbeit den Umzug erst später mitgeteilt haben, als er laut Dokument stattgefunden hat, wird ein Verfahren zur Aufhebung der Arbeitslosengeldbewilligung mit einer evtl. Rückerstattung des Arbeitslosengeldes geprüft werden.

Einzelheiten zu alledem sind in der oben genannten Erreichbarkeitsanordnung geregelt.

Informieren Sie sich insofern, insbesondere jedoch auch über Fragen

- des Urlaubes
- kurbedingter Abwesenheit etc.,

indem Sie Ihren Arbeitsvermittler um Überlassung der Anordnung bitten. In diesem Zusammenhang sei auch auf das **Merkblatt für Arbeitslose** hingewiesen, in dem Einzelheiten insofern beschrieben sind und dessen aufmerksame Lektüre – nicht nur wegen Fragen der Verfügbarkeit – dringend zu empfehlen ist. Die Agentur für Arbeit geht davon aus, dass Ihnen der Inhalt des Merkblatts bekannt ist, da Sie im Papierantrag auf Arbeitslosegeld unterschrieben haben bzw. im Online-Arbeitslosengeldantrag angeklickt haben, dass Sie das Merkblatt zur Kenntnis genommen haben.

e) Sonderfälle der Verfügbarkeit

In bestimmten Fällen bleibt Ihre Verfügbarkeit erhalten, obwohl Sie Ihre Arbeitskraft in anderen Tätigkeiten binden und damit gerade nicht in der Lage sind, jederzeit eine zumutbare Beschäftigung aufzunehmen.

aa) Maßnahmen zur Aktivierung und beruflichen Eingliederung, berufliche Rehabilitation, Hilfstätigkeiten in Notfällen, Resozialisierung: Erfasst werden zum einen Tätigkeiten, die dem Ziel der beruflichen

Eingliederung dienen, zum anderen solche, die dem Wohl der Allgemeinheit bzw. im Falle vorausgegangener Straftaten der Resozialisierung des Täters dienen.

Dementsprechend **fingiert** § 139 Abs. 1 SGB III Ihre Verfügbarkeit, wenn Sie

- auf Vorschlag oder mit Billigung der Agentur für Arbeit an einer **Maßnahme zur Aktivierung und beruflichen Eingliederung** (§ 45 SGB III) oder
- an einer Maßnahme der **Berufsfindung** bzw. **Arbeitserprobung** im Sinne des Rechts der beruflichen Rehabilitation teilnehmen, oder wenn Sie
- vorübergehend zur Verhütung oder Beseitigung öffentlicher Notstände (z.B. **Katastropheneinsatz**) Dienste leisten, die nicht auf einem Arbeitsverhältnis beruhen, oder
- Arbeiten im Rahmen von **Arbeitsauflagen und -weisungen** im Sinne einer „freien Arbeit" (§ 293 Abs. 1 EGStGB), gleichgestellte andere strafjustiziell veranlasste Arbeiten (§ 293 Abs. 3 EGStGB) bzw. „freie Arbeiten" aufgrund einer Anordnung im Gnadenwege erbringen.

In all diesen Fällen erhalten Sie trotz fehlender „tatsächlicher" Verfügbarkeit weiter Arbeitslosengeld.

bb) Schulbesuch, Studium: Zunächst steht allgemein der Arbeitsvermittlung nur zur Verfügung, wer eine versicherungspflichtige Beschäftigung sucht (§§ 137 Abs. 1 Nr. 1, 138 Abs. 1 Nr. 2, Abs. 5 Nr. 3 SGB III). Dazu bestimmt § 27 Abs. 4 SGB III weiter, dass Personen **versicherungsfrei** sind, die während der Dauer ihrer Ausbildung an einer allgemeinbildenden Schule bzw. ihres Studiums als ordentlich Studierende einer Hochschule oder einer der fachlichen Ausbildung dienenden Schule eine Beschäftigung ausüben. Dies gilt nicht, wenn der Beschäftigte schulische Einrichtungen besucht, die der Fortbildung außerhalb der üblichen Arbeitszeit dienen.

Nach der Rechtsprechung des Bundessozialgerichtes ist jedoch die Beschäftigung von Studenten im Regelstudium nicht immer versicherungsfrei, sondern nur dann, wenn sie neben dem Studium, d.h. ihm nach Zweck und Dauer untergeordnet, ausgeübt werde, das

Studium also die **Haupt-,** die **Beschäftigung** die **Nebensache** sei. Umgekehrt sei derjenige, der seinem Erscheinungsbild nach zum Kreis der Beschäftigten gehöre, durch ein gleichzeitiges Studium nicht versicherungsfrei; Versicherungsfreiheit bestehe vielmehr nur für solche Personen, deren Zeit und Arbeitskraft überwiegend durch ihr Studium beansprucht werde. Soweit es hiernach auf das Erscheinungsbild ankomme, seien zu dessen Feststellungen alle insoweit erheblichen Umstände des einzelnen Falles zu beachten. Diese Grundsätze konkretisierend, hat das Bundessozialgericht darin, dass während des Semesters eine Arbeitszeit von wöchentlich 20 Stunden überschritten wird, ein wesentliches Beweisanzeichen für Versicherungspflicht gesehen, das aber aufgrund der Studienbelastung wieder entfallen kann. Die Erwerbstätigkeit eines Studenten während der – von Studienanforderungen freien – **Semesterferien** sei hingegen unabhängig vom Umfang der Tätigkeit nicht versicherungspflichtig. Auf Schüler ist diese Rechtsprechung entsprechend anzuwenden; ihre Beschäftigung ist versicherungsfrei, wenn sie sich überwiegend der schulischen Bildung widmen.

Die Möglichkeit für einen Schüler oder Studenten, im Falle der Arbeitslosigkeit Arbeitslosengeld zu beziehen, ist aber trotz einer vorhergehenden versicherungspflichtigen Beschäftigung während des Studiums nur in bestimmten Ausnahmefällen gegeben, weil – über die allgemeinen Verfügbarkeitsvoraussetzungen des § 138 SGB III hinaus – § 139 Abs. 2 SGB III die Verfügbarkeit von Schülern und Studenten weiter einschränkt. Danach besteht die **gesetzliche Vermutung,** dass der Arbeitslose, ist er **Schüler** oder **Student** einer Schule, Hochschule oder sonstigen Ausbildungsstätte, nur **versicherungsfreie** Beschäftigungen ausüben kann. Wer aber nur versicherungsfrei arbeiten kann, steht eben – wie oben erläutert – der Arbeitsvermittlung nicht zur Verfügung. Wer dennoch Arbeitslosengeld beziehen will, muss diese Vermutung **widerlegen,** indem er „darlegt und nachweist, dass der Ausbildungsgang eine die Versicherungspflicht begründende Beschäftigung bei ordnungsgemäßer Erfüllung der in den Ausbildungs- und Prüfungsbestimmungen vorgeschriebenen Anforderungen zulässt“ (§ 139 Abs. 2 S. 2 SGB III).

In der Praxis wird durch die Agentur für Arbeit die Verfügbarkeit von Schülern und Studenten an Hand eines vom Betroffenen auszufüllenden **„Zusatzfragebogen für Studenten"** geprüft.

Keinen Anspruch auf Arbeitslosengeld können Schüler und Studenten erwerben, die **nur in den Ferien** arbeiten (auch wenn sie dabei fünf Monate im Jahr 40 Stunden wöchentlich arbeiten), da solche Arbeiten immer versicherungsfrei sind.

Wer als Schüler oder Student **mehr als 20 Stunden** in der Woche arbeitet, ist in der Regel versicherungspflichtig und könnte daher auch Arbeitslosengeld erhalten, wenn er sich arbeitslos meldet. Er muss dann nachweisen können, dass er tatsächlich in der Lage ist, eine Arbeit von wöchentlich mehr als 20 Stunden zu übernehmen. Die Verfügbarkeit wird dann im Einzelfall von der zuständigen Vermittlungsfachkraft festgestellt.

Wer als Arbeitnehmer eine schulische Einrichtung besucht, die der Fortbildung außerhalb der üblichen Arbeitszeit dient (§ 27 Abs. 4 S. 2 SGB III), z.B. **Abendschule** oder **Studium am Abend,** bleibt versicherungspflichtig beschäftigt und kann daher Arbeitslosengeld beziehen. Dies gilt auch für Hochschüler, deren „Ausbildungsgang typischerweise auf Berufstätige zugeschnitten ist".

Bei **Gasthörern, Doktoranden** oder Studenten, die nur aus formalen Gründen oder zu „studienfremden Zwecken" (weil sie soziale Vergünstigungen für Studenten in Anspruch nehmen wollen) noch eingeschrieben sind, obwohl sie ihr Studium entweder bereits beendet oder abgebrochen haben, ist die Verfügbarkeit zur Arbeitsvermittlung und damit ein Anspruch zum Bezug von Arbeitslosengeld gegeben.

Schulen, Hochschulen und sonstige Einrichtungen im Sinne des SGB III sind alle Einrichtungen, für deren Besuch dem Grunde nach eine Förderung nach dem Bundesausbildungsförderungsgesetz (BAföG) beantragt werden kann, gleichgültig, ob der Höhe nach ein Stipendium bzw. Darlehen gewährt wird oder nicht.

cc) Tätigkeiten im Rahmen kultureller, sportlicher, karitativer und sonstiger Interessen: Erfüllen Sie alle sonstigen Voraussetzungen der Eigenbemühungen bzw. Verfügbarkeit, und haben Sie insbesondere sichergestellt, dass Sie Vorschlägen der Agentur für Arbeit zur beruflichen Eingliederung zeit- und ortsnah Folge leisten können, dürfte einer Tätigkeit im Rahmen kultureller, sportlicher, karitativer und sonstiger Interessen im Hinblick auf Ihre Verfügbarkeit nichts im Wege stehen. Im Zweifel bietet sich ein Verfahren entsprechend der Regelung zur Teilnahme an einer **nicht** von der Agentur für Arbeit **geförderten Maßnahme der beruflichen Weiterbildung** an. Nach § 139 Abs. 3 SGB III schließt nämlich die Teilnahme an einer solchen Maßnahme die Verfügbarkeit nicht aus, wenn die Agentur für Arbeit der Teilnahme **zustimmt** und der Leistungsberechtigte seine Bereitschaft erklärt, die **Maßnahme abzubrechen,** sobald eine berufliche Eingliederung in Betracht kommt und er zu diesem Zweck die Möglichkeit zum **Abbruch** mit dem Träger der Maßnahme **vereinbart** hat. Der Abschluss einer derartigen Vereinbarung ist folglich zu empfehlen.

Generell ist in diesem Zusammenhang anzuraten, bei jeder Aufnahme einer Tätigkeit, die die Frage der Verfügbarkeit berühren kann, **vorher** mit Ihrer **Arbeitsvermittlung Kontakt** aufzunehmen und dort Ihre Pläne möglichst genau offen zu legen. Sie wird Ihnen dann sagen, ob Sie weiterhin verfügbar sind. Ist dies nicht der Fall, gehen Sie das hohe Risiko ein, Ansprüche zu verlieren.

Nehmen Sie an einer Veranstaltung teil, die staatspolitischen, kirchlichen oder gewerkschaftlichen Zwecken dient oder sonst in öffentlichem Interesse liegt, schließt auch dies nach § 3 Abs. 2 Nr. 2 der Erreichbarkeitsanordnung Ihre Verfügbarkeit dann nicht aus, wenn die Agentur für Arbeit insofern **vorher ihre Zustimmung** erteilt hat und Sie die weiteren allgemeinen Voraussetzungen der Verfügbarkeit erfüllen.

f) Ehrenamtliche Betätigung

Nach § 138 Abs. 2 SGB III ist die Verfügbarkeit durch eine ehrenamtliche Tätigkeit dann nicht ausgeschlossen, wenn durch diese die **berufliche Eingliederung** des Arbeitslosen **nicht beeinträchtigt** wird. In diesem Fall kann der Arbeitslose also auch mehr als 15 Stunden/Woche ehrenamtlich tätig sein, ohne dass sein Anspruch entfällt. Einzelheiten insofern hat das Bundesministerium für Arbeit und Sozialordnung in einer Rechtsverordnung über die ehrenamtliche Betätigung von Arbeitslosen geregelt.

Auch insofern gilt allerdings der Rat, alle Einzelheiten vorher mit dem zuständigen Arbeitsvermittler abzusprechen.

g) Verfügbarkeit und krankheitsbedingte Arbeitsunfähigkeit

Arbeitslose, die **während des Bezuges** von Arbeitslosengeld unverschuldet **erkranken** oder sich einer **rechtmäßigen** bzw. **straffreien Schwangerschaftsunterbrechung** oder einer durch Krankheit erforderlichen **Sterilisation** unterziehen oder auf Kosten der Krankenkasse stationär behandelt werden und die aus diesen Gründen arbeitsunfähig werden, behalten ihren Anspruch auf Arbeitslosengeld bis zu einer Arbeitsunfähigkeits- bzw. Behandlungsdauer von **sechs Wochen** (§ 146 Abs. 1 SGB III). Das Gleiche gilt im Falle einer nach ärztlichem Zeugnis erforderlichen Beaufsichtigung, Betreuung oder Pflege eines **erkrankten Kindes** des Arbeitslosen bis zur Dauer von **zehn** bzw. (bei allein erziehenden Arbeitslosen) bis zur Dauer von **zwanzig Tagen für jedes Kind** in jedem **Kalenderjahr**, wenn eine andere im Haushalt des Arbeitslosen lebende Person diese Aufgabe nicht übernehmen kann und das Kind das zwölfte Lebensjahr noch nicht vollendet hat (§ 146 Abs. 2 S. 1 SGB III).

Insgesamt wird allerdings je Kalenderjahr Arbeitslosengeld für **höchstens 25 Tage** bzw. (bei allein erziehenden Arbeitslosen) für **höchstens 50 Tage** bezahlt.

BEISPIEL: A lebt mit ihrem Ehemann sowie den gemeinsamen drei Kindern (6, 8 und 10 Jahre alt) in einem Haushalt. A ist arbeitslos, ihr Ehemann geht arbeitstäglich von 8:00 Uhr bis 17:00 Uhr seiner Berufstätigkeit nach und steht zur Betreuung der Kinder nicht zur Verfügung. Da die Kinder vormittags regelmäßig zur Schule gehen, hat sich A hinsichtlich ihrer Verfügbarkeit auf die Zeit vormittags von 8:00 Uhr bis 12:00 Uhr eingeschränkt. Im März erkrankt ihr jüngstes Kind für insgesamt fünfzehn Tage. Da sie für jedes erkrankte Kind Arbeitslosengeld höchstens für die Dauer von zehn Tagen je Kalenderjahr fortgezahlt erhalten kann, muss sie entweder auf fünf Tage Arbeitslosengeld verzichten, oder für diese Zeit eine Betreuungsperson organisieren. Diese muss ihre uneingeschränkte Betreuungsbereitschaft gegenüber der Agentur für

Arbeit schriftlich dokumentieren und nachweisen, dass sie zur Betreuung des Kindes zeitlich auch in der Lage ist.
Erkrankt im Laufe des Jahres das mittlere Kind für zehn Tage, erhält A auch für diese Zeit Fortzahlung von Arbeitslosengeld. Erkrankt im Laufe des Kalenderjahres schließlich auch das dritte Kind von A, kommt, da für mehr als 25 Tage je Kalenderjahr Arbeitslosengeld nicht fortgezahlt werden kann, für dieses eine Fortzahlung nur noch für höchstens fünf Tage in Betracht, auch wenn die krankheitsbedingte Betreuung länger notwendig ist.

h) Nahtlosigkeit von Sozialleistungen bei längerdauernder Minderung der Leistungsfähigkeit

Ihre Verfügbarkeit und damit Ihr Anspruch auf Arbeitslosengeld ist nicht gegeben, wenn Sie künftig nur noch eine Beschäftigung im Umfang von **weniger als 15 Stunden/Woche** ausüben können (§§ 138 Abs. 5 Nr. 1, 27 Abs. 5 S. 1 SGB III). Der Gesetzgeber fordert allerdings nicht in allen Fällen, dass Sie verfügbar sind, d.h. mindestens 15 Wochenstunden allgemein arbeitsmarktüblich arbeiten können. Auf dieses Erfordernis wird verzichtet, wenn Sie ärztlich nachweisbar **mehr als sechs Monate** in Ihrer Leistungsfähigkeit entsprechend gemindert oder völlig leistungsunfähig sind und binnen eines Monats seit Zugang einer schriftlichen Aufforderung der Agentur für Arbeit **bei Ihrem zuständigen Rentenversicherungsträger** entweder **Leistungen** zur medizinischen Rehabilitation oder zur Teilhabe am Arbeitsleben bzw. Rente wegen Erwerbsminderung **beantragen** (§ 145 Abs. 1 S. 1, Abs. 2 S. 1 und 2 SGB III). Stellen Sie einen solchen Antrag nicht, **ruht** der Anspruch auf Arbeitslosengeld vom Ende der Monatsfrist bis zu dem Tage, an dem Sie den Antrag stellen (§ 145 Abs. 2 S. 3 SGB III). Gleiches gilt auch, wenn der Arbeitslose seinen Mitwirkungspflichten gegenüber dem Träger der medizinischen Rehabilitation oder der Teilhabe am Arbeitsleben nicht nachkommt bzw. wenn er durch sein Verhalten die Feststellung der Erwerbsminderung verhindert (§ 145 Abs. 2 S. 4 und 5 SGB III). Hat der Rentenversicherungsträger bereits verminderte Erwerbsfähigkeit bei Ihnen festgestellt und sind Sie deshalb nicht mehr in der Lage, eine versicherungspflichtige Beschäftigung aufzunehmen, so besteht kein Anspruch auf Arbeitslosengeld (§§ 145 Abs. 1 S. 2, 138 Abs. 1 Nr. 3, Abs. 5 Nr. 1 SGB III).

Mit dem Verzicht auf die Verfügbarkeit wird in diesen Fällen der nahtlose Übergang von Arbeitslosengeld zum Bezug von Übergangsgeld (im Falle der Rehabilitation bzw. beruflichen Eingliederung behinderter bzw. von Behinderung bedrohter Menschen) oder Rente gesichert (sog. Nahtlosigkeitsprinzip). Erhalten Sie später **rückwirkend** Übergangsgeld oder Rente, so steht dieses Geld, soweit es zeitlich mit Arbeitslosengeld zusammentraf, bis zur Höhe des Arbeitslosengeldes der Bundesagentur für Arbeit zu, d.h. der Anspruch geht insoweit auf diese über (§ 145 Abs. 3 SGB III); Sie erhalten dann nur den eventuell überschießenden Betrag. War das Arbeitslosengeld höher, so geht dies nicht zu Ihren, sondern zu Lasten der Bundesagentur für Arbeit.

BEISPIEL: A kann wegen geminderter Leistungsfähigkeit nur noch zwölf Stunden pro Woche arbeiten. Sie hat eine Rente wegen voller Erwerbsminderung (§ 43 Abs. 2 SGB VI) beantragt. A ist damit zwar nicht verfügbar, weil sie nur noch kurzzeitig arbeiten kann. Dennoch wird ihr aufgrund der Nahtlosigkeitsregelung so lange Arbeitslosengeld gezahlt, bis der Rentenversicherungsträger eine Entscheidung über die Frage, ob volle Erwerbsminderung vorliegt, getroffen hat (§ 145 Abs. 1 S. 1 und 2 SGB III).

Ganz erhebliche Probleme können sich daraus ergeben, dass Ihre künftige **Leistungsfähigkeit unterschiedlich eingeschätzt** wird.

BEISPIEL: Der Sie behandelnde Arzt ist der Auffassung, Ihre Leistungsfähigkeit sei so weit herabgesunken, dass Sie arbeitstäglich nur noch weniger als drei Stunden einer Beschäftigung nachgehen können. Er rät Ihnen dementsprechend, beim Rentenversicherungsträger Rentenantrag zu stellen. Dem kommen Sie nach und teilen all dies auch Ihrer Agentur für Arbeit, von der Sie laufend Arbeitslosengeld beziehen, mit. Die Agentur für Arbeit lässt Sie daraufhin von ihrem ärztlichen Dienst untersuchen und sozialmedizinisch begutachten. Dieser kommt – anders als Ihr behandelnder Arzt – zu dem Ergebnis, Sie könnten arbeitstäglich noch drei bis sechs Stunden einer Beschäftigung nachgehen. Für Sie stellt sich – insbesondere im Hinblick auf Ihren Rentenantrag – nunmehr die Frage, in welchem Umfang Sie sich künftig der Arbeitsvermittlung zur Verfügung stellen.

Vielfach wird die – nachvollziehbare – Auffassung vertreten, man könne bei gleichzeitig laufendem Rentenantragsverfahren sich gegenüber der Agentur für Arbeit nicht anders äußern als gegenüber dem Rentenversicherungsträger. Mache man also gegenüber dem Rentenversicherungsträger geltend, die Voraussetzungen der Erwerbsminderung (§ 43 SGB VI) lägen vor, müsse man bezüglich der Frage der Verfügbarkeit (§ 138 Abs. 5 Nr. 1 SGB III) gleiche Einschränkungen auch dann geltend machen, wenn der Arzt der Agentur für Arbeit gutachtlich zu anderen Ergebnissen kommt.

Diese ehrliche, folgerichtige und nachvollziehbare Haltung birgt jedoch große **Risiken** in sich.

Bei der „Verfügbarkeit" (§ 138 Abs. 5 Nr. 1 SGB III) handelt es sich nämlich um ein anspruchsbegründendes Tatbestandsmerkmal, welches – soll der Anspruch auf Leistungen aus der Arbeitslosenversicherung nicht entfallen – durchgehend erfüllt sein muss. Sie sind daher nur dann verfügbar, wenn Sie – im Rahmen der von Ihnen nach § 139 Abs. 4 SGB III erklärten zeitlichen Verfügbarkeit (dazu siehe S. 16 ff.) – ständig **bereit** sind, jede zumutbare Beschäftigung aufzunehmen, die Sie **objektiv** ausüben können. Folgen Sie – wenn auch subjektiv nachvollziehbar – der gutachtlichen Beurteilung des Arztes der Agentur für Arbeit nicht, so lassen sich **zwei Fallgestaltungen** unterscheiden:

- Stellt sich später heraus, dass Ihre Einschätzung hinsichtlich Ihrer Leistungsminderung objektiv richtig war und haben Sie sich durchgehend im Rahmen Ihres objektiv verbliebenen Leistungsvermögens der Arbeitsvermittlung zur Verfügung gestellt, so ist Ihr Leistungsanspruch aus der Arbeitslosenversicherung (z.B. Nahtlosigkeitsarbeitslosengeld nach § 145 Abs. 1 SGB III bis zur Feststellung des Rentenversicherungsträgers über die Frage der Erwerbsminderung) nicht beeinträchtigt.
- Stellt sich jedoch – gegebenenfalls erst im Rahmen sozialgerichtlicher Überprüfung und damit erst nach geraumer Zeit – heraus, dass Ihre subjektive Einschätzung Ihrem objektiven Leistungsvermögen widerspricht, so standen Sie mangels Bereitschaft, jede Ihnen objektiv zumutbare Beschäftigung anzunehmen, der Arbeitsvermittlung nicht zur Verfügung. Damit entfällt jedoch wäh-

rend der gesamten Zeit, in der Sie sich – wenn auch subjektiv nachvollziehbar – der Arbeitsvermittlung nicht zur Verfügung gestellt haben, Ihr Leistungsanspruch aus der Arbeitslosenversicherung.

Um dieses Ergebnis zu vermeiden, muss daher – trotz vermeintlichen Widerspruchs – **dringend angeraten** werden, sich der gutachtlichen Auffassung des Arztes der Agentur für Arbeit zu unterwerfen und sich der Arbeitsvermittlung auch dann entsprechend diesem Gutachten zur Verfügung zu stellen, wenn dies Ihrer subjektiven Einschätzung hinsichtlich Ihres Leistungsvermögens zuwider läuft. Nur auf diese Weise kann das Risiko vermieden werden, des Leistungsanspruchs aus der Arbeitslosenversicherung möglicherweise verlustig zu gehen.

Anzumerken ist in diesem Zusammenhang, dass sich eine solche Erklärung gegenüber der Agentur für Arbeit **nicht** – wie vielfach befürchtet – **negativ auf ein parallel dazu laufendes Rentenantragsverfahren auswirkt**. Vielmehr muss der Rentenversicherungsträger die Frage der rentenrechtlich relevanten Leistungsminderung unabhängig von Ihrer Erklärung gegenüber der Agentur für Arbeit überprüfen.

Schließlich ist noch darauf **hinzuweisen,** dass Sie dann, wenn Ihnen die Agentur für Arbeit eine zwar dem Gutachten Ihres Arztes entsprechende, jedoch Ihrem eigenen subjektiven Empfinden nach nicht zumutbare Beschäftigung anbietet, diese ablehnen können, ohne sofort Ihren Leistungsanspruch ganz zu verlieren.

In diesem Fall beschränkt sich Ihr **Risiko** zunächst lediglich auf die Frage, ob eine **Sperrzeit von drei Wochen** eingetreten ist (§ 159 Abs. 1 S. 2 Nr. 2, Abs. 4 S. 1 Nr. 1 SGB III; siehe dazu S. 112, 119 f.), wobei im Rahmen des Sperrzeitverfahrens gegebenenfalls individuell zu prüfen ist, ob die angebotene Beschäftigung Ihrem objektiven Leistungsvermögen entspricht oder nicht.

Erheblich höher stellt sich das Risiko allerdings dann dar, wenn die Agentur für Arbeit Ihnen unter Androhung des Eintrittes weiterer Sperrzeiten und damit des **Erlöschens Ihres Leistungsanspruchs** insgesamt (§ 162 Abs. 1 Nr. 2 SGB III) noch andere Beschäftigungen der genannten Art anbietet (dazu siehe S. 123 ff.).

Allerdings wird man dann, wenn der behandelnde Arzt aufgrund medizinisch nachvollziehbarer Umstände nachdrücklich von der Aufnahme einer von der Agentur für Arbeit angebotenen Beschäftigung abrät, auch prüfen können, ob insofern ein **wichtiger Grund** im Sinne des § 159 Abs. 1 S. 1 SGB III anzunehmen ist. Im Hinblick darauf, dass sich der Arbeitslose – ohne seine Verfügbarkeit zu gefährden – nunmehr ohne Begründung auf eine versicherungspflichtige übliche **Teilzeitbeschäftigung** im Umfang von mindestens 15 Stunden/Woche einschränken kann (§ 139 Abs. 4 S. 1 SGB II; dazu siehe S. 16), kann das Problem der unterschiedlichen Einschätzung der Leistungsfähigkeit in den Fällen, in denen unstreitig ist, dass sie **nicht auf weniger als 15 Stunden/Woche** herabgesunken ist, durch Erklärung des Arbeitslosen für die Zukunft entschärft werden.

BEISPIEL: A, der sich bisher für Vollzeittätigkeiten zur Verfügung gestellt hat, ist – mit seinem behandelnden Arzt – der Auffassung, nur noch 20 Stunden/Woche arbeiten zu können. Der Arzt der Agentur für Arbeit hält ihn für fähig, eine Vollzeitbeschäftigung ausüben zu können. Schränkt A nunmehr seine Verfügbarkeit für die Zukunft auf 20 Stunden/Woche ein, bleibt er verfügbar und hat weiter Anspruch auf Arbeitslosengeld (§ 139 Abs. 4 S. 1 und 2 SGB III). Allerdings vermindert sich die Höhe seines Anspruchs entsprechend (§ 151 Abs. 5 S. 1 SGB III). Falls A allerdings der Auffassung des Arztes der Agentur für Arbeit folgt und sich doch weiter für eine Vollbeschäftigung zur Verfügung stellt, hat er weiter Anspruch auf Arbeitslosengeld in voller Höhe.

i) Vermittlungsbudget

Wenn das Gesetz einerseits strenge Voraussetzungen an die Verfügbarkeit stellt und beispielsweise verlangt, im Falle der Aufnahme einer Beschäftigung vorübergehend von der Familie getrennt zu leben, an den neuen Arbeitsort umzuziehen oder lange und hohe Kosten verursachende Fahrwege in Kauf zu nehmen, unterstützt es andererseits die geforderte Mobilität von Arbeitslosen, von Arbeitslosigkeit bedrohten Arbeitsuchenden und Ausbildungssuchenden durch Leistungen aus dem Vermittlungsbudget. Nach § 44 Abs. 1 S. 1 SGB III können solche Leistungen bei der **Anbahnung** oder **Aufnahme** einer **versicherungspflichtigen Beschäftigung** gefördert werden, wenn dies für die berufliche Eingliederung **notwendig** ist. Dies gilt auch für die Aufnahme von Beschäftigungen im Umfang von 15 Stunden/Woche in einem anderen Mitgliedstaat der **Europäischen Union**, einem anderen Vertragsstaat des Abkommens über den **Europäischen Wirtschaftsraum** und in der **Schweiz** (§ 44 Abs. 2 SGB III). **Insbesondere** sollen Arbeitslose, von Arbeitslosigkeit bedrohte Arbeitsuchende und Ausbildungssuchende im Zusammenhang mit der Erreichung der in der **Eingliederungsvereinbarung** (§ 37 Abs. 2 und 3 SGB III; dazu siehe S. 5 f.) festgelegten **Eingliederungsziele** unterstützt werden (§ 44 Abs. 1 S. 2 SGB III). Soweit der **Arbeitgeber** voraussichtlich **gleichartige Leistungen** erbringt (z.B. Fahrkostenzuschuss), kommt eine Förderung durch die Agentur für Arbeit allerdings nicht in Betracht (§ 44 Abs. 1 S. 3 SGB III).

Welche **Förderungen im Einzelnen** – gegebenenfalls pauschaliert (§ 44 Abs. 3 S. 1 SGB III) – gewährt werden, liegt im Ermessen der Agentur für Arbeit.

In Betracht kommen in diesem Zusammenhang beispielsweise **Ausrüstungsbeihilfen** für Arbeitskleidung und Arbeitsgerät. Im Falle **auswärtiger Arbeitsaufnahme** ist an die Gewährung einer **Reisekostenbeihilfe** für die Fahrt zum Antritt der Arbeitsstelle, einer **Fahrkostenbeihilfe** für tägliche Fahrten zwischen Wohnung und Arbeitsstelle für eine gewisse Zeit, an eine **Trennungskostenbeihilfe** bei getrennter Haushaltsführung für eine gewisse Zeit sowie an eine **Umzugskostenbeihilfe** zu denken. Auch Reisekosten für **Vorstellungsgespräche** sowie Zuschüsse für die Erstellung und Versendung von **Bewerbungsunterlagen** sind denkbar.

Für den Fall, dass für Sie die Gewährung von Leistungen aus dem Vermittlungsbudget in Betracht kommt, müssen Sie sich hinsichtlich der Einzelheiten von Ihrem **Arbeitsvermittler** beraten lassen. Auch in **Merkblättern** der Bundesagentur für Arbeit, deren Lektüre dringend empfohlen wird, sind die Einzelheiten über Voraussetzungen, Art, Umfang und Verfahren der Förderung näher beschrieben. Fragen Sie insofern Ihren **Arbeitsvermittler**.

5. Haben Sie sich persönlich arbeitslos gemeldet?

a) Persönliche Meldung

Der Arbeitslose hat sich persönlich bei der Agentur für Arbeit arbeitslos zu melden (§ 141 Abs. 1 S. 1 SGB III). Der Gesetzgeber plant eine – bis zum Abschluss dieses Manuskriptes nur als Referentenentwurf vorliegende – Änderung der Erforderlichkeit der persönlichen Arbeitslosmeldung. Die Arbeitslosmeldung soll künftig auch telefonisch oder per Email möglich sein und dann nach Vergabe eines Termins nachgeholt werden können. Dieses System wurde auch im Rahmen der Bewältigung der Covid-19-Krise praktiziert, da eine persönliche Meldung aufgrund der Schließung der Agenturen für Arbeit nicht möglich war.

BEISPIEL: Die Ehefrau des A ruft bei der Agentur für Arbeit an und teilt mit, ihr Mann sei wegen eines Streites vom Arbeitgeber fristlos entlassen worden. Genügt das für die Arbeitslosmeldung? Nein, und zwar selbst dann nicht, wenn die Ehefrau persönlich bei der Agentur für Arbeit erscheint. Vielmehr muss der Arbeitslose selbst persönlich erscheinen. Anruf oder Brief genügen nicht.

Durch die persönliche Meldung, die auch schon zulässig ist, wenn Arbeitslosigkeit noch nicht eingetreten, der Eintritt der Arbeitslosigkeit jedoch innerhalb der nächsten drei Monate zu erwarten ist (§ 141 Abs. 1 S. 2 SGB III), erfährt der Arbeitsvermittler, der mit Ihnen eine Eingliederungsvereinbarung zu treffen hat (§ 37 SGB III), Ihre Wünsche, Ihre Fähigkeiten und Ihre Eignung, bespricht mit Ihnen Ihre Rechte und Pflichten und kann beginnen, Ihnen Arbeit zu vermitteln.

Soweit früher Streit darüber bestand, ob nach nur kurzer **Zwischenbeschäftigung** auch dann, wenn die Agentur für Arbeit hiervon nichts erfahren hat, die erneute persönliche Meldung erforderlich ist, um weiter Anspruch auf Arbeitslosengeld zu haben, so hat der Gesetzgeber diese Frage in § 141 Abs. 2 SGB III eindeutig geregelt.

Danach **erlischt die Wirkung der Meldung**

- bei einer **mehr als sechswöchigen Unterbrechung** der Arbeitslosigkeit und
- **mit der Aufnahme** einer Beschäftigung, selbstständigen Tätigkeit oder Tätigkeit als mithelfender Familienangehöriger, wenn der Arbeitslose diese der Agentur für Arbeit **nicht unverzüglich mitgeteilt** hat.

BEISPIEL 1: A ist arbeitslos und bezieht laufend Arbeitslosengeld. Am 1.6. nimmt er eine für die Dauer von sechs Wochen befristete Beschäftigung auf. Dies teilt er der Agentur für Arbeit so mit und erklärt gleichzeitig, er stehe nach dem Ende der befristeten Beschäftigung der Arbeitsvermittlung wieder voll zur Verfügung.
In diesem Fall braucht A sich nicht erneut arbeitslos zu melden. Die frühere Meldung ist nicht erloschen und wirkt somit fort (§ 141 Abs. 2 SGB III). Gleiches gilt für den Fall, dass A aus anderen Gründen befristet für die Dauer bis zu sechs Wochen nicht „arbeitslos" im Sinne des § 138 SGB III (dazu siehe S. 2 ff.) ist. Auch dies sollte er seinem Arbeitsvermittler auf alle Fälle mitteilen, damit dieser weiß, dass A nach Ablauf der – höchstens – sechs Wochen wieder vermittelbar ist.

BEISPIEL 2: Ganz anders stellt sich die Situation dar, wenn A eine – wenn auch auf bis zu sechs Wochen befristete – Beschäftigung, selbstständige Tätigkeit oder Tätigkeit als mithelfendes Familienmitglied aufnimmt, dies der Agentur für Arbeit jedoch nicht mitteilt. In diesem Fall erlischt die Wirkung der Meldung sofort mit Aufnahme der Beschäftigung bzw. Tätigkeit (§ 141 Abs. 2 Nr. 2 SGB III). Dies kann weitreichende Folgen haben. Ab diesem Tage bezieht A nämlich zu Unrecht Arbeitslosengeld und zwar auch für die Zeit, in der – gegebenenfalls – wieder Beschäftigungslosigkeit eingetreten ist, mit der Folge, dass A nicht nur für die Zeit der Beschäftigung sondern auch für die Zeit der nachfolgenden erneuten Beschäftigungslosigkeit bis zur erneuten persönlichen Meldung das von der Agentur für Arbeit bezogene Arbeitslosengeld sowie die für ihn entrichteten Beiträge zur gesetzlichen Kranken- und Pflegeversicherung zurückzahlen muss (§§ 48 Abs. 1 S. 2 Nr. 2 und 4, 50 Abs. 1 SGB X, § 335 Abs. 1 S. 1, Abs. 5 SGB III). Hinzu kommt, dass der ungerechtfertigte Doppelbezug von Arbeitsentgelt und Arbeitslosengeld als strafbare Handlung zu bewerten sein dürfte (Betrug bzw. zumindest versuchter Betrug).

Die Gefahr, sich strafbar zu machen, besteht im Übrigen auch dann, wenn Sie die Aufnahme einer **kurzzeitigen** Beschäftigung nicht mitteilen und hieraus Entgelt erzielen. Zwar bleiben Sie trotz der Beschäftigung „beschäftigungslos" (§ 138 Abs. 3 SGB III); das Entgelt aus der Beschäftigung muss jedoch auf das Arbeitslosengeld angerechnet werden (§ 155 SGB III), so dass Sie mit einem Rückforderungsbescheid rechnen müssen.

Ganz allgemein ist zu sagen, dass der Gesetzgeber mit der Regelung der Arbeitslosmeldung in § 141 Abs. 2 SGB III zwar eine eindeutige und klarere Rechtslage herstellen wollte und dies wohl auch getan hat. Für den Arbeitslosen stellt das Unterlassen von Mitteilungen über seine „Arbeitslosigkeit" im Sinne des § 138 SGB III jedoch ein derart **hohes Risiko** dar, dass Ihnen **dringend** empfohlen werden muss, **jede Änderung,** die Ihren Leistungsanspruch in irgendeiner Weise berühren kann, der Agentur für Arbeit – möglichst schriftlich – **mitzuteilen.** Melden Sie also jede Aufnahme einer Tätigkeit, jedes Entgelt, das Sie erzielen, jede Verfügbarkeitseinschränkung, jede Beendigung einer Tätigkeit etc. Ihrem Arbeitsvermittler **unverzüglich.** Nur so sichern Sie Ihren Leistungsanspruch und vermeiden das Risiko von Rückzahlungsforderungen.

In einem Fall **verzichtet** der Gesetzgeber – zeitweise – auf die persönliche Arbeitslosmeldung. Ist die Leistungsfähigkeit des Arbeitslosen derart gemindert, dass er mehr als sechs Monate daran gehindert ist, eine übliche für ihn in Betracht kommende versicherungspflichtige Beschäftigung auszuüben (§ 145 Abs. 1 SGB III; Nahtlosigkeit), und kann er sich wegen gesundheitlicher Einschränkungen nicht persönlich arbeitslos melden (in diesem Fall müssen Sie ein ärztliches Attest vorlegen), so kann die Arbeitslosmeldung durch einen Vertreter (z.B. Ehepartner) vorgenommen werden (§ 145 Abs. 1 S. 3 SGB III). Sobald Sie allerdings wieder in der Lage sind, sich persönlich arbeitslos zu melden, müssen Sie dies auch tun (§ 145 Abs. 1 S. 4 SGB III).

b) Von welchem Tag an besteht der Anspruch auf Arbeitslosengeld?

Frühestens ab dem Tag der **persönlichen** Meldung besteht Anspruch auf Arbeitslosengeld (§§ 323 Abs. 1 S. 1 und 2, 324 Abs. 1 S. 1, 325 Abs. 2 S. 1 SGB III).

BEISPIEL: A wird am 1.2. arbeitslos. Bereits am 25.1. hat er sich – allerdings nur schriftlich – arbeitslos gemeldet und Arbeitslosengeld beantragt. Persönlich meldet er sich erst am 3.2. bei der Agentur für Arbeit. In diesem Fall kann er frühestens ab 3.2. Arbeitslosengeld erhalten, d.h. er verliert zwei Tage.

Andererseits: Steht fest, wann das Arbeitsverhältnis endet, können Sie sich auch schon vorher, nämlich bis zu drei Monate vor einem zu erwartenden Eintritt von Arbeitslosigkeit (§ 141 Abs. 1 S. 2 SGB III), persönlich arbeitslos melden und den Antragsvordruck in Ruhe ausfüllen.

BEISPIEL: Ihnen wird am 1.2. zum 30.4. gekündigt. Sie können sich jetzt sofort persönlich arbeitslos melden. Die Arbeitslosmeldung wird dann am 1.5. wirksam, ohne dass Sie sich an diesem Tag erneut persönlich melden müssen.

Ist die Agentur für Arbeit am ersten Tag Ihrer Beschäftigungslosigkeit geschlossen – Feiertag, Samstag, Sonntag – so verlieren Sie keinen Tag, wenn Sie sich am nächsten dienstbereiten Tag persönlich arbeitslos melden und Arbeitslosengeld beantragen (§ 141 Abs. 3 SGB III). Umgekehrt gilt: An der **persönlichen Meldung** wird streng festgehalten. Jeder Tag, an dem Sie beispielsweise arbeitslos und vorübergehend bettlägerig krank sind, geht verloren, solange Sie sich nicht in Person bei der Agentur für Arbeit arbeitslos melden. In diesem Fall kann allerdings ein Anspruch auf Krankengeld bestehen. Die Meldung muss ernst gemeint sein. Eine bloß **vorsorgliche** Meldung während der Kündigungsfrist reicht ebenso wenig aus wie z.B. die persönliche Anfrage, ob Ihnen Arbeitslosengeld zusteht.

Während bisher der Anspruch auf Arbeitslosengeld immer dann **entstand,** wenn alle Anspruchsvoraussetzungen vorlagen, sieht

§ 137 Abs. 2 SGB III nunmehr vor, dass Sie, nachdem Sie den Antrag gestellt haben, **bis zur Entscheidung** der Agentur für Arbeit über diesen **bestimmen** können, er solle nicht oder zu einem späteren Zeitpunkt entstehen (Dispositionsrecht). Dies kann z.B. dann erwogen werden, wenn sich durch ein späteres Entstehen des Anspruchs wegen des Erreichens eines neuen Lebensjahres eine längere Anspruchsdauer ergibt (§ 147 Abs. 2 SGB III; dazu siehe S. 49 ff.).

c) Wodurch wird der Antragstellung genügt?

Der Antragstellung wird nicht erst durch die Ausfüllung des Antragsformulars genügt, sondern schon durch Ihre persönliche Arbeitslosmeldung, wenn Sie keine andere (gegenteilige) Erklärung abgeben (§ 323 Abs. 1 S. 2 SGB III).

BEISPIEL: Sie sind ab morgen arbeitslos, gehen heute zur Agentur für Arbeit, melden sich arbeitslos, stellen mündlich den Antrag auf Arbeitslosengeld und bringen erst übermorgen den ausgefüllten Antragsvordruck zurück oder schicken ihn mit der Post an die Agentur für Arbeit. Dann steht Ihnen gleichwohl – wenn sonst kein Hindernis vorliegt – ab morgen Arbeitslosengeld zu, weil der ausgefüllte Antrag nur ein Hilfsmittel ist, um Einzelheiten zu Ihrer Person festzustellen.

d) Welche Agentur für Arbeit ist zuständig?

Der Arbeitslose muss sich bei der Agentur für Arbeit arbeitslos melden, in dessen Bezirk er bei Eintritt der leistungsbegründenden Tatbestände seinen Wohnsitz hat (§ 327 Abs. 1 S. 1 SGB III).

BEISPIEL: Der Arbeitslose wohnt in Freising und arbeitete zuletzt in München. Zuständig ist für ihn die Agentur für Arbeit in Freising, wo der Arbeitslose wohnt.

6. Haben Sie sich frühzeitig arbeitsuchend gemeldet?

Nach § 38 Abs. 1 S. 1 SGB III sind Sie dann, wenn Ihr Arbeits- oder (nicht betriebliches) Ausbildungsverhältnis endet, verpflichtet, sich **spätestens drei Monate vor dessen Beendigung persönlich** bei der

Agentur für Arbeit **arbeitsuchend** zu **melden,** wobei zur Wahrung der Frist auch eine **Anzeige** unter Angabe der persönlichen Daten und des Beendigungszeitpunktes ausreicht, wenn die persönliche Meldung nach terminlicher Vereinbarung nachgeholt wird (§ 38 Abs. 1 S. 3 SGB III). Dies gilt auch dann, wenn der Fortbestand eines Arbeits- oder (nicht betrieblichen) Ausbildungsverhältnisses gerichtlich geltend gemacht oder vom Arbeitgeber in Aussicht gestellt wird (§ 38 Abs. 1 S. 4 SGB III). Liegen zwischen der Kenntnis des Beendigungszeitpunktes und der Beendigung des Arbeits- oder (nicht betrieblichen) Ausbildungsverhältnisses **weniger als drei Monate,** hat die Meldung **innerhalb von drei Tagen nach Kenntnis des Beendigungszeitpunktes** zu erfolgen (§ 38 Abs. 1 S. 2 SGB III).

Kommt der – später – Arbeitslose seiner Verpflichtung insofern nicht nach, tritt eine **Sperrzeit** von einer Woche ein (§ 159 Abs. 1 S. 2 Nr. 9, Abs. 6 SGB III).

Um den noch im Beschäftigungsverhältnis stehenden Arbeitnehmern die Möglichkeit zu geben, so früh wie möglich eine **Anschlussbeschäftigung** zu finden und insbesondere ihrer Verpflichtung zur persönlichen Meldung bei der Agentur für Arbeit nach § 38 Abs. 1 SGB III nachzukommen, sollen die **Arbeitgeber** sie nach § 2 Abs. 2 S. 2 Nr. 3 SGB III frühzeitig vor der Beendigung des Arbeitsverhältnisses über die Notwendigkeit eigener Aktivitäten bei der Suche nach einer anderen Beschäftigung sowie über die Verpflichtung nach § 38 Abs. 1 SGB III **informieren**, sie hierzu **freistellen** sowie ihre Teilnahme an erforderlichen **Qualifizierungsmaßnahmen** ermöglichen. Da die Vorschrift nur arbeitsmarktpolitische Ziele verfolgt und ihr Schutzzweck rein sozialrechtlicher Natur ist, folgt aus der Verletzung dieser Pflichten durch den Arbeitgeber kein Schadensersatzanspruch.

Haben Sie unverschuldet **keine Kenntnis** von Ihrer Verpflichtung nach § 38 Abs. 1 SGB III, so ist dies ein **wichtiger Grund** im Sinne des § 159 Abs. 1 S. 1 SGB III und somit eine Sperrzeit nicht eingetreten.

7. Haben Sie die Anwartschaftszeit erfüllt?

a) Wozu dienen Anwartschaft und 30-monatige Rahmenfrist?

Arbeitslosengeld ist eine Versicherungsleistung für den, der durch eine genügende Anzahl von Beiträgen die Anwartschaft darauf erworben hat und jetzt arbeitslos geworden ist. Die Anwartschaftszeit haben Sie dann erfüllt, wenn Sie in den **letzten 30 Monaten** (Rahmenfrist) vor dem ersten Tag, an dem Sie alle sonstigen Voraussetzungen für den Anspruch auf Arbeitslosengeld erfüllt haben (Arbeitslosigkeit, Arbeitslosmeldung) **mindestens zwölf Monate** in einem **Versicherungspflichtverhältnis** gestanden haben (§§ 143 Abs. 1 SGB III). Zu beachten ist, dass die dreißigmonatige Rahmenfrist erst seit 1.1.2020 gilt. Daneben gibt es die Übergangsvorschrift des § 447 SGB III, der besagt, dass bei Personen, die nach dem 31.12.2019 nicht in einem Versicherungspflichtverhältnis gestanden haben, weiterhin die zweijährige Rahmenfrist gilt. Diese ist im Einzelfall natürlich weniger günstig, da der Anspruch auf Arbeitslosengeld innerhalb einer kürzeren Zeitspanne erworben worden sein muss. Durch Zeitablauf löst sich dieses Problem aber von selbst.

BEISPIEL: A meldet sich am 1.3.2020 persönlich arbeitslos und beantragt Arbeitslosengeld. Dann müsste er in der 30-monatigen Rahmenfrist vom 1.9.2017 bis zum 29.2.2020 mindestens zwölf Monate versicherungspflichtig gewesen sein. Tatsächlich war er in dieser Zeit in seinem Beruf beschäftigt bzw. arbeitslos

- vom 1.9.2017 bis zum 28.2.2018 Work and Travel in Australien (nicht berücksichtigungsfähig)
- vom 1.3.2018 bis zum 15.6.2018 versicherungspflichtige Beschäftigung (107 Kalendertage)
- vom 16.6.2018 bis zum 20.6.2018 Krankengeld (4 Kalendertage)
- vom 21.6.2019 bis zum 29.2.2020 Beschäftigung (619 Kalendertage).

Insgesamt hat er also 730 Kalendertage versicherungspflichtig gearbeitet. Damit hat A die Anwartschaftszeit von mindestens 12 Monaten erfüllt und erhält Arbeitslosengeld (nach § 339 S. 2 SGB III entspricht ein Monat 30 Kalendertagen).

Ist der erste Tag der Arbeitslosigkeit ein Samstag, Sonntag oder Feiertag (z.B. Freitag, 1.5.2020), so genügt die persönliche Meldung am darauf folgenden Werktag, hier also am Montag, 4.5.2020 (§ 141 Abs. 3 SGB III). Dennoch läuft die Rahmenfrist vom 1.11.2017 bis zum 30.4.2020.

Um Arbeitslose, die in der Rahmenfrist von 30 Monaten Jahren überwiegend nur **kurzzeitig** beschäftigt waren und somit Schwierigkeiten haben, die (normale) Anwartschaftszeit von zwölf Monaten zu erfüllen, ebenfalls in das soziale Sicherungssystem der Arbeitslosenversicherung einzubeziehen, hat der Gesetzgeber in § 142 Abs. 2 SGB III – derzeit **befristet bis zum 31.12.2022** – eine verkürzte **Anwartschaftszeit von sechs Monaten** normiert, die zum Bezug von Arbeitslosengeld berechtigt. Die Regelung wurde bislang in regelmäßigen Abständen immer weiter befristet verlängert.

Voraussetzung hierfür ist der vom Arbeitslosen zu erbringende **Nachweis**, dass

- sich die in der Rahmenfrist zurückgelegten Beschäftigungstage überwiegend aus versicherungspflichtigen Beschäftigungen ergeben, die auf nicht mehr als 14 Wochen im Voraus durch Arbeitsvertrag zeit- oder zweckbefristet waren, und
- das in den letzten zwölf Monaten vor der Beschäftigungslosigkeit erzielte Arbeitsentgelt das zum Zeitpunkt der Anspruchsentstehung 1,5-fache der maßgeblichen Bezugsgröße nach § 18 Abs. 1 SGB IV nicht übersteigt.

Werden Sie nach mehreren kurzzeitigen Beschäftigungen innerhalb der 30-monatigen Rahmenfrist arbeitslos und erfüllen Sie nicht die Voraussetzungen der (normalen) Anwartschaftszeit von zwölf Monaten, **fragen Sie Ihren Arbeitsvermittler** ausdrücklich, ob Sie eventuell die komplizierten Voraussetzungen des § 143 Abs. 2 SGB III erfüllen können und was Sie in diesem Zusammenhang im Einzelnen **darlegen** und **nachweisen** müssen. In der Praxis spielte die verkürzte Anwartschaft bislang allerdings nur eine geringe Rolle.

Die **Dauer** eines nach § 142 Abs. 2 SGB III entstandenen Anspruchs auf Arbeitslosengeld ist allerdings **kürzer** als der (normale) Anspruch (dazu siehe S. 49 f.).

aa) Verlängerung der Rahmenfrist: Die 30-monatige Rahmenfrist verlängert sich – auf höchstens fünf Jahre – um Zeiten, in denen der Arbeitslose von einem Rehabilitationsträger **Übergangsgeld** wegen einer **berufsfördernden Maßnahme** bezogen hat (§ 143 Abs. 3 SGB III).

bb) Verkürzung der Rahmenfrist: Um eine Doppelberücksichtigung anwartschaftsbegründender Zeiten zu verhindern, bestimmt § 143 Abs. 2 SGB III, dass eine Rahmenfrist nicht in eine **vorangegangene Rahmenfrist** hineinreicht, in der der Arbeitslose eine Anwartschaftszeit erfüllt hatte.

BEISPIEL: A meldete sich am 1.3.2019 arbeitslos und beantragte die Gewährung von Arbeitslosengeld. In der vorausgehenden zweijährigen Rahmenfrist (1.3.2017 bis 29.2.2019; hier gilt das alte Recht) war er durchgehend versicherungspflichtig beschäftigt. Dementsprechend gewährte ihm die Agentur für Arbeit ab 1.3.2019 Arbeitslosengeld. Am 1.9.2019 findet er wieder Arbeit, wird jedoch, da der Betrieb schließt, ab 1.7.2020, also bereits nach zehn Monaten, erneut arbeitslos. An diesem Tag meldet er sich auch wieder arbeitslos und beantragt die Gewährung von Arbeitslosengeld. Würde man jetzt die Rahmenfrist nach der Regelvorschrift des § 143 Abs. 1 SGB III berechnen (30 Monate, da neues Recht ab dem 1.1.2020), müsste diese den Zeitraum 1.1.2018 bis 30.6.2020 umfassen. In diesem wäre A, da dann nicht nur die Beschäftigungszeit **nach der Arbeitslosigkeit** (ab 1.9.2019 insgesamt zehn Monate) berücksichtigt würde, sondern auch diejenige **vor Eintritt** der Arbeitslosigkeit am 1.3.2019, mindestens zwölf Monate versicherungspflichtig beschäftigt gewesen und hätte demzufolge am 1.7.2020 einen **neuen Arbeitslosengeldanspruch** erworben.
Dies würde allerdings bedeuten, dass die Zeiten vor Eintritt der ersten Arbeitslosigkeit am 1.3.2019 zugunsten von A **doppelt berücksichtigt** würden, nämlich zunächst für den Anspruch, der am 1.3.2019 entstanden ist und dann noch einmal für einen Anspruch ab 1.7.2020.
Um dies zu vermeiden, bestimmt § 143 Abs. 2 SGB III, dass eine Rahmenfrist dann nicht in eine frühere solche hineinreichen darf, wenn der Arbeitslose aufgrund von Zeiten aus der früheren Rahmenfrist bereits einen Arbeitslosengeldanspruch erworben hat, die früheren Beschäftigungszeiten also bereits **„verbraucht"** sind.
Für A bedeutet dies im Beispielsfall, dass die Rahmenfrist, die für seine erneute Arbeitslosigkeit ab 1.7.2020 maßgebend ist, nur den Zeitraum

von 1.3.2019 (die Zeit davor ist „verbraucht") bis 30.6.2020 umfasst. In diesem hat er jedoch keine zwölf Monate versicherungspflichtig gearbeitet. Ein **neuer** Arbeitslosengeldanspruch konnte dementsprechend am 1.7.2020 nicht entstehen. Falls allerdings sein früherer, am 1.3.2019 entstandener Arbeitslosengeldanspruch noch nicht erschöpft ist, erhält er, da noch keine vier Jahre seit dessen Entstehung vergangen sind (§ 161 Abs. 2 SGB III, dazu siehe S. 125), jetzt die restlichen Leistungstage aus diesem ausbezahlt. Wurde der frühere Arbeitslosengeldanspruch demgegenüber vollständig ausgeschöpft, kommt jetzt allenfalls ein Anspruch auf Gewährung von Leistungen der Grundsicherung für Arbeitsuchende nach dem SGB II in Betracht (§§ 19 ff. SGB II, dazu siehe *Hüttenbrink/Kilz*, **Sozialhilfe und Arbeitslosengeld II**).

b) Standen Sie in einem Versicherungspflichtverhältnis?

Hauptfall eines Versicherungspflichtverhältnisses ist nach § 25 Abs. 1 SGB III die versicherungspflichtige **Beschäftigung** als

- Arbeitnehmer gegen Entgelt oder
- Auszubildender.

Bei **Wehr- oder Zivildienstleistenden,** denen nach gesetzlichen Vorschriften während ihrer Dienstleistung Arbeitsentgelt weiterzugewähren ist, gilt das Beschäftigungsverhältnis durch den Wehrdienst oder den Zivildienst als nicht unterbrochen (§ 25 Abs. 2 S. 1 SGB III). Die nicht nach dieser Vorschrift versicherungspflichtigen Wehr- und Zivildienstleistenden unterliegen der Versicherungspflicht dann, wenn Sie während der Zeit des Wehr- bzw. Zivildienstes nicht als Beschäftigte versicherungspflichtig sind (§ 26 Abs. 1 Nr. 2 SGB III).

Versicherungspflichtig sind **auch**

- **jugendliche Behinderte** in berufsfördernden, erwerbsbefähigenden Einrichtungen (§ 26 Abs. 1 Nr. 1 SGB III)
- **Gefangene** mit Arbeitsentgelt, Ausbildungsbeihilfe oder Ausfallentschädigung nach dem Strafvollzugsgesetz oder mit Berufsausbildungsbeihilfe nach dem SGB III (§ 26 Abs. 1 Nr. 4 SGB III)
- Personen in der Zeit, für die sie von einem Leistungsträger **Mutterschaftsgeld, Krankengeld,** Versorgungskrankengeld, Verletztengeld oder von einem Träger der medizinischen Rehabilitation

(z.B. Rentenversicherungsträger) **Übergangsgeld** oder von einem privaten Krankenversicherungsunternehmen **Krankentagegeld** oder von einem Träger der gesetzlichen Rentenversicherung eine **Rente wegen voller Erwerbsminderung** beziehen, wenn sie unmittelbar **vor Beginn** der Leistung **versicherungspflichtig** waren. Anstelle der vorherigen Versicherungspflicht reicht auch der Bezug einer **Entgeltersatzleistung** nach dem SGB III (z.B. Arbeitslosengeld) aus, wenn diese Tatbestände unmittelbar vor Beginn der Leistung vorlagen (§ 26 Abs. 2 SGB III)

- Personen in der Zeit, in der sie ein **Kind,** das das dritte Lebensjahr noch nicht vollendet hat, **erziehen,** wenn sie unmittelbar **vor der Kindererziehung** versicherungspflichtig waren oder eine laufende Entgeltersatzleistung nach dem SGB III bezogen haben. **Voraussetzung** ist allerdings, dass der Berechtigte (Erzieher des eigenen Kindes oder desjenigen seines nicht dauernd getrennt lebenden Ehegatten bzw. Lebenspartners) sich mit dem Kind gewöhnlich im Inland aufhält bzw. im Falle des Auslandsaufenthaltes Anspruch auf Kindergeld hat (§ 26 Abs. 2a SGB III)
- Personen in der Zeit, in der sie als Pflegeperson eine pflegebedürftige Person mit mindestens Pflegegrad 2 nicht gewerbsmäßig für mindestens zehn Stunden wöchentlich, verteilt auf mindestens zwei Tage pro Woche in der häuslichen Umgebung pflegen. Weitere **Voraussetzung** ist, dass sie unmittelbar **vor Beginn** der Pflege **versicherungspflichtig** waren oder den Bezug einer Entgeltersatzleistung nach dem SGB III (z.B. Arbeitslosengeld) unterbrochen haben (§ 26 Abs. 2b SGB III) und
- Personen, die ein Versicherungspflichtverhältnis auf Antrag begründet haben (§ 28a SGB III). Dies ist möglich für Personen, die eine selbstständige Tätigkeit mit einem Umfang von mindestens 15 Stunden/Woche aufnehmen oder ausüben, es sei denn, eine Versicherungspflicht dieser Art bestand bereits und wurde schon zweimal bei gleichzeitiger Geltendmachung von Arbeitslosengeld unterbrochen, für Personen, die eine Beschäftigung mit einem Umfang von mindestens 15 Stunden wöchentlich in einem Staat außerhalb eines Mitgliedstaates der Europäischen Union, eines Vertragsstaates des Europäischen Wirtschaftsraums oder der

Schweiz aufnehmen und ausüben, für Personen, die eine Elternzeit nach § 15 des Bundeselterngeld- und Elternzeitgesetzes in Anspruch nehmen und für Personen, die sich beruflich weiterbilden, wenn dadurch ein beruflicher Aufstieg ermöglicht, ein beruflicher Abschluss vermittelt oder zu einer anderen beruflichen Tätigkeit befähigt wird; ausgeschlossen sind Weiterbildungen im Sinne des § 180 Abs. 3 S. 1 Nr. 1 SGB III, es sei denn, die berufliche Weiterbildung findet in einem berufsqualifizierenden Studiengang an einer Hochschule oder einer ähnlichen Bildungsstätte unter Anrechnung beruflicher Qualifikationen statt. Weitere Voraussetzung ist, dass der Antragsteller

- innerhalb der letzten 30 Monate vor Aufnahme der Tätigkeit oder Beschäftigung mindestens **zwölf Monate** lang in einem **Versicherungspflichtverhältnis** gestanden hat oder
- unmittelbar vorher Anspruch auf eine **Entgeltersatzleistung** nach dem SGB III (z.B. Arbeitslosengeld) hatte
- und weder versicherungspflichtig nach den §§ 25, 26 SGB III (dazu siehe S. 41 f.) noch versicherungsfrei nach den §§ 27, 28 SGB III (dazu siehe S. 43 f.) ist und
- der **Antrag spätestens innerhalb von drei Monaten** nach Aufnahme der Tätigkeit oder Beschäftigung, des Beginns der Elternzeit oder der Weiterbildung, die zur Pflichtversicherung auf Antrag berechtigt, gestellt wird.

c) Welche Beschäftigungszeiten sind versicherungsfrei?

Trotz Beschäftigung besteht Versicherungsfreiheit z.B. bei

- Zeiten einer Beschäftigung nach Vollendung des Lebensjahres für den Anspruch auf Regelaltersrente nach dem SGB VI (§ 28 Abs. 1 Nr. 1 SGB III)
- Zeiten der Beschäftigung als Beamter, Richter, Soldat auf Zeit oder Berufssoldat (§ 27 Abs. 1 Nr. 1 SGB III)
- Zeiten, in denen ein Arbeitnehmer während des Bezugs von Rente wegen voller Erwerbsminderung gearbeitet hat (§ 28 Abs. 2 SGB III)
- Personen, die wegen einer Minderung ihrer Leistungsfähigkeit dauernd nicht mehr verfügbar sind, ab dem Zeitpunkt, an dem

die Agentur für Arbeit diese Minderung der Leistungsfähigkeit und der Rentenversicherungsträger volle Erwerbsminderung im Sinne der gesetzlichen Rentenversicherung festgestellt haben (§ 28 Abs. 1 Nr. 2 SGB III)

- Zeiten, in denen Arbeitnehmer während der Dauer ihrer Ausbildung an einer allgemeinbildenden Schule bzw. ihres Studiums als ordentliche Studierende einer Hochschule oder einer der fachlichen Ausbildung dienenden Schule eine Beschäftigung ausüben (§ 27 Abs. 4 S. 1 SGB III). Beitragspflichtig bleibt der Arbeitnehmer wenn er allgemeinbildende schulische Einrichtungen besucht, die der Fortbildung außerhalb der üblichen Arbeitszeit dienen, d.h. Abendschulen (§ 27 Abs. 4 S. 2 SGB III)
- Zeiten, in denen ein Arbeitnehmer geringfügig beschäftigt war (§ 27 Abs. 2 S. 1 SGB III i.V.m. § 8 SGB IV)
- Zeiten, in denen ein Arbeitnehmer unständig (d.h. jeweils weniger als eine Woche bzw. sieben Tage) berufsmäßig beschäftigt ist (§ 27 Abs. 3 Nr. 1 SGB III)
- Zeiten eines Heimarbeiters, der zugleich Zwischenmeister ist und in dieser unternehmerischen Tätigkeit seinen Hauptverdienst erzielt (§ 27 Abs. 3 Nr. 2 SGB III)
- Zeiten eines Ausländers, der sich hier als Beschäftigter im Rahmen der Entwicklungshilfe beruflich aus- oder fortbildet, die Bundesrepublik Deutschland anschließend wieder verlassen muss und in dessen Heimatland ausländische Beitragszeiten keine Anwartschaft auf Arbeitslosengeld begründen (§ 27 Abs. 3 Nr. 3 SGB III)
- Zeiten, in denen trotz (kurzzeitiger) Beschäftigung ein Anspruch auf Arbeitslosengeld besteht (§ 27 Abs. 5 SGB III)
- Zeiten einer Beschäftigung, die mit einem Zuschuss nach § 16e SGB II (Leistungen an Arbeitgeber zur Beschäftigungsförderung) gefördert wird (§ 27 Abs. 3 Nr. 5 SGB III).

Demgegenüber besteht ein Versicherungspflichtverhältnis auch in den Zeiten fort, in denen Kurzarbeitergeld oder in der Schlechtwetterzeit Winterausfallgeld gezahlt wird (§ 24 Abs. 3 SGB III).

d) Wann wirkt sich eine Sperrzeit auf die Anwartschaftszeit aus?

Lehnt ein Arbeitsloser z.B. eine zumutbare Arbeit ohne wichtigen Grund ab, so tritt eine Sperrzeit ein, in der er kein Arbeitslosengeld erhält – § 159 Abs. 1 S. 2 Nr. 2 SGB III. Gibt er Anlass für den Eintritt von Sperrzeiten im Umfang von 21 Wochen, so **erlischt** der ihm noch zustehende Anspruch auf Arbeitslosengeld (§ 161 Abs. 1 Nr. 2 SGB III, dazu siehe S. 123 ff.).

Ein zweiter Nachteil für den Arbeitslosen liegt darin, dass **zwischenzeitliche Beschäftigungszeiten,** die vor dem Tag liegen, an dem ein Anspruch auf Arbeitslosengeld wegen wiederholten Eintrittes von Sperrzeiten **erloschen** ist, nicht anwartschaftszeitbegründend sind (§ 142 Abs. 1 S. 2 SGB III).

BEISPIEL: A wurde am 1.9.2018 arbeitslos und hatte an diesem Tag alle Voraussetzungen für zwölf Monate Arbeitslosengeldbezug erfüllt. Danach geschah Folgendes:

1.9. bis 30.11.2018	drei Monate Arbeitslosengeldbezug
1.12.2018 bis 22.2.2019	Eintritt von Sperrzeiten im Umfang von insgesamt neun Wochen
23.2. bis 31.12.2019	312 Tage versicherungspflichtige und anwartschaftszeitbegründende Beschäftigung
1.1. bis 31.1.2020	ein Monat nochmals Arbeitslosengeldbezug aus dem obigen Restanspruch von neun Monaten
1.2.2020	Anlass zu einer erneuten – jetzt zwölfwöchigen – Sperrzeit wegen Ablehnung einer Arbeit ohne wichtigen Grund. Der Restanspruch auf Arbeitslosengeld von acht Monaten erlischt nach § 161 Abs. 1 Nr. 2 SGB III.
3.3. bis 31.7.2020	151 Tage versicherungspflichtige und anwartschaftszeitbegründende Beschäftigung
1.8.2020	Arbeitslosmeldung und Antragstellung.

Hat A die Anwartschaftszeit erfüllt? Nein. Die neue Rahmenfrist, die nicht in eine vorangegangene Rahmenfrist hineinreichen darf (§ 143 Abs. 2 SGB III), begann am 1.9.2018 und lief bis 31.7.2020. In dieser Zeit hat A zwar mehr als zwölf Monate versicherungspflichtig gearbeitet. Damit hätte er an sich erneut die Anwartschaft für einen Anspruch auf Arbeitslosengeld erworben. Die Zeit seiner Beschäftigung, die vor dem

1.2.2020, dem Tag also, an dem der Anspruch auf Arbeitslosengeld erloschen ist, liegt, dient jedoch nicht zur Erfüllung der Anwartschaftszeit (§ 142 Abs. 1 S. 2 SGB III). Für die anwartschaftszeitbegründenden 151 Tage versicherungspflichtige Beschäftigung danach erhält A kein Arbeitslosengeld. Er hat die notwendigen zwölf anwartschaftszeitbegründenden Beschäftigungsmonate nicht erreicht (§ 142 Abs. 1 S. 1 SGB III).

8. Arbeitslosengeld mit Auslandsbezug

Eine der Grundideen der Europäischen Union ist die Freizügigkeit der Arbeitnehmer, wonach jeder Angehörige eines Mitgliedsstaats das Recht hat, sich zur Arbeit in einen anderen Mitgliedsstaat zu begeben. Es versteht sich eigentlich von selbst, dass für diese Personengruppe eine koordinierende Regelung notwendig ist, wie mit den im Ausland zurückgelegten versicherungspflichtigen Zeiten umzugehen ist. Dies hat der europäische Gesetzgeber mit der Verordnung VO (EG) Nr. 883/2004 getan.

a) Berücksichtigung ausländischer Zeiten

Welche Zeiten versicherungspflichtig sind, um eine Anwartschaft auf Arbeitslosengeld zu erwerben, wurde oben bereits dargestellt. Es ist auch möglich, dass dafür Zeiten, die im Ausland zurückgelegt wurden, berücksichtigt werden. Die ausländische Arbeitsverwaltung bestätigt die im Ausland zurückgelegten versicherungspflichtigen Zeiten mittels des Vordrucks PDU 1; eventuell sind aber bei den Verwaltungen noch die alten Vordrucke E 301 in Gebrauch. Dies ist aber im Endergebnis unerheblich. Es ist durchaus sinnvoll, das erforderliche Dokument bereits bei der Wiederausreise aus dem Beschäftigungsstaat zu beantragen. Die Bearbeitungsdauer kann erheblich länger sein, als Sie es von einer deutschen Agentur für Arbeit kennen. Die Agentur für Arbeit kann selbstverständlich auch von Amts wegen die Versicherungszeiten bei der ausländischen Arbeitsverwaltung anfordern, dafür ist es allerdings erforderlich, dass Sie gegenüber der Agentur für Arbeit detaillierte Angaben zu Ihrem Beschäftigungsverhältnis machen und dieses durch entsprechende Belege nachweisen. Geplant ist, dass die Vordrucke innerhalb der

Arbeitsverwaltungen der Europäischen Union künftig auf elektronischem Weg ausgetauscht werden.

b) Bezug von Arbeitslosengeld im Ausland

Es ist grundsätzlich möglich, dass Sie sich zur Arbeitssuche ins Ausland begeben und für diese Zeit weiter ihr deutsches Arbeitslosengeld beziehen. Die einschlägige Vorschrift des Art. 64 VO (EG) Nr. 883/2004 sieht vor, dass jeder Arbeitslose darauf Anspruch hat, sich für drei Monate zur Arbeitsuche ins Ausland zu begeben unter Fortzahlung des Arbeitslosengeldes. Für einen weiteren Zeitraum von drei Monaten kann eine Verlängerung der Zahlung beantragt werden. Diese steht aber im Ermessen der Agentur für Arbeit und wird anhand der jeweiligen Umstände des Einzelfalls geprüft. Prüfungsmaßstab ist im Wesentlichen, ob im Ausland eine Integration in ein Arbeitsverhältnis wahrscheinlicher ist als im Inland. Zur Arbeitssuche im Ausland ist das Formular PDU 2 erforderlich. Darin wird festgehalten, für wie lange die Arbeitssuche im Ausland genehmigt wird und bis zu welchem Tag spätestens die persönliche Vorsprache bei der ausländischen Arbeitsverwaltung zu erfolgen hat. Nach Ihrer Vorsprache wird die ausländische Arbeitsverwaltung ein Formular an die Agentur für Arbeit schicken, in dem der Tag Ihrer persönlichen Meldung im Ausland mitgeteilt wird. Liegt der Tag innerhalb der vorgegebenen Frist, so wird Ihnen rückwirkend ab dem im Formular PDU 2 bestätigten Anspruchstag Arbeitslosengeld bezahlt. Melden Sie sich dagegen erst nach Ablauf der Frist, so wird Arbeitslosengeld erst ab dem Tag der persönlichen Vorsprache bezahlt.

BEISPIEL: A ist als Koch in der gehobenen Hotellerie tätig. Vom 1.4.2018 bis 30.9.2018 arbeitete er in einer Ferienclubanlage auf Mallorca. Er bewohnte dort zusammen mit seiner Frau eine Personalwohnung. Zum Ende dieser Beschäftigung kehrten beide zurück in die Familienwohnung nach Freilassing. Vom 1.10.2018 bis 31.3.2019 war A in Berchtesgaden in einem Winter-Wellnesshotel tätig. Anschließend arbeitete er vom 1.4.2019 bis 30.9.2019 in Salzburg, wohin er von seinem Wohnort Freilassing täglich problemlos pendeln konnte. Zum 1.10.2019 meldet sich A bei der Agentur für Arbeit und beantragt für die Zeit ab 1.10.2019 Arbeitslosengeld. Jede der drei Beschäftigungen von A kann für die Erfüllung der Anwartschaftszeit berücksichtigt werden. Die Zeit in Spanien wird gemäß Art. 61 VO (EG) Nr. 883/2004 als anwartschaftsbegründende Zeit berücksichtigt, da danach noch eine weitere versicherungspflichtige Zeit in Deutschland zurückgelegt worden ist. Die Beschäftigungszeit in Berchtesgaden ist unproblematisch. In der Zeit, in der A in Salzburg gearbeitet hat, war er als sog. Grenzgänger tätig. Das bedeutet, dass diese Zeit unmittelbar für die deutsche Anwartschaft auf Arbeitslosengeld verwendet werden kann (Art. 65 VO (EG) Nr. 883/2004). A hat folglich die Anwartschaftszeit auf Arbeitslosengeld erfüllt.

Hätte er dagegen bei seiner letzten Beschäftigung auch in Österreich gewohnt, müsste er seinen Arbeitslosengeldanspruch grundsätzlich in Österreich beim dortigen Arbeitsmarktservice geltend machen. Eine Ausnahme würde allerdings dann gelten, wenn er ein sog. unechter Grenzgänger (= eine Person, die nicht täglich vom Beschäftigungsstaat in den Wohnortstaat zurückkehrt) gewesen wäre. Unechter Grenzgänger wäre A dann gewesen, wenn er zwar in Österreich gewohnt und gearbeitet hätte, aber er z.B. jedes Wochenende nach Freilassing gependelt wäre, da dort ja schließlich seine Frau wohnt und er ansonsten dort auch seine ganzen sozialen und familiären Kontakte beibehalten hätte. In diesem Fall könnte A nach Deutschland zurückkehren und dort am 1.10.2019 Arbeitslosengeld beantragen, für das die Zeit in Österreich unmittelbar berücksichtigt werden könnte.

II. Wie lange erhalten Sie Arbeitslosengeld?

1. Anspruchsdauer

Wie lange Ihnen Arbeitslosengeld gezahlt wird, hängt zum einen von Ihrer **Beschäftigungsdauer** innerhalb der Rahmenfrist, zum anderen von Ihrem **Lebensalter** zum Zeitpunkt des Entstehens des Anspruchs ab.

Waren Sie innerhalb der 30-monatigen Rahmenfrist zwölf Monate lang versicherungspflichtig beschäftigt, so steht Ihnen Arbeitslosengeld für die Dauer von **sechs Monaten** zu. Je nachdem, wie lange Sie – haben Sie den beschriebenen Grundanspruch erfüllt – innerhalb einer auf **fünf Jahre erweiterten Rahmenfrist** versicherungspflichtig beschäftigt und wie alt Sie zum Zeitpunkt des Entstehens des Anspruchs waren, **verlängert** sich die Anspruchsdauer **bis auf 24 Monate** (§ 147 Abs. 1 und 2 SGB III).

Danach ergibt sich folgende Tabelle:

Dauer der Versicherungspflichtverhältnisse innerhalb der auf vier Jahre erweiterten Rahmenfrist in Monaten	Vollendetes Alter bei der Entstehung des Anspruchs	Anspruchsdauer in Monaten
12		6
16		8
20		10
24		12
30	50	15
36	55	18
48	58	24

BEISPIEL: A, 30 Jahre alt, erfüllt am 1.2.2020 alle Voraussetzungen für den Bezug von Arbeitslosengeld. Hat er in den fünf Jahren zuvor mindestens zwölf Monate versicherungspflichtig gearbeitet, erhält er für sechs Monate Arbeitslosengeld. Hat er länger gearbeitet, zum Beispiel mindestens 24 Monate, so erhält er für zwölf Monate Arbeitslosengeld, jedoch nicht mehr, selbst wenn er im letzten Jahrzehnt ununterbrochen gearbeitet hätte. Hätte A zum Beispiel drei Jahre versicherungspflichtige Beschäftigungen vorzuweisen, so gilt nicht mehr das Verhältnis 2:1 (Beschäftigungszeit zu Anspruchsdauer), sondern es bleibt bei der altersentsprechenden Höchstanspruchsdauer von zwölf Monaten. Anders wäre es, wenn A zum Beispiel 58 Jahre alt wäre: Hat er in den letzten fünf Jahren zum Beispiel 48 Monate gearbeitet, so stehen ihm 24 Monate Arbeitslosengeld zu (Höchstanspruchsdauer für Arbeitslose ab 58 Jahren).

Werden Sie kurz vor Erreichen einer höheren Altersstufe arbeitslos – also z.B. eine Woche bevor Sie 55 Jahre alt werden – so können Sie den Arbeitslosengeld-Antrag bis zu Ihrem Geburtstag hinausschieben bzw. nach § 137 Abs. 2 SGB III bestimmen, dass Ihr Anspruch erst an diesem Tage entstehen soll. Dann gibt es zwar bis dahin kein Arbeitslosengeld, dafür aber drei Monate länger. In der Zeit vor Leistungsbeginn sind Sie allerdings durch die Agentur für Arbeit auch in den übrigen Zweigen der Sozialversicherung, insbesondere in der Krankenversicherung, nicht versichert.

Das Arbeitslosengeld wird für **Kalendertage** berechnet und geleistet. Ist es aber für einen vollen Kalendermonat zu zahlen, ist dieser mit 30 Tagen anzusetzen (§ 154 SGB III).

Die Dauer eines **neu** entstandenen Anspruchs auf Arbeitslosengeld **erhöht** sich bis zu dem dem Alter entsprechenden Höchstanspruch (bis 49 Jahre auf 12, ab 50 Jahre auf 15, ab 55 Jahre auf 18 und ab 58 Jahre auf 24 Monate; dazu oben die Tabelle zu § 147 SGB III), soweit aus früherer Arbeitslosigkeit noch ein **Restanspruch** unverbraucht ist. Der frühere Anspruch auf Arbeitslosengeld muss allerdings innerhalb der letzten fünf Jahre vor der Entstehung des neuen Anspruchs entstanden sein (§ 147 Abs. 4 SGB III).

BEISPIEL: A, 30 Jahre alt, hat am 15.6.2019 aus einer versicherungspflichtigen Beschäftigung von zwölf Monaten einen Anspruch auf Arbeitslosengeld von sechs Monaten erworben. Außerdem hat er aus einem am 1.5.2016 entstandenen Anspruch noch einen Restanspruch von acht Monaten. Dieser Restanspruch ist noch gültig, da noch keine fünf Jahre vergangen sind. Er wird bei dem neuen Anspruch berücksichtigt, jedoch beschränkt auf höchstens zwölf Monate, da A das 50. Lebensjahr noch nicht erreicht hat.

Hat der Arbeitslose die Anwartschaftszeit mit Beschäftigungstagen erworben, die sich überwiegend aus im Voraus durch Arbeitsvertrag **zeit- oder zweckbefristeten, versicherungspflichtigen Beschäftigungen** von nicht mehr als sechs Wochen ergeben (dazu siehe S. 39 f.), richtet sich die **Anspruchsdauer** nach folgender Tabelle:

Dauer der Versicherungspflichtverhältnisse innerhalb der zweijährigen Rahmenfrist in Monaten	Anspruchsdauer in Monaten
6	3
8	4
10	5

Die **Höchstdauer** dieses Anspruchs beläuft sich also auf **fünf Monate**.

2. Wodurch mindert sich die Anspruchsdauer?

Es versteht sich, dass für jeden Tag, für den **Arbeitslosengeld** wegen Arbeitslosigkeit (§ 136 Abs. 1 Nr. 1 SGB III) **gezahlt** wird, sich die **Dauer** des Anspruchs entsprechend **mindert** (§ 148 Abs. 1 Nr. 1 SGB III); dies gilt auch für die Tage einer **Leistungsfortzahlung** bei Arbeitsunfähigkeit bis zur Dauer von sechs Wochen (§ 146 Abs. 1 S. 1 SGB III).

Von dieser Minderung der Dauer des Anspruchs gibt es jedoch eine **Ausnahme.** Hat der Arbeitslose nämlich innerhalb der letzten zwei Jahre vor der Entstehung des Anspruchs **Teilarbeitslosengeld** (§ 162 SGB III, dazu siehe S. 74 ff.) bezogen, führt dies nur zur **hälftigen Minderung** des Arbeitslosengeldanspruchs (§ 148 Abs. 1 Nr. 2 SGB III).

BEISPIEL: A hat – nach Beendigung von zwei versicherungspflichtigen Beschäftigungen – ab 1.2.2019 einen Teilarbeitslosengeldanspruch erworben. Solches bezieht er für die Dauer von vier Monaten (bis zum 31.5.2019). Der 31.5.2019 ist gleichzeitig der letzte Tag des zweiten versicherungspflichtigen Beschäftigungsverhältnisses. Ab dem 1.6.2019 ist er (vollständig) arbeitslos und hat ab diesem Tage auch Anspruch auf (normales) Arbeitslosengeld (§ 136 SGB III). Die Anspruchsdauer beträgt zwölf Monate. Da A jedoch innerhalb der letzten zwei Jahre vor dem 1.6.2019 vier Monate lang Teilarbeitslosengeld bezogen hat, mindert sich die Dauer des am 1.6.2019 neu entstandenen Arbeitslosengeldanspruchs jetzt um zwei Monate. A hat ab 1.6.2019 statt zwölf Monate lang nur zehn Monate lang Anspruch auf Arbeitslosengeld.

Die Anspruchsdauer vermindert sich auch durch den Eintritt einer **Sperrzeit** (§ 148 Abs. 1 Nr. 3 und 4 SGB III). Ausführlich wird die Sperrzeit unten auf S. 93 ff. behandelt. Hier sei nur erwähnt, dass bei Eintritt einer Sperrzeit einem Arbeitslosen der Bezug von Arbeitslosengeld für zwölf, sechs, drei, zwei oder eine Woche(n) gesperrt wird, weil er durch sein Verhalten arbeitslos wurde oder weil er bei der Beseitigung der bestehenden Arbeitslosigkeit nicht aktiv mitwirkt (vgl. § 159 SGB III). Während der Sperrzeit **ruht** mithin der Anspruch auf Arbeitslosengeld. Hinzu kommt, dass sich die gesamte Anspruchsdauer zumindest um die Tage der Sperrzeit **mindert.**

Im Hinblick darauf, dass die Anspruchsdauer für ältere Arbeitnehmer deutlich (auf bis zu 24 Monate) erhöht ist und der verlängerte Versicherungsschutz einen nicht unerheblichen Anreiz darstellen kann, ein Beschäftigungsverhältnis trotz des möglichen Eintrittes einer Sperrzeit aufzugeben, regelt § 148 Abs. 1 Nr. 4 SGB III, dass sich in den Fällen, in denen eine Sperrzeit infolge **Arbeitnehmerkündigung** ohne Vorliegen eines wichtigen Grundes oder infolge **Arbeitgeberkündigung wegen vertragswidrigen Verhaltens** eintritt (§ 159 Abs. 1 S. 2 Nr. 1 SGB III), der Anspruch mindestens um **ein Viertel der Anspruchsdauer** mindert, die dem Arbeitslosen bei erstmaliger Erfüllung für den Anspruch auf Arbeitslosengeld nach dem Ereignis, welches die Sperrzeit begründet, zusteht.

Dies bedeutet, dass sich ein Arbeitslosengeld-Anspruch im Einzelfall (bei einer Anspruchsdauer von 24 Monaten) um bis zu sechs Monate mindern kann.

BEISPIEL: Der 58-jährige A, der in den letzten zehn Jahren ununterbrochen versicherungspflichtig beschäftigt war, kündigt ohne wichtigen Grund sein Arbeitsverhältnis zum 31.5.2020, meldet sich am 5.6.2020 arbeitslos und beantragt Arbeitslosengeld.
Im Hinblick auf die mehr als 48-monatige versicherungspflichtige Beschäftigung des A innerhalb der auf fünf Jahre erweiterten Rahmenfrist und sein Lebensalter erwirbt er am 5.6.2020 den Höchstanspruch von 24 Monaten (§ 147 Abs. 2 SGB III).
Allerdings ist wegen seiner Kündigung ohne wichtigen Grund eine Sperrzeit von 12 Wochen eingetreten (§ 159 Abs. 1 S. 2 Nr. 1 SGB III). Gleichzeitig mindert sich sein Leistungsanspruch nicht nur um zwölf Wochen bzw. 84 Leistungstage, sondern um ein Viertel seines Leistungsanspruchs, also um sechs Monate.

Die Anspruchsdauer für den Bezug von Arbeitslosengeld mindert sich entsprechend in den **anderen Sperrzeitfällen** des § 159 SGB III, z.B. Ablehnung oder Nichtantritt einer durch die Agentur für Arbeit angebotenen zumutbaren Arbeit, fehlender Nachweis über – von der Agentur für Arbeit geforderte – Eigenbemühungen, Weigerung, an einer Maßnahme zur Aktivierung und beruflichen Eingliederung oder an einer Maßnahme zur beruflichen Ausbildung, Fortbildung und Umschulung sowie zur beruflichen Rehabilitation teilzunehmen, Abbruch der Teilnahme an einer solchen Maßnahme oder Ausschluss daraus wegen maßnahmewidrigen Verhaltens, Weigerung an einem Integrationskurs oder an einem berufsbezogenen Deutschkurs teilzunehmen oder Verschulden des Abbruchs oder Ausschlusses daraus, Meldeversäumnis und verspätete Arbeitsuchendmeldung. Die **Minderung** der Dauer des Anspruchs auf Arbeitslosengeld **entfällt** in den Fällen des Abbruches einer beruflichen Eingliederungsmaßnahme oder im Falle der Arbeitsaufgabe, wenn das Ereignis, das eine Sperrzeit begründet, bei Erfüllung der Voraussetzungen für den Anspruch auf Arbeitslosengeld – d.h. in der Regel bei Arbeitslosmeldung und Beantragung von Arbeitslosengeld – **länger als ein Jahr** zurückliegt (§ 148 Abs. 2 S. 2 SGB III).

Auf die **weiteren Varianten** einer Minderung der Anspruchsdauer, z.B. wegen Verletzung von Mitwirkungspflichten (§ 66 SGB I), wird im Zusammenhang mit den sonstigen Mitwirkungspflichten des Arbeitslosen eingegangen (vgl. dazu § 148 Abs. 1 Nr. 5 SGB III sowie S. 121 ff.).

Wer sich ohne wichtigen Grund vom Arbeitslosengeldbezug **vorübergehend abmeldet** (etwa um einem zumutbaren saisongebundenen Arbeitsplatzangebot auszuweichen), riskiert eine Verminderung der Bezugsdauer um bis zu vier Wochen (§ 148 Abs. 1 Nr. 6, Abs. 2 S. 1 SGB III).

Wird Arbeitslosengeld bei **beruflicher Weiterbildung** gezahlt (§ 136 Abs. 1 Nr. 2 SGB III), mindert sich der Anspruch um jeweils einen Tag für jeweils zwei Tage, für die der Anspruch erfüllt wurde (§ 148 Abs. 1 Nr. 7 SGB III).

Bezieht jemand nach Aufnahme einer selbstständigen hauptberuflichen Tätigkeit und der damit verbundenen Beendigung seiner Arbeitslosigkeit anstelle von Arbeitslosengeld einen **Gründungszuschuss** (§§ 93, 94 SGB III), mindert sich sein noch verbliebener Arbeitslosengeldanspruch um die Anzahl von Tagen, für die er den Gründungszuschuss in Höhe des zuletzt bezogenen Arbeitslosengeldes erhalten hat (§ 148 Abs. 1 Nr. 8 SGB III).

III. Wie errechnet sich Ihr Arbeitslosengeld?

Arbeitslosengeld ist ein Ersatz für den Entgeltausfall. Es richtet sich in der Regel nach dem zuletzt erzielten, in Ausnahmefällen nach dem zukünftig erzielbaren Arbeitsentgelt oder nach einem Bruchteil des zukünftig erzielbaren Arbeitsentgeltes. Das Arbeitslosengeld beträgt 67 % des pauschal ermittelten Nettoentgeltes (**Leistungsentgelt**) für Arbeitslose, die mindestens ein Kind im steuerrechtlichen Sinn haben (§ 149 Nr. 1 SGB III), für die übrigen Arbeitslosen 60 % (§ 149 Nr. 2 SGB III).

Zum Nachweis eines Kindes im steuerrechtlichen Sinne legen Sie der Agentur für Arbeit am einfachsten eine Kopie Ihres Kindergeldbescheids bzw. einen Nachweis der Kindergeld auszahlenden Stelle vor. Anders als im Steuerrecht, wo die Berücksichtigung eines Kindes zeitlich dann über das ganze Jahr reicht, wenn an einem Tag im Kalenderjahr die Voraussetzungen für den Eintrag eines Kindes erfüllt waren, wird bei der Frage, ob Sie beim Arbeitslosengeld den erhöhten (67 %) oder den normalen (60 %) Leistungssatz erhalten, ein Kind nur dann und nur so lange berücksichtigt, wie tatsächlich die Voraussetzungen für die Eintragung auf der Steuerkarte vorliegen.

BEISPIEL: A stellt am 10.5. einen Antrag auf Arbeitslosengeld. Auf ihrer Lohnsteuerkarte ist ein Kinderfreibetrag eingetragen. Das Kind ist 22 Jahre alt, beendet am 31.7. die Lehre und beginnt am 1.8. seine Berufstätigkeit. A erhält vom 10.5. bis zum 31.7. den erhöhten (67 %), vom 1.8. an jedoch nur noch den normalen (60 %) Leistungssatz.

Steuer- und Arbeitslosenrecht berücksichtigen Kinder bis zum Ende der Berufsausbildung, maximal bis zum vollendeten 25. Lebensjahr, bei erwerbsunfähig Behinderten auch darüber hinaus.

Der Arbeitslose erhält auch dann den erhöhten Leistungssatz (67 %), wenn sein nicht getrennt von ihm lebender und ebenfalls unbeschränkt einkommen- bzw. lohnsteuerpflichtiger Ehegatte ein Kind im Sinne des § 32 Abs. 1, 3 bis 5 EStG hat (leibliche Kinder,

Adoptivkinder und Pflegekinder, jedoch nicht „Kostkinder“, die lediglich aus finanziellen Gründen im Haushalt des Arbeitslosen leben).

Das pauschalierte Nettoentgelt (Leistungsentgelt) ist nach § 153 Abs. 1 S. 1 und 2 SGB III das im **Bemessungszeitraum** erzielte **Bemessungsentgelt** (Beitragspflichtiges Bruttoarbeitsentgelt) abzüglich

- einer Sozialversicherungspauschale von 20 % des Bemessungsentgelts (Nr. 1)
- der Lohnsteuer nach der Lohnsteuertabelle des Bundesministeriums der Finanzen in dem Jahr, in dem der Anspruch entstanden ist (Nr. 2) sowie
- des Solidaritätszuschlages (Nr. 3).

Freibeträge und Pauschalen, die nicht jedem Arbeitnehmer zustehen (z.B. für Schwerbehinderte), dürfen im Rahmen des Abzuges der Lohnsteuer bzw. des Solidaritätszuschlages (Nr. 2 und 3) nicht berücksichtigt werden (§ 153 Abs. 1 S. 3 Hs. 2 SGB III). Daher wird in einzelnen Fällen das Arbeitslosengeld 67 % bzw. 60 % des früher erzielten tatsächlichen Nettoverdienstes nicht erreichen. Berücksichtigt wird allerdings der als Lohnsteuerabzugsmerkmal gebildete Faktor nach § 39f EStG.

1. Bedeutung der Steuerklasse

Maßgebend für den **Steuerabzug** nach § 153 Abs. 1 S. 2 Nr. 2 SGB III ist die **Lohnsteuerklasse,** die zu Beginn des Jahres, in dem der Anspruch entstanden ist, auf der Lohnsteuerkarte eingetragen war (§ 153 Abs. 2 S. 1 SGB III).

Da es sechs Steuerklassen gibt, ergeben sich – je nach Steuerklasse – verschiedene Nettoentgelte und dementsprechend auch verschiedene Arbeitslosengeldbeträge.

- **Steuerklasse I:** Ledige, Geschiedene und dauernd getrennt lebende Verheiratete sowie Verwitwete, wenn die Voraussetzungen für die Steuerklassen III oder IV nicht erfüllt sind und ihnen kein Haushaltsfreibetrag zusteht.

- **Steuerklasse II:** Personen aus Steuerklasse I – wenn ihnen der Haushaltsfreibetrag zusteht, weil in ihrer Wohnung im Inland mindestens ein Kind gemeldet ist, das einen Kinderfreibetrag oder Kindergeld erhält.
- **Steuerklasse III:** Verheiratete, im Inland wohnende, nicht dauernd getrennt lebende Arbeitnehmer, wenn nur ein Ehegatte Arbeitslohn bezieht oder der Ehegatte in Steuerklasse V einzureihen ist und verwitwete Arbeitnehmer, wenn beide Ehegatten am Todestag im Inland nicht dauernd getrennt gelebt haben und der Ehegatte im Vorjahr verstorben ist.
- **Steuerklasse IV:** Verheiratete, wenn beide Ehegatten unbeschränkt steuerpflichtig sind, im Inland wohnen, nicht dauernd getrennt leben und beide Arbeitslohn beziehen.
- **Steuerklasse V:** Verheiratete, die die Voraussetzungen für die Steuerklasse IV erfüllen, wenn der Ehegatte des Arbeitnehmers auf Antrag beider Ehegatten in die Steuerklasse III eingereiht wird.
- **Steuerklasse VI:** Arbeitnehmer mit einer zweiten oder weiteren Steuerkarte wenn nebeneinander von mehreren Arbeitgebern Arbeitslohn bezogen wird.

Wie bekannt, begünstigt der Gesetzgeber steuerlich Verheiratete (Steuerklassen III bis V) gegenüber Alleinstehenden (Steuerklassen I und II), wobei er, wenn ein Kind vorhanden ist, den steuerlichen Nachteil des Alleinstehens durch Freibeträge etwas abmildert. Das wirkt sich dann auch auf das Arbeitslosengeld aus. Je besser die Steuerklasse, desto höher das Arbeitslosengeld. Am höchsten ist es bei Steuerklasse III, entsprechend dem höchsten Nettoentgelt bei dieser Steuerklasse.

2. Wechsel der Steuerklasse

Wann ist ein Wechsel der Steuerklasse möglich und wann empfiehlt er sich? Im Regelfall gilt für die Berechnung des Arbeitslosengeldes die Lohnsteuerklasse, die zu **Beginn des Kalenderjahres** eingetragen war, in dem der Anspruch auf Arbeitslosengeld entstanden ist. **Spätere Änderungen** – z.B. bei Heirat oder Geburt eines Kindes –

werden mit Wirkung des Tages berücksichtigt, an dem erstmals die Voraussetzungen für die Änderungen vorgelegen haben – ggf. also auch rückwirkend, wenn Sie die Lohnsteuerkarte erst eine gewisse Zeit nach dem Ereignis ändern lassen (vgl. § 153 Abs. 2 S. 2 SGB III).

BEISPIEL: A ist arbeitslos und bezieht Arbeitslosengeld auf der Grundlage von Steuerklasse I. Sie heiratet. Ihr Mann ist weder erwerbstätig noch arbeitslos, sondern Hausmann. A erhält vom Tag der Heirat an Arbeitslosengeld auf der Grundlage der Steuerklasse III, wenn sie sich die Heirat und die damit verbundene Änderung der Steuerklasse auf der Lohnsteuerkarte bescheinigen lässt. Wäre der Ehemann berufstätig, so hätten die Eheleute die freie Wahl zwischen den Steuerklassen-Kombinationen III/V, V/III und IV/IV, an die sich die Agentur für Arbeit halten muss. Denn ein Steuerklassen-Wechsel liegt nicht vor, wenn die erstmals im Laufe des Jahres für beide Ehegatten ausgestellten Lohnsteuerkarten am gleichen Tag ausgestellt werden.

Es geht jedoch nicht nur um den **Steuerklassen-Wechsel,** sondern auch um die **Steuerklassenwahl vor der Arbeitslosigkeit,** zum Beispiel, wenn im November bekannt wird, dass Sie zum 1.2. arbeitslos werden. In diesem Fall können die Ehegatten vor Beginn des Anspruchs auf Arbeitslosengeld ihre Steuerklassen nach Wunsch ändern. Die Steuerklassenänderung darf aber nicht erst mit Beginn der Arbeitslosigkeit (1.2.), sondern muss zu Jahresbeginn, also zum 1.1. wirksam werden. Die Agentur für Arbeit ist an die getroffene Wahl gebunden, ganz gleichgültig, ob diese – vom Steuerrecht her gesehen – zweckmäßig ist oder nicht.

Im Übrigen wird ein Steuerklassen-Wechsel von Ehegatten anlässlich oder nach Eintritt der Arbeitslosigkeit von der Agentur für Arbeit **zugunsten** des Arbeitslosen nur berücksichtigt, wenn der Wechsel auch ohne die Arbeitslosigkeit **objektiv zweckmäßig** wäre (§ 153 Abs. 3 S. 1 Nr. 1 SGB III). Denn die Höhe des Arbeitslosengeldes soll nicht allein vom Willen des Arbeitslosen und seines Ehegatten abhängen. Im Interesse einer Verhinderung des Missbrauches steuerrechtlicher Gestaltungsmöglichkeiten zu Lasten der Versicherungsgemeinschaft ist ein Steuerklassen-Wechsel zwischen Ehegatten leistungsrechtlich zugunsten des Arbeitslosen nur dann beachtlich, wenn die **ursprüngliche** Steuerklassen-Kombination zum Zeitpunkt des Wechsels steuerlich gesehen **nicht zweckmäßig** war. Wechseln die Ehegatten in diesem Fall die Steuerklassen, so wird der arbeitslose Ehegatte der Steuerklasse zugeordnet, die steuerlich im Verhältnis beider Arbeitsentgelte die günstigste wäre. Ohne diese Voraussetzungen ist durch den Wechsel der Steuerklassen kein höheres Arbeitslosengeld zu erreichen.

Trennen Sie sich im Laufe eines Jahres, in dem Sie arbeitslos werden, von Ihrem Ehegatten für dauernd, so berechtigt Sie die Trennung selbst nicht zur Änderung der Lohnsteuerklasse z.B. in Klasse I. Der übliche Wechsel zwischen III/V, V/III und IV/IV bleibt steuerrechtlich möglich, ist jedoch je nach Ihren beiden Einkommen arbeitslosenrechtlich unbeachtet.

Wird zwischen Ehegatten, die **beide Sozialleistungen** beziehen, während des Leistungsbezuges ein Steuerklassenwechsel vorgenommen, ist eine Hochrechnung der bezogenen Sozialleistungen auf das ihnen zugrunde liegende Bemessungsentgelt im Regelfall ein geeigneter Weg zur Feststellung, ob der Wechsel der Steuerklassen nach § 153 Abs. 3 S. 1 Nr. 1 SGB III dem Verhältnis der monatlichen Arbeitslöhne beider Ehegatten entspricht.
Dies gilt allerdings **nicht** für den Bezug **lohnsteuerfreier Entgeltersatzleistungen,** die auf dem Ausfall von Arbeitsentgelt beruhen (z.B. Mutterschafts-, Elterngeld etc.). Diese Leistungen bleiben bei der Berechnung der von beiden Ehegatten erzielten Arbeitslöhne außer Betracht (§ 153 Abs. 3 S. 2 SGB III).

Die **Steuerklassen-Kombination IV/IV** ist in der Regel dann günstiger, wenn – vermutlich während des ganzen Kalenderjahres – der Arbeitslohn des einen Ehegatten ungefähr 60 % und weniger und der des anderen Ehegatten ungefähr 40 % und mehr des gemeinsamen Arbeitslohnes beträgt, wobei die Agentur für Arbeit eine Abweichung der Tabellenzahlen von weniger als 10 % hinnehmen muss. Dabei sind Freibeträge, die auf den Lohnsteuerkarten nicht eingetragen sind, nicht zu berücksichtigen. Nicht entscheidend ist, was Sie und Ihr Ehegatte verdienen könnten, sondern nur, was Sie tatsächlich verdienen. **Andernfalls** ist die **Steuerklasse III** für den höher verdienenden Ehegatten und die **Steuerklasse V** für den geringer verdienenden Ehegatten zweckmäßig und wird von der Agentur für Arbeit bei der Leistungsgewährung zugrunde gelegt. War also zu Beginn des Jahres den Ehegatten die für sie zweckmäßige Steuerklassen-Kombination auf den Steuerkarten bescheinigt worden, so hat ein späterer Wechsel der Steuerklassen auf die Höhe des Arbeitslosengeldes zugunsten des Arbeitslosen keinen Einfluss. Welche Steuerklassen-Kombination zweckmäßig ist, ergibt sich aus dem online abrufbaren (www.bundesfinanzministerium.de) **Merkblatt zur Steuerklassenwahl.**

Wenn bisher immer davon die Rede war, ob sich ein Steuerklassenwechsel **zugunsten des Arbeitslosen** auswirken kann (§ 153 Abs. 3 S. 1 Nr. 1 SGB III), so muss nunmehr besonders darauf hingewiesen werden, dass ein Steuerklassenwechsel nach § 153 Abs. 3 S. 1 Nr. 2 SGB III **immer beachtlich** ist, wenn er zu einem **niedrigeren** Arbeitslosengeld führt. Ein Wechsel in das Faktorverfahren wird immer berücksichtigt.

BEISPIEL: Ehepaar A hatte zu Beginn des Jahres, in dem der Ehemann arbeitslos wurde, die Steuerklassenkombination III/V. Diese Kombination war steuerrechtlich zweckmäßig. Im Laufe des Jahres wechseln die Ehepartner zur Kombination IV/IV oder V/III. Da die frühere Kombination zweckmäßig war, ist der Wechsel nicht zweckmäßig. Da nach dem Wechsel das Arbeitslosengeld des Ehemannes sich jedoch nach einer ungünstigeren Leistungsgruppe berechnet, muss die Agentur für Arbeit diesen Wechsel **zu Ungunsten** berücksichtigen (§ 153 Abs. 3 S. 1 Nr. 2 SGB III). Der Ehemann erhält dementsprechend ab dem Zeitpunkt des Steuerklassenwechsels weniger Arbeitslosengeld. In einem solchen Fall sollte das Ehepaar einen erneuten Steuerklassenwechsel in Betracht ziehen, falls keine anderen wesentlichen Umstände dem entgegenstehen. Höheres Arbeitslosengeld kann der Ehemann nach § 153 Abs. 3 S. 1 Nr. 1 SGB III allerdings erst wieder ab dem Zeitpunkt des neuerlichen – beachtlichen – Steuerklassenwechsels erhalten.

Ganz unabhängig von der Problematik beim Wechsel von Steuerklassen ist jedoch die Steuerklasse, die zu Beginn des Kalenderjahres auf der Lohnsteuerkarte eines Ehegatten eingetragen war, in dem der Anspruch auf Arbeitslosengeld entstanden ist, für die Höhe des

Arbeitslosengeldes auch dann maßgebend, wenn die auf den Lohnsteuerkarten der Ehegatten zu Beginn des Kalenderjahres eingetragenen Steuerklassen offensichtlich nicht den Verhältnissen der monatlichen Arbeitsentgelte beider Ehegatten entsprachen. Nehmen Sie sicherheitshalber vor einem Lohnsteuerklassenwechsel während des Arbeitslosengeldbezugs Kontakt mit der Agentur für Arbeit auf. Dort kann die Erheblichkeit des Wechsels anhand einer Arbeitshilfe zum Lohnsteuerklassenwechsel geprüft werden.

3. Nach welchem Zeitraum Ihrer zuletzt ausgeübten Beschäftigung bemisst sich Ihr Arbeitsentgelt (so genannter Bemessungszeitraum)?

Der **Bemessungszeitraum** umfasst die beim Ausscheiden des Arbeitnehmers aus dem jeweiligen Beschäftigungsverhältnis abgerechneten Entgeltabrechnungszeiträume der versicherungspflichtigen Beschäftigungen im Bemessungsrahmen (§ 150 Abs. 1 S. 1 SGB III). Der **Bemessungsrahmen,** der mit dem letzten Tag des letzten Versicherungspflichtverhältnisses vor der Entstehung des Anspruchs endet, umfasst ein Jahr (§ 150 Abs. 1 S. 2 SGB III). Die gilt auch dann, wenn Sie im Bemessungszeitraum tatsächlich nicht mehr beschäftigt, sondern unwiderruflich von der Arbeit freigestellt waren. Bis zur Entscheidung des Bundessozialgerichts am 30.8.2018 (B 11 AL 15/17 R) war es üblich, Zeiten mit unwiderruflicher Freistellung nicht für die Bemessung zu berücksichtigen. Unwiderrufliche Freistellung ist eine durchwegs sehr häufig praktizierte Regelung in Aufhebungsverträgen, die zum Zwecke des Personalabbaus geschlossen worden sind. Dies konnte im Extremfall dazu führen, dass, obwohl auf ein hohes monatliches Entgelt Beiträge zur Arbeitslosenversicherung abgeführt worden sind, dieses dennoch nicht zur Bemessung herangezogen worden ist, sondern eine fiktive Bemessung durchzuführen war.

BEISPIEL: A meldet sich am 1.6.2019 arbeitslos und beantragt Arbeitslosengeld. Zuvor war er vom 1.12.2017 bis 30.9.2018 als Gefangener versicherungspflichtig (§ 26 Abs. 1 Nr. 4 SGB III). Vom 1.10.2018 bis 31.5.2019 war er versicherungspflichtig beschäftigt. Zum Zeitpunkt des Ausscheidens aus dem Beschäftigungsverhältnis war der Monat Mai 2019 noch nicht abgerechnet. Hier umfasst der Bemessungsrahmen die Zeit vom 1.6.2018 bis 31.5.2019. In dieser liegen die abgerechneten Entgeltabrechnungszeiträume 1.6.2018 bis 30.4.2019. Die Zeit vom 1.6.2018 bis 30.9.2018 wird eingerechnet, weil A als Gefangener versicherungspflichtig war; der Monat Mai 2019 kann deshalb nicht berücksichtigt werden, weil er zum 31.5.2019 noch nicht abgerechnet war.

Enthält der Bemessungszeitraum **weniger als 150 Tage** mit Anspruch auf **Arbeitsentgelt,** so wird der Bemessungsrahmen auf **zwei Jahre erweitert** (§ 150 Abs. 3 S. 1 Nr. 1 SGB III).

In den Fällen, in denen ein **Anspruch aufgrund befristeter Beschäftigungsverhältnisse** entstanden ist (§§ 142 Abs. 2, 148 Abs. 3 SGB III (dazu siehe S. 39 f. und 50 f.), wird der Bemessungsrahmen auf **zwei Jahre erweitert,** wenn der Bemessungszeitraum **weniger als 90 Tage** mit Anspruch auf **Arbeitsentgelt** enthält.

Kann ein Bemessungszeitraum von **mindestens 150 bzw.** – im Falle des § 142 Abs. 2 SGB III – **90** Tagen mit Anspruch auf Arbeitsentgelt innerhalb des auf 2 Jahre **erweiterten Bemessungsrahmens nicht** festgestellt werden, ist als Bemessungsentgelt ein **fiktives** Arbeitsentgelt zugrunde zu legen (§ 152 Abs. 1 SGB III). In diesem Fall ist der Arbeitslose – ausgehend von einer regelmäßigen wöchentlichen Arbeitszeit für Angestellte im öffentlichen Dienst des Bundes (§ 151 Abs. 5 S. 3 SGB III) – der Qualifikationsgruppe zuzuordnen, die der beruflichen Qualifikation entspricht, die für die Beschäftigung erforderlich ist, auf die die Agentur für Arbeit die Vermittlungsbemühungen für den Arbeitslosen in erster Linie zu erstrecken hat (§ 152 Abs. 2 S. 1 SGB III). Folgende **Qualifikationsgruppen** mit folgenden **fiktiven Arbeitsentgelten,** die sich an der so genannten **Bezugsgröße** (§ 18 SGB IV) orientieren (Stand: 2020), sieht das Gesetz nach § 152 Abs. 2 S. 2 SGB III vor:

- Beschäftigungen, die eine **Hochschul- oder Fachhochschulausbildung** erfordern: Bemessungsentgelt = 127,40 €/Tag (West); 120,40 €/Tag (Ost)
- Beschäftigungen, die einen **Fachschulabschluss,** den Nachweis über eine abgeschlossene Qualifikation als **Meister** oder einen Abschluss in einer **vergleichbaren** Einrichtung erfordern: Bemessungsentgelt = 106,17 €/Tag (West); 100,33 €/Tag (Ost)
- Beschäftigungen, die eine abgeschlossene Ausbildung in einem **Ausbildungsberuf** erfordern: Bemessungsentgelt = 84,93 €/Tag (West); 80,27 €/Tag (Ost)
- Beschäftigungen, die **keine Ausbildung** erfordern: Bemessungsentgelt = 63,70 €/Tag (West); 60,20 €/Tag (Ost).

Bestimmte Zeiten bleiben bei der Ermittlung des **Bemessungszeitraumes außer Betracht** (§ 150 Abs. 2 S. 1 SGB III):

- Zeiten einer **Beschäftigung,** neben der **Übergangsgeld** wegen einer Leistung zur Teilhabe am Arbeitsleben, **Teilübergangsgeld** oder **Teilarbeitslosengeld** gewährt wurde
- Zeiten einer Beschäftigung als **Freiwillige** oder **Freiwilliger** im Sinne des Jugendfreiwilligendienstgesetzes, wenn sich die beitragspflichtige Einnahme an der monatlichen Bezugsgröße orientiert
- Zeiten des Bezuges von **Elterngeld**, Erziehungsgeld oder des Nichtbezuges als Folge der Berücksichtigung von Einkommen
- Zeiten der **Betreuung und Erziehung eines Kindes** unter drei Jahren, wenn das Arbeitsentgelt oder die durchschnittliche wöchentliche Arbeitszeit deswegen gemindert war
- **Pflegezeiten** nach § 3 Abs. 1 S. 1 Pflegezeitgesetz, Zeiten einer Familienpflegezeit oder Nachpflegephase, wenn wegen der Pflege das Arbeitsentgelt oder die durchschnittliche Wochenarbeitszeit gemindert war sowie
- Zeiten einer auf weniger als 80 % der durchschnittlichen wöchentlichen Arbeitszeit, mindestens jedoch um fünf Stunden/Woche vertraglich verminderten **Teilzeitbeschäftigung,** wenn innerhalb der letzten dreieinhalb Jahre vor der Entstehung des Anspruchs mindestens sechs Monate zusammenhängend Beschäftigungen mit einer höheren Arbeitszeit ausgeübt wurden.

Dies gilt allerdings **nicht** in den Fällen einer Teilzeitvereinbarung nach dem **Altersteilzeitgesetz,** es sei denn, das Beschäftigungsverhältnis wurde wegen Zahlungsunfähigkeit des Arbeitgebers beendet (§ 150 Abs. 2 S. 2 SGB III).

4. Bemessung bei alsbaldiger erneuter Arbeitslosigkeit

Wird der Arbeitslose **nach** einer **Zwischenbeschäftigung** von **weniger als zwölf Monaten** erneut arbeitslos, so hat er **keine neue Anwartschaft** für den Bezug von Arbeitslosengeld erworben. Hat er jedoch – wie häufig – aus der vorigen Anwartschaft noch eine **Rest-Anspruchsdauer** und sind seit der Entstehung dieses Anspruchs noch **keine vier Jahre** vergangen (§ 161 Abs. 2 SGB III), so erhält er Arbeitslosengeld für die noch unverbrauchten Tage auf der Basis seines früheren (meist besseren) Bemessungsentgeltes.

Anders liegt der Fall, wenn die **Zwischenbeschäftigung,** nach der Sie erneut arbeitslos werden, **zwölf Monate oder länger** gedauert hat. In diesem Fall erwerben Sie eine **neue Anwartschaft** auf den Bezug von Arbeitslosengeld, wobei sich allerdings das **Bemessungsentgelt** nach den zuletzt abgerechneten Entgeltabrechnungszeiträumen im Bemessungsrahmen richtet, was häufig zu einem geringeren Arbeitslosengeld führen wird. Dagegen **erhöht** sich die **Anspruchsdauer** um die unverbrauchte Restanspruchsdauer eines innerhalb der letzten fünf Jahre entstandenen und im Zuge des neu entstandenen Anspruchs erloschenen Anspruchs aus der vorigen Arbeitslosigkeit bis zu der dem Lebensalter zugeordneten Höchstdauer (§ 147 Abs. 4 SGB III; dazu siehe S. 48 ff.).

Eine **wichtige Regelung** zugunsten des Arbeitslosen enthält § 151 Abs. 4 SGB III. Danach ist als Bemessungsentgelt eines neu entstandenen Arbeitslosengeldanspruchs dann, wenn der Arbeitslose innerhalb der letzten zwei Jahre davor Arbeitslosengeld bezogen hat, **mindestens** das Entgelt heranzuziehen, nach dem das **Arbeitslosengeld zuletzt** bemessen wurde.

BEISPIEL: A bezog bis 31.1.2019 Arbeitslosengeld nach einem Bemessungsentgelt von 60 €/Tag. Um nicht länger arbeitslos zu sein, entschließt er sich, am 1.2.2019 eine Beschäftigung aufzunehmen, bei der er lediglich 40 €/Tag verdient. Mit Ablauf des 31.5.2020 wird er wieder arbeitslos. Am 1.6.2020 beantragt er die Gewährung von Arbeitslosengeld. Normalerweise würde sich dieses, da A aufgrund der mehr als zwölfmonatigen Beschäftigung innerhalb der Rahmenfrist einen neuen Arbeitslosengeldanspruch erworben hat, jetzt nach dem im letzten Jahr erzielten Entgelt (40 €/Tag) richten. Da er aber innerhalb der letzten zwei Jahre vor dem 1.6.2020 Arbeitslosengeld auf der Grundlage eines höheren Bemessungsentgeltes bezogen hat (60 €/Tag), ist dieses auch für den neuen Anspruch maßgebend.

Mit dieser Regelung soll erreicht werden, dass ein Arbeitsloser eher bereit ist, auch eine geringfügig entgoltene (auch eine Teilzeit-)Beschäftigung aufzunehmen. Er muss nicht befürchten, nach erneut eintretender Arbeitslosigkeit innerhalb von zwei Jahren nur noch einen wesentlich geringeren Leistungsanspruch zu haben.

5. Welches Bemessungsentgelt kommt in Frage?

Nach § 151 Abs. 1 S. 1 SGB III ist Bemessungsentgelt im Sinne des § 149 SGB III alles, was im Bemessungszeitraum durchschnittlich am Tag an **beitragspflichtigem Arbeitsentgelt** erzielt wurde. Dazu zählen z.B. Provisionen, vermögenswirksame Leistungen, Zuschläge (auch Mehrarbeits- und Nachtzuschläge), Sachbezüge für Verpflegung und Unterkunft, aber auch Einmalzahlungen wie Weihnachtsgeld, Urlaubsgeld, Jubiläumsgeld etc. Sofern Sie sozialversicherungsfreie Lohnbestandteile haben, werden diese folglich nicht für das Bemessungsentgelt herangezogen.

Arbeitsentgelte, die der Arbeitslose **wegen der Beendigung des Arbeitsverhältnisses** erhält oder die im Hinblick auf die Arbeitslosigkeit vereinbart worden sind, werden demgegenüber **nicht** berücksichtigt (§ 151 Abs. 2 Nr. 1 SGB III).

Berücksichtigt wird im Übrigen Arbeitsentgelt nur dann, wenn es **erzielt** wurde (§ 151 Abs. 1 S. 1 SGB III). Darunter ist zu verstehen, dass es – nach Abrechnung – entweder ausbezahlt wurde oder es nur noch des technischen Überweisungsvorganges bedarf. Als **erzielt gelten** allerdings auch Arbeitsentgelte, auf die der Arbeitslose beim Ausscheiden aus dem Beschäftigungsverhältnis Anspruch hatte, wenn diese (später) zugeflossen oder nur wegen Zahlungsunfähigkeit des Arbeitgebers nicht zugeflossen sind (§ 151 Abs. 1 S. 2 SGB III).

BEISPIEL: A, der ein laufendes Monatsentgelt von 3.000 € bezieht, ist der Meinung, er müsse aufgrund der von ihm verrichteten Tätigkeit tariflich höher eingruppiert werden und habe Anspruch auf 3.200 €/Monat. Nachdem sein Arbeitgeber dies strikt abgelehnt hat, klagt A vor dem Arbeitsgericht. Dies veranlasst den Arbeitgeber zur Kündigung, die, da A sie nicht arbeitsgerichtlich angreift, wirksam wird.
A meldet sich arbeitslos und beantragt die Gewährung von Arbeitslosengeld. Solches erhält er auf der Grundlage seines zuletzt erzielten Entgeltes (3.000 €/Monat). Fünf Monate später stellt das Arbeitsgericht fest, A habe tatsächlich einen Anspruch auf 3.200 €/Monat während der letzten sechs Monate seines Arbeitsverhältnisses gehabt. Sein Arbeitgeber zahlt ihm daraufhin den Differenzbetrag nach.
Hier erhöht sich – rückwirkend – das Bemessungsentgelt entsprechend dem Nachzahlungsbetrag im Bemessungszeitraum und damit auch das Arbeitslosengeld von A. Da A beim Ausscheiden aus dem Beschäftigungsverhältnis für sechs Monate einen höheren Entgeltanspruch hatte, ist jetzt der Betrag von 3.200 € für sechs Monate und 3.000 € für sechs Monate die Grundlage für das Bemessungsentgelt.
Gleiches dürfte im Übrigen auch dann gelten, wenn sich A und sein früherer Arbeitgeber vor dem Arbeitsgericht auf ein höheres – rückwirkendes – Arbeitsentgelt geeinigt hätten (Vergleich) und der Differenzbetrag aufgrund des Vergleiches auch ausbezahlt wird.

Sonderregelungen bestehen nach § 151 Abs. 3 Nr. 1 SGB III unter anderem für Zeiten des Bezuges von **Kurzarbeitergeld** oder einer vertraglich vereinbarten Leistung zur Vermeidung der Inanspruchnahme von **Saison-Kurzarbeitergeld.** Im Fall der Kurzarbeit enthält die Arbeitsbescheinigung daher das fiktive – ohne die Kurzarbeit – eigentlich erzielte Entgelt, das für die Bemessung des Arbeitslosengeldes maßgeblich ist.

6. Wie bemisst sich das Arbeitslosengeld bei Vorliegen einer unbilligen Härte?

Der **Bemessungsrahmen** (dazu siehe S. 60) wird nach § 150 Abs. 3 S. 1 Nr. 3 SGB III auch dann **auf zwei Jahre erweitert,** wenn es mit Rücksicht auf das Bemessungsentgelt in diesem (erweiterten) Bemessungsrahmen unbillig hart wäre, von dem Bemessungsentgelt im einjährigen Bemessungsrahmen auszugehen. Ein solcher Fall dürfte – entsprechend der bisherigen Rechtslage – dann anzunehmen sein, wenn der Arbeitslose im auf zwei Jahren erweiterten Bemessungsrahmen **überwiegend** ein Entgelt bezog, welches im Vergleich zum erzielten Entgelt im Bemessungsrahmen von einem Jahr **wesentlich höher** war. Dies beispielsweise deshalb, weil er sich bei Auslaufen eines Arbeitsverhältnisses alsbald zur Überbrückung eine niedriger bezahlte Arbeitsstelle suchte und sodann bereits nach zehn Monaten aus diesem neuen Arbeitsverhältnis heraus arbeitslos wurde. Würde man in einem solchen Fall von dem im einjährigen Bemessungsrahmen erzielten Arbeitsentgelt ausgehen, so wäre das ungerecht. Damit würde das Arbeitslosengeld seine Funktion als sozial gerechter Lohnersatz nicht erfüllen. Deswegen muss nach § 150 Abs. 3 S. 1 Nr. 3 SGB III in solchen Härtefällen der **Bemessungsrahmen** auf zwei Jahre **erweitert** werden. **Voraussetzung** ist allerdings, dass der Arbeitslose dies ausdrücklich **verlangt** und die zur Bemessung im erweiterten Bemessungsrahmen erforderlichen **Unterlagen** (in der Regel: Arbeitsbescheinigungen) **vorlegt** (§ 150 Abs. 3 S. 2 SGB III). Von einer unbilligen Härte geht man im Allgemeinen aus, wenn der Arbeitslose im Vergleich zu dem Entgelt, welches sich für den Regelbemessungsrahmen von einem Jahr errechnet, im Bemessungsrahmen von zwei Jahren überwiegend **mindestens 10 %** mehr verdiente.

BEISPIEL: A erzielte vom 1.4.2018 bis zum 30.9.2019 ein Arbeitsentgelt von 3.600 €/Monat. Um nicht arbeitslos zu werden nahm er am 1.10.2019 eine Stelle an, bei der er nur noch 3.000 €/Monat verdiente. Wegen Betriebsstilllegung wurde er mit Ablauf des 30.4.2020 arbeitslos. Meldet sich A nunmehr zum 1.5.2020 arbeitslos und verlangt er

nicht ausdrücklich die Berechnung seines Arbeitslosengeldes nach der Härtevorschrift des § 150 Abs. 3 S. 1 Nr. 3 SGB III, wird die Agentur für Arbeit hinsichtlich des Bemessungsentgeltes von 3.250 €/Monat ausgehen. A hat nämlich im Regelbemessungsrahmen (1.5.2019 bis 30.4. 2020) fünf Monate lang (1.5.2019 bis 30.9.2019) 3.600 €/ Monat, insgesamt also 18.000 € und sieben Monate lang (1.10.2019 bis 30.4. 2020) 3.000 €/Monat, insgesamt also 21.000 € verdient. Daraus errechnet sich für den Bemessungszeitraum ein Gesamtverdienst von 39.000 € oder, berechnet auf Monat, ein Verdienst von gerundet 3.250 €.
Beantragt A die Anwendung der Härtevorschrift und legt er hierzu alle für die Bemessung maßgeblichen Unterlagen vor, errechnet sich im maßgeblichen Bemessungsrahmen von nunmehr zwei Jahren als Grundlage für das Bemessungsentgelt ein Betrag von 3.425 €/Monat (17 Monate x 3.600 € = 61.200 € + 7 Monate × 3.000 € = 21.000 €, insgesamt also 82.200 € : 24 Monate = 3.425 €/Monat).

7. Sonderfälle bei der Bemessung

Kann der Arbeitslose (z.B. wegen **Einschränkung seines Leistungsvermögens**) nicht mehr die Zahl von Arbeitsstunden leisten, die er im Bemessungszeitraum (ein Jahr vor Entstehen des Anspruchs) durchschnittlich gearbeitet hat oder ist er hierzu nicht mehr bereit (§ 139 Abs. 4 SGB III, dazu siehe S. 15 f.), so vermindert sich für die Zeit der Einschränkung auch das Bemessungsentgelt im entsprechenden Verhältnis (§ 151 Abs. 5 S. 1 SGB III).

BEISPIEL: A hat im Bemessungszeitraum durchschnittlich 40 Stunden/ Woche gearbeitet. Sie bezieht Arbeitslosengeld auf der Grundlage eines Bemessungsentgeltes von 80 €/Tag. Da ihre Mutter künftig die Kinder von A nicht mehr – wie bisher – umfassend betreuen kann, kommt für A nur noch eine Beschäftigung im Umfang von 25 Stunden/Woche in Betracht. Solange dies so ist, kann A nur noch auf der Grundlage eines Bemessungsentgeltes von 50 €/Tag ($^{25}/_{40}$ oder $^{5}/_{8}$ des bisherigen Bemessungsentgeltes von 80 €) Arbeitslosengeld erhalten.

Eine Verminderung des Bemessungsentgeltes wegen Einschränkung des Leistungsvermögens kommt allerdings bei **„Nahtlosigkeit“**

(§ 145 SGB III; dazu siehe S. 26 ff.) nicht in Betracht (§ 151 Abs. 5 S. 2 SGB III). In diesen Fällen bleibt das Bemessungsentgelt auch für die Dauer des Leistungsbezuges nach dieser Vorschrift unverändert hoch.

8. In welcher Höhe ist Nebeneinkommen anrechnungsfrei?

Üben Sie während der Zeit, in der Ihnen Arbeitslosengeld zusteht, eine **weniger als 15 Stunden/Woche** umfassende (kurzzeitige) Beschäftigung aus, so wird das Arbeitsentgelt, welches Sie hieraus erzielen, auf Ihr Arbeitslosengeld angerechnet (§ 155 Abs. 1 S. 1 SGB III). Dies geschieht, indem vom Arbeitsentgelt zunächst die Steuern, Sozialversicherungsbeiträge und Werbungskosten (z.B. Fahrkosten, Kosten für Arbeitskleidung) abgezogen werden.

Weiter wird ein **Freibetrag** in Höhe von **165** €/Monat abgezogen. Nur der jetzt verbleibende Betrag wird auf das Arbeitslosengeld des Monats angerechnet, in dem die Beschäftigung ausgeübt wurde.

BEISPIEL: A bezieht laufend Arbeitslosengeld in Höhe von 40 €/Tag (= 1.200 €/Monat). Am 1.4. nimmt er eine 14 Stunden/Woche umfassende Beschäftigung auf und erzielt hieraus ein regelmäßiges Entgelt von 400 €/Monat. Nach Abzug von Steuern, Sozialversicherungsbeiträgen und Werbungskosten verbleiben ihm monatlich 315 €. Von diesen 315 € werden jetzt 165 €, abgezogen (Freibetrag), so dass ein Anrechnungsbetrag von 150 €/Monat verbleibt. Umgerechnet auf den Tag errechnet sich hieraus ein Anrechnungsbetrag von 5 € (150 € : 30 Tage). A werden also ab 1.4. laufend 5 € vom täglichen Arbeitslosengeld abgezogen. Er erhält nur noch 1.050 €/Monat ausbezahlt.

Der Gesetzgeber verfolgt mit dieser Regelung, die mit der Maßgabe, dass – in der Regel pauschal – 30 % der Betriebseinnahmen als Betriebsausgaben angesetzt werden, auch für **selbstständige Tätigkeiten** und Tätigkeiten als **mithelfender Familienangehöriger** gilt (§ 155 Abs. 1 S. 2 SGB III), mehrere Ziele: Einerseits wird für kleinere Nebentätigkeiten ein Anreiz dafür geschaffen, dass der Arbeitslose, der eine Vollzeitbeschäftigung nicht erhalten kann, jedenfalls eine Nebentätigkeit ausübt. Negative psychologische Auswirkungen der Arbeitslosigkeit können dadurch gemildert und Versicherungsleistungen eingespart werden. Andererseits soll ein Arbeitsloser mit dem Nebenverdienst und dem Arbeitslosengeld zusammen kein so hohes Gesamteinkommen erzielen, dass er an der Aufnahme einer Vollzeitbeschäftigung nicht mehr interessiert wäre.

Nur das Nebeneinkommen in Geld oder Geldeswert (Sachbezüge) ist anzurechnen, das aus einer oder mehreren selbstständigen oder unselbstständigen Tätigkeit(en) herrührt. **Einkünfte ohne Arbeitsleistung** wie z.B. Mieteinnahmen oder eine Schenkung, Einnahmen aus Photovoltaik, eine Erbschaft, ein Lottogewinn sowie Zinsen aus Sparverträgen und sonstige Vermögenseinkünfte sind nicht anzurechnen. Ebenso wenig ist anrechenbar, was der **Ehegatte** oder die **Angehörigen** des Arbeitslosen verdienen.

Angerechnet wird nur Einkommen, das aus einer Nebenbeschäftigung erzielt wird, die **während der Bezugszeit** von Arbeitslosengeld ausgeübt wird. Ruht der Anspruch auf Arbeitslosengeld oder wird er zeitweilig versagt, so ist das in dieser Zeit erzielte Einkommen anrechnungsfrei.

Im Rahmen der Anrechnung von Nebeneinkommen werden diejenigen, die in den letzten 18 Monaten vor der Entstehung des Anspruchs **neben einem Versicherungspflichtverhältnis** mindestens zwölf Monate lang eine **Erwerbstätigkeit** (Beschäftigung, selbstständige Tätigkeit, Tätigkeit als mithelfender Familienangehöriger) ausgeübt haben, insofern begünstigt, als das Einkommen daraus bis zu dem Betrag anrechnungsfrei bleibt, der in den letzten zwölf Monaten vor der Entstehung des Anspruchs durchschnittlich auf den Monat entfällt, mindestens jedoch in Höhe des Freibetrages von 165 € (§ 155 Abs. 2 SGB III). Von diesen Regelungen profitieren also diejenigen, die neben einem Versicherungspflichtverhältnis tätig, und deren Einkünfte daraus höher waren, als der für sie in Betracht kommende Freibetrag nach § 155 Abs. 1 SGB III.

Leistungen, die Sie als Bezieher von Arbeitslosengeld während einer Maßnahme der **beruflichen Weiterbildung** vom Arbeitgeber oder dem Träger der Weiterbildung wegen der Teilnahme bzw. aufgrund eines früheren oder bestehenden Arbeitsverhältnisses ohne Ausübung einer Beschäftigung für die Zeit der Teilnahme erhalten, werden nach Abzug von Steuern und Sozialversicherungsbeiträgen sowie eines **Freibetrages von 400 €/Monat** auf das Arbeitslosengeld angerechnet (§ 155 Abs. 3 SGB III).

Nebeneinkommen müssen Sie der Agentur für Arbeit ohne Aufforderung **melden.** Dies geschieht auf einem Vordruck für die Bescheinigung von Nebeneinkommen durch den Arbeitgeber. Falls Sie Ihrem Arbeitgeber einen solchen Vordruck nicht vorlegen, um das erzielte Einkommen eintragen zu lassen, ist die Agentur für Arbeit berechtigt, Ihnen die bewilligte Leistung ganz oder teilweise zu versagen (§ 66 Abs. 1 SGB I). Spätestens bei der Durchführung des automatisierten Datenabgleichs (§ 397 Abs. 1 S. 2 SGB III) mit den bei der Datenstelle der Rentenversicherung gespeicherten Beschäftigungsdaten wird der Agentur für Arbeit die Nebenbeschäftigung bekannt. Die Nichtmitteilung einer Nebenbeschäftigung kann im Einzelfall ein Bußgeld- bzw. sogar ein Strafverfahren nach sich ziehen.

9. Wird Arbeitslosengeld im Krankheitsfall weitergezahlt?

Tritt während des Bezuges von Arbeitslosengeld eine unverschuldete Arbeitsunfähigkeit infolge von Krankheit ein, so wird das Arbeitslosengeld für **längstens sechs Wochen** (42 Kalendertage) weitergezahlt; das Gleiche gilt bei Arbeitsunfähigkeit infolge einer durch Krankheit erforderlichen Sterilisation oder eines nicht rechtswidrigen bzw. straffreien Schwangerschaftsabbruches durch einen Arzt (§ 146 Abs. 1 SGB III).

Außerdem wird das Arbeitslosengeld bis zu einer Dauer von 10 Tagen, bei allein erziehenden Arbeitslosen bis zu einer Dauer von 20 Tagen im Kalenderjahr weitergezahlt, wenn der Arbeitslose ein **erkranktes Kind** beaufsichtigen, betreuen oder pflegen muss. **Voraussetzung** dafür ist, dass der Arzt die Notwendigkeit der Beaufsichtigung, Betreuung oder Pflege des erkrankten Kindes bescheinigt, dass eine andere Person, die im Haushalt des Arbeitslosen lebt, diese Aufgabe nicht wahrnehmen kann und dass das Kind das 12. Lebensjahr noch nicht vollendet hat oder behindert und auf Hilfe angewiesen ist (§ 146 Abs. 2 S. 1 SGB III). Leben **mehrere Kinder** im Haushalt des Arbeitslosen, so besteht – bei Vorliegen der genannten Voraussetzungen – der Fortzahlungsanspruch für jedes einzelne Kind; allerdings ist dies je Kalenderjahr auf eine **Höchstdauer** von 25 Tagen, bei Alleinstehenden auf eine solche von 50 Tagen begrenzt (§ 146 Abs. 2 S. 2 SGB III).

Die Arbeitsunfähigkeit muss der Agentur für Arbeit **unverzüglich,** also in der Regel am Tage der Erkrankung, **gemeldet** und vor Ablauf des dritten Kalendertages nach Eintritt der Arbeitsunfähigkeit durch Vorlage einer **ärztlichen Bescheinigung** nachgewiesen werden (§ 311 S. 1 SGB III). Dies gilt auch für Folgebescheinigungen des Arztes über weitere Arbeitsunfähigkeit. Ebenso sollte der Arbeitslose der Agentur für Arbeit ohne Zögern mitteilen, dass er wieder gesund ist. Dauert die Erkrankung **nicht länger als sechs Wochen**, so bedarf es keines neuen Antrags auf Arbeitslosengeld. Für die Weiterzahlung des Arbeitslosengeldes **genügt die Mitteilung** des Arbeitslosen, dass er wieder gesund ist. Ab der siebten Woche der Erkrankung wird durch die zuständige Krankenkasse **Krankengeld** gezahlt. Grundlage für die Zahlung des Krankengeldes ist ein Aufhebungsbescheid, den die Agentur für Arbeit dem Arbeitslosen erteilt.

Gesundet der Arbeitslose, nachdem er Krankengeld durch die Krankenkasse bezogen hat, so muss er, um Nachteile zu vermeiden, sofort einen **neuen Antrag** bei der Agentur für Arbeit auf Gewährung von Arbeitslosengeld stellen. Um hier keinen Leerraum zwischen Krankengeld und Arbeitslosengeld entstehen zu lassen, wird jedem Arbeitslosen empfohlen, den neuen Antrag auf Arbeitslosengeld **persönlich** und spätestens **am ersten Tag der Gesundung** bei der Agentur für Arbeit zu stellen.

10. Wird Arbeitslosengeld im Falle einer Erwerbsminderung gezahlt?

Für Arbeitslose, die wegen einer Minderung ihrer Leistungsfähigkeit für die Dauer von mehr als sechs Monaten der Arbeitsvermittlung nicht zur Verfügung stehen und deshalb an sich keinen Anspruch auf Arbeitslosengeld haben, hat der Gesetzgeber bis zur Entscheidung über die Frage der verminderten Erwerbsfähigkeit im Sinne der gesetzlichen Rentenversicherung die Zahlung von Arbeitslosengeld im Sinne einer sog. **„Nahtlosigkeit“** geregelt (§ 145 SGB III, dazu siehe S. 26 ff.). Damit wird die Übergangszeit, bis zu der der Rentenversicherungsträger – gegebenenfalls auf Veranlassung der Agentur für Arbeit – über die Frage des Vorliegens verminderter Erwerbsfähigkeit entschieden hat, überbrückt. Dies gilt sowohl dann, wenn die Leistungsfähigkeit nur gemindert ist, als auch dann, wenn sie völlig aufgehoben ist. Sie erfasst auch die Fälle, in denen – z.B. hinsichtlich der Dauer der Arbeitszeit – eine Beschäftigung des in seiner Leistungsfähigkeit geminderten Arbeitslosen unter den üblichen Bedingungen des allgemeinen Arbeitsmarktes nicht mehr möglich ist.

BEISPIEL: A kann wegen eines gutachtlich festgestellten Bandscheibenleidens nur noch weniger als 15 Stunden wöchentlich arbeiten. Er hat eine Rente wegen Erwerbsminderung beantragt. Die Entscheidung des Rentenversicherungsträgers ist in Kürze zu erwarten. Unter den üblichen Bedingungen des Arbeitsmarktes für männliche Arbeitskräfte steht A dauernd nicht zur Verfügung, da er nur noch geringfügig in der Woche arbeiten kann. Bis zur Feststellung der verminderten Erwerbsfähigkeit erhält A aufgrund der Nahtlosigkeitsregelung Arbeitslosengeld. Erhält A später ein Übergangsgeld aus der gesetzlichen Rentenversicherung oder eine Rente wegen Erwerbsminderung rückwirkend zuerkannt, so geht sein Anspruch auf diese Leistungen für die Zeit und für die Höhe, in der die Agentur für Arbeit nach der Nahtlosigkeitsregelung Arbeitslosengeld gezahlt hat, auf die Bundesagentur für Arbeit über (§ 145 Abs. 3 SGB III).

Das sog. Nahtlosigkeits-Arbeitslosengeld richtet sich nicht danach, was der Arbeitslose aufgrund der Minderung seiner Leistungsfähigkeit künftig verdienen könnte, sondern danach, was er zuletzt im Bemessungszeitraum als Erwerbstätiger verdient hatte (§ 151 Abs. 5 S. 2 SGB III). Der Arbeitslose, der aufgrund der Nahtlosigkeitsregelung Arbeitslosengeld erhält, wird von der Agentur für Arbeit **aufgefordert**, innerhalb eines Monats nach Zugang des Aufforderungsschreibens **Leistungen zur medizinischen Rehabilitation** oder zur **Teilhabe am Arbeitsleben** zu beantragen. Unterlässt er diesen Antrag, so **ruht** sein Anspruch auf Arbeitslosengeld vom Tage nach Ablauf der Monatsfrist bis zu dem Tage, an dem er einen solchen Antrag stellt oder Rente wegen Erwerbsminderung beantragt (§ 145 Abs. 2 S. 1 bis 3 SGB III). Gleiches gilt, wenn der Arbeitslose seinen **Mitwirkungspflichten** gegenüber dem Träger der medizinischen Rehabilitation bzw. der Teilhabe am Arbeitsleben nicht nachkommt oder wenn er durch sein Verhalten die **Feststellung** der Erwerbsminderung **verhindert** (§ 145 Abs. 2 S. 4 und 5 SGB III).

Hat der Rentenversicherungsträger bereits eine **Entscheidung** getroffen, entfällt die Möglichkeit der Gewährung von Arbeitslosengeld nach § 145 SGB III (Nahtlosigkeit). Ob ein Anspruch auf Arbeitslosengeld besteht oder nicht, richtet sich jetzt alleine danach, ob der Arbeitslose trotz seines Gesundheitszustandes der Arbeitsvermittlung zur Verfügung steht.

Hat der Rentenversicherungsträger zutreffend volle Erwerbsminderung festgestellt, so steht der Arbeitslose auch dann, wenn daraus keine Rentenzahlung folgt (z.B. weil er die rentenrechtlich erforderliche Wartezeit nicht erfüllt hat – §§ 43 Abs. 2 S. 1 Nr. 3, 50 Abs. 1 S. 1 Nr. 2 SGB VI), der Arbeitsvermittlung nicht mehr zur Verfügung. Die Agentur für Arbeit ist allerdings grundsätzlich nicht daran gehindert, **abweichend** von der Feststellung des Rentenversicherungsträgers zu entscheiden, dass Erwerbsminderung nicht vorliegt und **objektive Verfügbarkeit** des Arbeitslosen gegeben ist. Um Arbeitslosengeld beziehen zu können, bedarf es jetzt noch der Erklärung des Arbeitslosen, mindestens 15 Stunden/Woche **subjektiv** der Arbeitsvermittlung zur Verfügung zu stehen.

Ist der Arbeitslose sozialmedizinisch noch in der Lage, 15 Stunden oder mehr pro Woche einer Beschäftigung nachzugehen und bezieht er keine Rente wegen Erwerbsminderung (dies wäre bei Verschlossenheit des Teilzeitarbeitsmarktes möglich), so muss er sich – will er Arbeitslosengeld beziehen – insoweit auch der Arbeitsvermittlung zur Verfügung stellen.

BEISPIEL: A ist der Auffassung, er könne aus gesundheitlichen Gründen allenfalls noch zehn Stunden/Woche einer Beschäftigung nachgehen. Das sozialmedizinische Gutachten bescheinigt ihm demgegenüber Leistungsfähigkeit noch für bis zu 30 Stunden/Woche. Rente wegen Erwerbsminderung wird nicht gewährt, weil es für A einen funktionierenden Teilzeitarbeitsmarkt gibt.
Will A, der bis zur Entscheidung des Rentenversicherungsträgers Arbeitslosengeld nach § 145 SGB III (Nahtlosigkeit) bezogen hat, weiter Arbeitslosengeld beziehen, muss er sich, auch wenn er das sozialmedizinische Gutachten für falsch hält, jetzt im Umfang von mindestens 15 Stunden der Arbeitsvermittlung – im Rahmen des ihm Möglichen – zur Verfügung stellen. Die Agentur für Arbeit kann dann versuchen, eine entsprechende Beschäftigung zu vermitteln.

Er sollte dies im Übrigen auch dann tun, wenn er die Entscheidung des Rentenversicherungsträgers mit dem Widerspruch oder der Klage anficht. Es trifft zwar zu, dass das Verhalten gegenüber dem Rentenversicherungsträger (Geltendmachen von nur geringer Leistungsfähigkeit) dann im Widerspruch zum Verhalten gegenüber der Agentur für Arbeit (Bereitschaft zur Aufnahme von Tätigkeiten in zeitlich höherem Umfang) steht; für die sozialmedizinische Beurteilung der Leistungsfähigkeit, die objektiv zu erfolgen hat, spielt die subjektive Erklärung des Arbeitslosen gegenüber der Agentur für Arbeit jedoch keine Rolle. Der Arbeitslose muss also nicht befürchten, deshalb im Verfahren gegenüber dem Rentenversicherungsträger Nachteile zu erleiden (vgl. hierzu auch S. 26 ff.).

11. Teilarbeitslosengeld

Nach § 162 Abs. 1 SGB III hat Anspruch auf Gewährung von Teilarbeitslosengeld, wer:

- teilarbeitslos ist
- sich teilarbeitslos gemeldet und
- die Anwartschaftszeit für Teilarbeitslosengeld erfüllt hat.

Grundsätzlich gelten alle Vorschriften über das Arbeitslosengeld bei Arbeitslosigkeit (§ 137 Abs. 1 Nr. 1 SGB III) auch für das Teilarbeitslosengeld, allerdings mit folgenden **Abweichungen:**

a) Wann sind Sie teilarbeitslos?

Teilarbeitslos ist nach § 162 Abs. 2 Nr. 1 SGB III, wer **eine von mehreren** nebeneinander ausgeübten versicherungspflichtigen Beschäftigungen verliert und eine versicherungspflichtige Beschäftigung sucht.

BEISPIEL: A war mit 20 Stunden/Woche vormittags als Kassiererin in einem Supermarkt beschäftigt. Nachmittags arbeitete sie arbeitstäglich 3½ Stunden, insgesamt also weitere 17,5 Stunden/Woche, als Packerin bei einem Versandhandel. Unverschuldet verliert sie die Vormittagsbeschäftigung. Sie meldet sich teilarbeitslos und stellt sich der Arbeitsvermittlung für vormittägliche Beschäftigungen von mindestens 15, höchstens 20 Stunden/Woche zur Verfügung. Außerdem bewirbt sie sich regelmäßig auf entsprechende Stellenangebote in der örtlichen Tagespresse. A ist folglich teilarbeitslos.

Grundsätzlich kann Teilarbeitslosigkeit auch dann eintreten, wenn bei **einem** Arbeitgeber **zwei** versicherungspflichtige Beschäftigungsverhältnisse bestanden und eines davon wegfällt. Zumindest gilt dies dann, wenn die Beschäftigungsverhältnisse in verschiedenen Betrieben des Arbeitgebers bestanden.

b) Wann haben Sie die Anwartschaftszeit für das Teilarbeitslosengeld erfüllt?

§ 162 Abs. 2 Nr. 2 SGB III sieht insofern eine Teilarbeitslosengeld-**Rahmenfrist von zwei Jahren** vor (zur Rahmenfrist siehe S. 38 ff.).

In dieser Zeit müssen Sie neben der weiterhin ausgeübten versicherungspflichtigen Beschäftigung mindestens zwölf Monate lang eine weitere versicherungspflichtige Beschäftigung ausgeübt haben.

BEISPIEL: A ist seit dem 1.4.2018 vormittags im Umfang von 20 Stunden/Woche beschäftigt. Am 1.2.2019 nimmt sie zusätzlich eine Beschäftigung nachmittags im Umfang von 18 Stunden/Woche an. Mit Ablauf des 31.1.2020 verliert sie unverschuldet eine der Beschäftigungen. Sie meldet sich am 1.2.2020 arbeitslos und beantragt die Gewährung von Arbeitslosengeld.
Hier umfasst die Rahmenfrist den Zeitraum 1.2.2018 bis 31.1.2020. In diesem hat sie **neben** der Vormittagsbeschäftigung zwölf Monate lang (1.2.2019 bis 31.1.2020) eine weitere versicherungspflichtige Beschäftigung ausgeübt. Sie hat also die Anwartschaftszeit für Teilarbeitslosengeld erfüllt.

c) Wie lange können Sie Teilarbeitslosengeld beziehen?

Anders als beim Arbeitslosengeld, bei dem die Anspruchsdauer auch von der Dauer der Beschäftigung und vom Lebensalter abhängt, sieht § 162 Abs. 2 Nr. 3 SGB III eine **einheitliche Höchstdauer** für alle Bezieher von Teilarbeitslosengeld vor. Sie beträgt **sechs Monate.**

d) Wann erlischt der Anspruch auf Teilarbeitslosengeld?

§ 162 Abs. 2 Nr. 5 SGB III regelt **drei Fälle**, in denen der Anspruch auf Teilarbeitslosengeld erlischt.

Zunächst erlischt er dann, wenn Sie eine Beschäftigung, selbstständige Tätigkeit oder Tätigkeit als mithelfender Familienangehöriger für **mehr als zwei Wochen** oder mit einer Arbeitszeit von **mehr als fünf Stunden/Woche** aufnehmen. Es führt also nicht nur eine neue versicherungspflichtige Beschäftigung sondern auch eine kurzzeitige Beschäftigung bzw. Tätigkeit zum Anspruchsverlust, wenn die genannte Dauer bzw. Arbeitszeit überschritten wird.

Der Anspruch erlischt sodann auch, wenn ein **„normaler“** Arbeitslosengeldanspruch entsteht. Diese wäre beispielsweise dann der Fall, wenn A im Beispielsfall nach dem 1.2.2020 (Beginn ihres Anspruchs auf Teilarbeitslosengeld) auch die andere versicherungspflichtige Teilzeitbeschäftigung unverschuldet verliert und aufgrund dessen jetzt alle Voraussetzungen für die Gewährung von „normalem“ Arbeitslosengeld erfüllt sind.

Schließlich erlischt der Anspruch auf Teilarbeitslosengeld spätestens **nach Ablauf eines Jahres** seit seiner Entstehung. Darunter ist – wie im Falle des § 161 Abs. 2 SGB III (dazu siehe S. 125) – zu verstehen, dass er nach dieser Zeit **nicht mehr geltend** gemacht werden kann.

BEISPIEL: A hat am 1.4.2019 einen Anspruch auf Teilarbeitslosengeld erworben. Solches bezieht er für vier Monate, also bis Ende Juli 2019. Vom 1.8.2019 bis zum 28.2.2020 will er keine weitere versicherungspflichtige Beschäftigung aufnehmen, was er der Agentur für Arbeit auch mitteilt. Da A in dieser Zeit nicht teilarbeitslos ist (er sucht keine versicherungspflichtige Beschäftigung; § 162 Abs. 1 Nr. 1, Abs. 2 Nr. 1 SGB III), erhält er auch kein Teilarbeitslosengeld. Am 1.3.2020 meldet er sich wieder teilarbeitslos und erfüllt jetzt auch wieder alle Anspruchsvoraussetzungen. Dementsprechend gewährt ihm die Agentur für Arbeit Teilarbeitslosengeld wieder ab 1.3.2020 für die Dauer des noch nicht verbrauchten Restanspruchs von zwei Monaten.
Würde sich A erst am 1.4.2020 wieder teilarbeitslos melden, hätte er keinen Anspruch, da dieser mit Ablauf des 31.3.2020 erloschen ist.

IV. In welchen Fällen ruht der Anspruch auf Arbeitslosengeld?

1. Arbeitskämpfe und § 160 SGB III

Bei Arbeitskämpfen hat sich die Bundesagentur für Arbeit **neutral** zu verhalten. Aus diesem Grund gewährt sie für Arbeitnehmer, die am Arbeitskampf beteiligt sind, kein Arbeitslosengeld. Dementsprechend heißt es in § 160 Abs. 1 S. 1 SGB III, durch die Gewährung von Arbeitslosengeld dürfe nicht in Arbeitskämpfe eingegriffen werden. Wird der Arbeitnehmer **durch Beteiligung** an einem inländischen Arbeitskampf arbeitslos, so **ruht** der Anspruch auf Arbeitslosengeld bis zum Ende des Arbeitskampfes (§ 160 Abs. 2 SGB III). Davon erfasst werden Streiks, auch wilde Streiks, Aussperrungen, kollektive Arbeitsniederlegungen, Sympathiestreiks und politische Streiks. Sollten infolge eines Bummelstreiks oder eines Dienstes nach Vorschrift die Arbeitnehmer von Zulieferbetrieben oder Abnehmerbetrieben zeitweilig arbeitslos werden, so erhalten auch diese kein Arbeitslosengeld. Es kommt nicht darauf an, ob die Kampfmaßnahme zulässig oder rechtswidrig ist. Erfasst werden auch Arbeitnehmer, die **mittelbar** durch den Arbeitskampf arbeitslos wurden. So kann beispielsweise der Fall eintreten, dass infolge eines Schwerpunktstreiks Arbeitnehmer, die nicht streiken und auch nicht gewerkschaftlich organisiert sind, nicht weiter beschäftigt werden können. Auch in diesem Fall besteht nach § 160 Abs. 3 SGB III dann kein Anspruch auf Arbeitslosengeld, wenn:

- der Betrieb in dem der Arbeitslose zuletzt beschäftigt war, dem räumlichen und fachlichen Geltungsbereich des umkämpften Tarifvertrages angehört (§ 160 Abs. 3 S. 1 Nr. 1 SGB III) oder
- in einem anderen räumlichen Geltungsbereich des Tarifvertrages, dem dieser Betrieb fachlich zuzuordnen ist, eine Forderung erhoben wird, die einer Hauptforderung des Arbeitskampfes nach Art und Umfang gleich ist, ohne mit ihr übereinstimmen zu müssen, und das Ergebnis des Arbeitskampfes aller Voraussicht nach in dem nicht umkämpften Tarifgebiet übernommen wird (§ 160 Abs. 3 S. 1 Nr. 2 SGB III).

BEISPIEL: Der Kfz-Mechaniker K in München wird durch einen Streik der IG Metall in Baden-Württemberg, der eine kürzere Arbeitszeit zum Ziel hat, infolge von Zulieferausfällen in seinem Metall verarbeitenden Betrieb arbeitslos und beantragt Arbeitslosengeld, wofür er formal alle Voraussetzungen nach § 137 SGB III erfüllt. Für den Fall, dass der Streik erfolgreich ist, steht zu erwarten, dass die kürzere Arbeitszeit auch in Bayern eingeführt wird. Während K nach § 160 Abs. 3 S. 1 Nr. 2 SGB III vom Bezug von Arbeitslosengeld ausgeschlossen ist, hat sein Kollege, in dessen Kunststoff verarbeitendem Betrieb wegen des Streikes ebenfalls nicht mehr gearbeitet werden kann, Anspruch auf solches.

In **Härtefällen** kann der Verwaltungsrat der Bundesagentur für Arbeit bestimmten Gruppen von Arbeitnehmern Arbeitslosengeld gewähren (§ 160 Abs. 4 SGB III).

2. Anspruch auf restliches Arbeitsentgelt

Ihr Anspruch auf Arbeitslosengeld ruht in der Zeit, für die Sie noch **Arbeitsentgelt** erhalten oder zu beanspruchen haben (§ 157 Abs. 1 SGB III). **Ruhen** heißt, dass Ihnen zeitweilig kein Arbeitslosengeld gezahlt wird; dies bedeutet in diesem Fall aber nicht, dass die Anspruchsdauer um die Zeit des Ruhens kürzer wird; ein langfristig Arbeitsloser kann somit am Ende gleichwohl sein volles Arbeitslosengeld für z.B. zwölf Monate in Anspruch nehmen.

BEISPIEL 1: A wird am 2.8. gekündigt. Der Arbeitgeber verzichtet für die Dauer der Kündigungsfrist (sechs Wochen zum Quartalsende) auf ihre Arbeitsleistung, zahlt aber das Gehalt bis zum 30.9. weiter. Am 3.8. meldet sich A arbeitslos und beantragt Arbeitslosengeld. An sich sind alle Voraussetzungen für den Bezug von Arbeitslosengeld erfüllt; gleichwohl ruht der Anspruch bis zum 30.9. Für die Zeit vom 3.8. bis zum 30.9. erhält A kein Arbeitslosengeld. Denn wer Arbeitsentgelt bekommt, soll nicht gleichzeitig „Lohnersatz" in Form des Arbeitslosengeldes erhalten. Bei dieser Fallgestaltung, in der der Arbeitgeber – bei Freistellung des Arbeitnehmers von der Arbeit – weiterzahlt, sollte der Antrag auf Gewährung von Arbeitslosengeld allerdings erst mit Wirkung des ersten Tages von Arbeitslosigkeit ohne Lohn- oder Gehaltszahlung gestellt werden (§ 137 Abs. 2 SGB III). Soziale Absicherung (Entgelt, Kranken-, Pflege-, Renten-, Unfall- und Arbeitslosenversicherungsschutz) besteht bis zum Ende des Arbeitsverhältnisses. Möglicherweise bewirken aber die restlichen Arbeitstage vor dem dann erst später entstehenden Anspruch, dass – z.B. bei Vollendung des 55. Lebensjahres (§ 147 Abs. 2 SGB III; dazu siehe S. 48 ff.) – ein längerer Anspruch entsteht. Diese Wirkung tritt dann nicht ein, wenn Sie sich sofort bei Eintritt tatsächlicher Arbeitslosigkeit arbeitslos melden, jetzt ein Anspruch auf Arbeitslosengeld geringerer Dauer entsteht, dieser dann ruht und die Voraussetzungen für den Anspruch auf Arbeitslosengeld von längerer Dauer erst am Ende des Arbeitsverhältnisses vorlägen.

BEISPIEL 2: Angenommen, A wird ohne Einhaltung einer Kündigungsfrist zum 2.8. gekündigt, und zwar ohne dass vertragswidriges Verhalten vorliegt. Darüber wird vor dem Arbeitsgericht allerdings gestritten, nachdem A Kündigungsschutzklage eingereicht hat. Auch hier ruht – unterstellt die Kündigung war rechtswidrig – ihr Anspruch auf Arbeitslosengeld. Doch wird – weil A noch nichts in Händen hat – zunächst Arbeitslosengeld gezahlt (§ 157 Abs. 3 SGB III; dazu siehe S. 3 f.). Allerdings geht der Anspruch von A gegen ihren Arbeitgeber auf Entgeltzahlung insoweit auf die Bundesagentur für Arbeit über (§ 115 SGB X).

3. Anspruch auf Urlaubsabgeltung

Ihr Anspruch auf Arbeitslosengeld ruht auch für die Zeit abgegoltenen Urlaubes, wenn Sie wegen Beendigung Ihres Arbeitsverhältnisses noch eine Urlaubsabgeltung (z.B. für nicht genommenen Urlaub, der Ihnen zusteht) tatsächlich erhalten oder beanspruchen können (§ 157 Abs. 2 SGB III). Der Ruhenszeitraum schließt sich an das Ende des Arbeitsverhältnisses an. Das Ruhen besteht von Gesetzes wegen. Auf die Gründe, die zur Abgeltung des Urlaubs geführt haben, kommt es nicht an.

BEISPIEL: A wurde fristgemäß zum 30.9. gekündigt. Ihr stehen noch 800 € Urlaubsabgeltung für nicht genommenen Urlaub bis zum 15.10. zu, die ihr beim Ausscheiden ausgezahlt werden. A meldet sich am 1.10. arbeitslos und beantragt Arbeitslosengeld. Da der Anspruch auf Arbeitslosengeld wegen der Urlaubsabgeltung ruht, steht ihr Arbeitslosengeld erst ab 16.10. zu. Wer eine Urlaubsabgeltung bekommt oder zu beanspruchen hat, kann nicht gleichzeitig „Lohnersatz" erhalten.

4. Anspruch auf Abfindung, Entschädigung oder ähnliche Leistungen (Entlassungsentschädigung)

a) Allgemeines

Haben Sie wegen der Beendigung des Arbeitsverhältnisses eine Abfindung, Entschädigung oder eine ähnliche Leistung (Entlassungsentschädigung) erhalten oder zu beanspruchen und ist das Arbeitsverhältnis ohne Einhaltung einer der ordentlichen Kündigungsfrist des Arbeitgebers entsprechenden Frist beendet worden, so ruht der Anspruch auf Arbeitslosengeld, und zwar für den Zeitraum vom Ende des Arbeitsverhältnisses an bis längstens zu dem Tag, an dem das Arbeitsverhältnis bei Einhaltung der der ordentlichen Kündigungsfrist des Arbeitgebers entsprechenden Frist geendet hätte, höchstens jedoch ein Jahr (§ 158 Abs. 1 und 2 S. 1 SGB III).

Ihr Anspruch **ruht** also dann **nicht**, wenn das Arbeitsverhältnis mit einer Frist beendet wurde, welche der **ordentlichen Kündigungsfrist des Arbeitgebers** entspricht, oder wenn das Arbeitsverhältnis von vornherein **befristet** war und mit dem vereinbarten Fristende beendet wird. Ferner ruht Ihr Anspruch nicht über den Tag hinaus, an dem der Arbeitgeber das Arbeitsverhältnis aus **wichtigem Grund** ohne Einhaltung einer Kündigungsfrist hätte kündigen können.

Zu beachten ist jedoch, dass auch bei Einhaltung der ordentlichen Kündigungsfrist eine **Sperrzeit** eintreten kann, wenn Sie selbst kündigen oder einvernehmlich einen Auflösungsvertrag mit Entlassungsentschädigung schließen (dazu siehe S. 93 ff.). Keine Entlassungsentschädigung im Sinne des § 158 Abs. 1 S. 1 SGB III ist dagegen die Abfindung nach § 1a KSchG, da die Zahlung der Abfindung in diesen Fällen nicht in einem ursächlichen Zusammenhang mit der Beendigung des Arbeitsverhältnisses steht (so auch die Bundesagentur für Arbeit in ihren Fachlichen Weisungen zu § 158 SGB III mit weiteren Beispielen, die keine Entlassungsentschädigung darstellen).

Steht Ihnen eine Abfindung, eine Entschädigung oder eine ähnliche Leistung zwar zu, ohne dass Sie diese derzeit erhalten haben, so gewährt die Agentur für Arbeit Arbeitslosengeld übergangsweise auch für die Zeit, in welcher der Anspruch auf Arbeitslosengeld ruht (§ 158 Abs. 4 SGB III; **Gleichwohlgewährung**). In diesem Fall geht jedoch Ihr Anspruch auf die Abfindung, Entschädigung oder ähnliche Leistung auf die Bundesagentur für Arbeit über, und zwar in der Höhe, in der für den Zeitraum des Ruhens Arbeitslosengeld gezahlt worden ist (§ 115 SGB X).

Die **Anspruchsdauer** für den Bezug von Arbeitslosengeld wird hierdurch nicht gekürzt; vielmehr wird lediglich der **Beginn der Zahlung** von Arbeitslosengeld hinausgeschoben.

BEISPIEL 1: Dem A wird ordnungsgemäß und fristgemäß zum 30.9. gekündigt. Beim Ausscheiden erhält er eine Entlassungsentschädigung von 5.000 €. Liegen alle übrigen Voraussetzungen vor, so steht A, obgleich er eine Entlassungsentschädigung erhalten hat, ab dem 1.10. Arbeitslosengeld zu. Sein Anspruch auf Arbeitslosengeld ruht also nicht, da die ordentliche Kündigungsfrist des Arbeitgebers eingehalten wurde.

BEISPIEL 2: A einigt sich mit Arbeitgeber G auf einen vorzeitigen Auflösungstermin zum 1.5. Regulär hätte das Arbeitsverhältnis bis 31.12. laufen müssen. Beim Ausscheiden zahlt G 20.000 € als Entlassungsentschädigung. Ruht der Anspruch auf Arbeitslosengeld? Ja, weil die Kündigungsfrist des Arbeitgebers nicht eingehalten wurde und weil die Entlassungsentschädigung wegen der Beendigung des Arbeitsverhältnisses gezahlt wurde.

BEISPIEL 3: Der Arbeitgeber hat – nach mehrfachen Abmahnungen – wegen häufiger Unpünktlichkeit beim Kommen und Gehen dem Arbeitnehmer fristlos gekündigt und zahlt beim Ausscheiden – wozu er verpflichtet ist – noch Lohnrückstand und Gewinnbeteiligung aus. Hier ruht der Anspruch nicht, da es sich bei diesen Zahlungen nicht um eine Abfindung, Entschädigung oder ähnliche Leistung handelt. Es dürfte aber eine Sperrzeit nach § 159 Abs. 1 S. 2 Nr. 1 SGB III von zwölf Wochen (dazu siehe S. 93 ff.) eintreten, wenn die Agentur für Arbeit – gegebenenfalls nach Sachverhaltsaufklärung – zu Recht davon ausgeht, arbeitsvertragswidriges Verhalten des Arbeitnehmers sei ursächlich für die Arbeitgeberkündigung gewesen.

b) Welche Rolle spielt die Kündbarkeit und die Kündigungsfrist bei Entlassungsentschädigungen?

Warum führt überhaupt eine Entlassungsentschädigung zum Ruhen des Arbeitslosengeldes? Entlassungsentschädigungen werden vielfach als Entschädigung für den Verlust des sozialen Besitzstandes in Form von Aufstockungsbeträgen in Sozialplänen oder als Treuegelder gezahlt. Sie bezwecken häufig, älteren Arbeitnehmern das vorzeitige Ausscheiden annehmbarer zu machen. Zum Teil wird ihnen vom Arbeitgeber die Unkündbarkeit oder die Schwerkündbarkeit „abgekauft".

Scheidet ein Arbeitnehmer unter Einhaltung der **für den Arbeitgeber geltenden ordentlichen Kündigungsfrist** aus, so kann er die Entlassungsentschädigung anrechnungsfrei behalten, d.h. er bezieht daneben sofort nach seinem Ausscheiden Arbeitslosengeld, wenn er sich arbeitslos meldet, die Anwartschaftszeit erfüllt und Arbeitslosengeld beantragt hat. Bei langfristiger Personalplanung konnten somit Arbeitgeber und Arbeitnehmer jede „Anrechnung" einer Entlassungsentschädigung auf das Arbeitslosengeld vermeiden, indem die ordentliche Kündigungsfrist des Arbeitgebers eingehalten wurde.

Es wird daher darauf abgestellt, ob der ausgeschiedene Arbeitnehmer überhaupt kündbar ist oder nicht, ob er nur mit einer Entlassungsentschädigung kündbar ist und wenn er – so oder so – kündbar ist, ob die für den Arbeitgeber maßgebliche ordentliche Kündigungsfrist eingehalten bzw. warum sie nicht eingehalten wurde. Selbst der Teil der Entlassungsentschädigung, der rechnerisch gesehen Lohnersatz für die verkürzte Kündigungsfrist ist, bleibt **zum Teil anrechnungsfrei,** und zwar umso mehr, **je länger** der Arbeitslose **im Betrieb** war und **je älter** er ist.

Der Gesetzgeber hat das Verhältnis von Kündbarkeit bzw. Kündigungsfrist einerseits und Entlassungsentschädigung andererseits **wie folgt** geregelt:

- Für Arbeitnehmer, die – etwa aufgrund eines Tarifvertrages – **unkündbar** beschäftigt sind, gilt hinsichtlich der „Anrechnung" von Entlassungsentschädigungen eine fiktive Kündigungsfrist von **18 Monaten** (§ 158 Abs. 1 S. 3 Nr. 1 SGB III).

BEISPIEL 1: A kann nach Tarifvertrag nicht mehr ordentlich (sondern nur noch bei Vorliegen eines wichtigen Grundes – z.B. Betriebsstilllegung – außerordentlich gekündigt werden. Durch Vereinbarung und Zahlung einer Entlassungsentschädigung wird das Arbeitsverhältnis am 30.4.2020 mit Wirkung zum Ende dieses Tages gelöst. Das bedeutet, dass eine fiktive Kündigungsfrist läuft, die am 1.5.2020 beginnt und am 31.10.2021 endet. Für diesen Zeitraum wird ein Teil der Entlassungsentschädigung zum Ruhen des Arbeitslosengeldes „verrechnet".

BEISPIEL 2: Wie oben, jedoch wird die fiktive Kündigungsfrist von 18 Monaten eingehalten, d.h. der Personalchef und A vereinbaren am 30.4.2020, dass A zum 31.10.2021 ausscheidet. Jede dazu gezahlte Abfindung kann A, wenn er anschließend arbeitslos ist und Arbeitslosengeld beantragt, „anrechnungsfrei" behalten.

Die Notwendigkeit, bei unkündbaren Arbeitnehmern die 18-monatige Kündigungsfrist einzuhalten, um das Ruhen des Arbeitslosengeld-Anspruchs auszuschließen, besteht auch, wenn der Arbeitgeber bei einer Betriebsstilllegung aus wichtigem Grund, aber eben nicht fristlos kündigen kann.

- Für Arbeitnehmer, die im Falle der Unkündbarkeit nur bei Vorliegen der Voraussetzungen für eine **fristgebundene Kündigung** aus wichtigem Grund kündbar sind, gilt die – fiktive – Kündigungsfrist, die **ohne** den **Ausschluss** der ordentlichen Kündigung maßgebend gewesen wäre (§ 158 Abs. 1 S. 3 Nr. 2 SGB III).
- Für Arbeitnehmer, denen – wiederum aufgrund von Tarifverträgen und Sozialplänen – nur noch bei Zahlung einer **Entlassungsentschädigung ordentlich gekündigt** werden kann, gilt eine fiktive Kündigungsfrist von **einem Jahr** (§ 158 Abs. 1 S. 4 SGB III).

BEISPIEL: Arbeitnehmer A und Arbeitgeber B vereinbaren am 30.4. 2020, dass A zum 31.5.2020 ausscheidet und die im Sozialplan vorgesehene Abfindung von 30.000 € erhält, obwohl der Tarifvertrag für diesen Arbeitnehmer nur noch die außerordentliche Kündigung vorsieht. Hier gilt die fiktive Kündigungsfrist von einem Jahr, die am 1.5.2010 beginnt und am 30.4.2021 endet.

- Arbeitnehmer, bei denen die ordentliche **Kündigung für** eine **begrenzte Zeit ausgeschlossen ist** – z.B. bei Mitgliedern des Betriebsrates (§ 15 KSchG), bei schwerbehinderten Menschen (§ 168 SGB IX) oder bei werdenden Müttern (§ 17 MuSchG) – und denen der Arbeitgeber gleichwohl unter Einhaltung der **ordentlichen** Kündigungsfrist und Zahlung einer Entlassungsentschädigung kündigt, dürfen diese „anrechnungsfrei" behalten.

BEISPIEL: Wegen Arbeitsmangels wird einem Betriebsratsmitglied unter Einhaltung der ordentlichen Kündigungsfrist gekündigt, obwohl er während der Dauer der Zugehörigkeit zum Betriebsrat nach § 15 KSchG nicht kündbar ist. Zu einem Prozess kommt es nicht, weil der gekündigte Arbeitnehmer eine Entlassungsentschädigung von 20.000 € akzeptiert. Der Anspruch auf Arbeitslosengeld ruht hier nicht, die Entlassungsentschädigung bleibt anrechnungsfrei, weil der Arbeitgeber die ordentliche Kündigungsfrist eingehalten hat (§ 158 Abs. 1 S. 3 Nr. 2 SGB III).

- Bei Arbeitnehmern, denen vorzeitig gekündigt wird oder deren Arbeitsverhältnis durch Vereinbarung vorzeitig endet und denen wegen der Kündigung oder Auflösung eine Entlassungsentschädigung gezahlt wird, ohne dass die ordentliche Kündigungsfrist des Arbeitgebers eingehalten wurde, ruht der Anspruch auf Arbeitslosengeld von dem Ende des Arbeitsverhältnisses bis zu dem **Tage,** an dem das Arbeitsverhältnis bei Einhaltung **der ordentlichen Kündigungsfrist des Arbeitgebers** geendet hätte. Diese Frist beginnt mit der Kündigung, die der Beendigung des Arbeitsverhältnisses vorausgegangen ist, bei Fehlen einer solchen Kündigung mit dem Tage der Vereinbarung über die Beendigung des Arbeitsverhältnisses. Diese Frist gilt auch dann, wenn das Arbeitsverhältnis im gegenseitigen Einvernehmen beendet wird (§ 158 Abs. 1 S. 1 und 2 SGB III).

BEISPIEL: Der Fuhrunternehmer F kündigt A am 30.6. fristlos, obwohl er ihm ordentlich erst zum 30.9. kündigen könnte. Zugleich zahlt F an A wegen der Kündigung als Entlassungsentschädigung 4.000 €. Am 1.7. meldet sich A bei der Agentur für Arbeit arbeitslos und beantragt Arbeitslosengeld. Ruht sein Anspruch auf Arbeitslosengeld? Ja, und zwar vom 1.7. bis 30.9., soweit der anrechnungspflichtige Teil der Entlassungsentschädigung dafür ausreicht (siehe dazu die Berechnungsbeispiele S. 86 f. und 89 f.).

c) Wie viel Prozent der Entlassungsentschädigung bleiben Ihnen uneingeschränkt erhalten?

Nur ein bestimmter prozentualer Anteil Ihrer Abfindung, Entschädigung oder ähnlichen Leistung führt zum zeitweiligen Ruhen des Arbeitslosengeldes. Der andere Teil bleibt Ihnen voll erhalten. Im Einzelnen kommt es darauf an:

- **wie alt** Sie am Tag des Ausscheidens sind und
- **wie viele Jahre** Sie dem Betrieb oder Unternehmen angehört haben.

Je nachdem bleiben Ihnen **mindestens 40 %, höchstens 75 %** der Entschädigungssumme unangetastet erhalten.

Jedem Arbeitnehmer bleiben zunächst 40 %. Hinzu kommen sowohl **für je fünf Jahre des Arbeitsverhältnisses** in demselben Betrieb oder Unternehmen als auch **für je fünf Lebensjahre** nach Vollendung des 35. Lebensjahres weitere 5 %. Höchstens jedoch bleiben dem Arbeitnehmer 75 % einer Entlassungsentschädigung anrechnungsfrei (vgl. § 158 Abs. 2 S. 2 Nr. 1, S. 3 SGB III).

BEISPIEL 1: Angenommen, Sie werden mit 57 Jahren nach 32-jähriger Betriebszugehörigkeit ohne Einhaltung einer Kündigungsfrist entlassen und wegen Ihres Ausscheidens mit 20.000 € abgefunden. Was bleibt Ihnen voll erhalten, und was wird mit Arbeitslosengeld verrechnet bzw. führt zum zeitweiligen Ruhen des Arbeitslosengeldes? Ihnen bleiben – unabhängig von Alter und Betriebszugehörigkeit – zunächst 40 % Sodann kommen hinzu: für das Lebensalter von 57 Jahren (57–35 = 22 : 5 = 4, ...) 4 mal 5 % = 20 % „Altersfreiquote". Ferner für 32 Firmenjahre (32 : 5 = 6,...) 6 mal 5 = 30 % Freiquote. Dies ergibt zusammen (40 % + 20 % + 30 %) 90 %, höchstens jedoch 75 % von 20.000 € = 15.000 € frei verfügbare Entlassungsentschädigung. Ergebnis: Lediglich 25 % = 5.000 € werden für das zeitweilige Ruhen des Arbeitslosengeldes zugrunde gelegt.

BEISPIEL 2: Die Brauerei B kündigt dem 57-jährigen, unkündbaren A wegen Betriebsstilllegung mit sofortiger Wirkung. Sein letztes Monatsgehalt betrug 3.750 €, seine Entlassungsentschädigung 63.500 €. A beantragt für die folgenden vier Monate Arbeitslosengeld. Der Antrag ist erfolglos. Aufgrund seines Alters und seiner Betriebszugehörigkeit von 41 Jahren kann er zwar den Höchstsatz von 75 % der Entlassungsentschädigung anrechnungsfrei behalten, die restlichen 25 % (= 15.875 €) müssen jedoch durch das kalendertägliche Arbeitsentgelt von 125 € geteilt werden (§ 158 Abs. 2 S. 2 Nr. 1 SGB III). Hierdurch ergibt sich ein Ruhenszeitraum von 127 Kalendertagen, so dass für die beantragten vier Monate kein Arbeitslosengeld zu zahlen ist.

Der zu berücksichtigende Anteil der Abfindung, Entschädigung oder ähnlichen Leistung ergibt sich aus folgender Tabelle:

zu berücksichtigender Anteil der Abfindung, Entschädigung oder ähnlichen Leistung	Lebensalter am Ende des Arbeitsverhältnisses					
	unter 40 Jahre	ab 40 Jahre	ab 45 Jahre	ab 50 Jahre	ab 55 Jahre	ab 60 Jahre
	vH	vH	vH	vH	vH	vH
weniger als 5 Jahre	60	55	50	45	40	35
5 und mehr Jahre	55	50	45	40	35	30
10 und mehr Jahre	50	45	40	35	30	25
15 und mehr Jahre	45	40	35	30	25	25
20 und mehr Jahre	40	35	30	25	25	25
25 und mehr Jahre	35	30	25	25	25	25
30 und mehr Jahre		25	25	25	25	25
35 und mehr Jahre			25	25	25	25
Betriebs- oder Unternehmenszugehörigkeit						

d) Welche Leistungen des Arbeitgebers führen zum Ruhen des Arbeitslosengeldes?

Zu berücksichtigen sind nur solche Entlassungsentschädigungen, die Ihnen **wegen** der Beendigung des Arbeitsverhältnisses zustehen. Deshalb muss zwischen der Beendigung des Arbeitsverhältnisses und der Entstehung des Anspruchs auf die Entlassungsentschädigung ein **ursächlicher Zusammenhang** bestehen. Derartige Leistungen werden z.B. gewährt aufgrund eines Sozialplanes, eines arbeitsgerichtlichen Vergleichs bzw. Urteils oder zum Ausgleich des Verlustes des Arbeitsplatzes. Nach Auffassung des Bundessozialgerichtes ist es unerheblich, ob in einem Prozess wegen einer rechtsunwirksamen fristlosen Kündigung durch den Arbeitgeber das Arbeitsverhältnis durch gerichtlichen Vergleich oder ein sog. Gestaltungsurteil beendet wird; löst also das Arbeitsgericht auf Antrag des Arbeitnehmers nach den §§ 9, 10, 13 KSchG das Arbeitsverhältnis zum Zeitpunkt der fristlosen Kündigung auf und verurteilt den Arbeitgeber zur Zahlung einer Entlassungsentschädigung, so kommt es zu deren Anrechnung auf das Arbeitslosengeld.

Zu den Abfindungen, Entschädigungen oder ähnlichen Leistungen (Entlassungsentschädigungen) gehören **nicht** solche Leistungen, die der Arbeitnehmer ohnedies, also auch ohne die Beendigung des Arbeitsverhältnisses hätte beanspruchen können. Hierzu zählen z.B. rückständige Teile des Arbeitsentgeltes, anteiliges Weihnachtsgeld, Gewinnbeteiligungen, Jubiläumszuwendungen, Beihilfen, Erfindervergütungen oder Karenzentschädigungen wegen eines vertraglichen Wettbewerbsverbotes (z.B. § 74 HGB).

e) Wie lange ruht der Anspruch auf Arbeitslosengeld?

Ob und wie lange der Anspruch auf Arbeitslosengeld ruht, richtet sich:

- nach der Kündbarkeit, der Kündigungsfrist und ggf. auch nach dem Kündigungsgrund
- nach der Anzahl der Kalendertage, die zwischen dem tatsächlichen Arbeitsende und dem Ende des Arbeitsverhältnisses bei ordentlicher Kündigungsfrist des Arbeitgebers bzw. fiktiver Kündigungsfrist liegen (§ 158 Abs. 1 SGB III)
- nach dem längsten Ruhenszeitraum. Dieser beträgt ein Jahr (§ 158 Abs. 2 S. 1 SGB III)
- nach der Höhe der Entlassungsentschädigung
- nach Ihrem Lebensalter
- nach der Dauer Ihrer Betriebszugehörigkeit
- nach dem Arbeitsentgelt der letzten Beschäftigungszeit
- und danach, ob Sie unmittelbar nach dem Ende Ihres Arbeitsverhältnisses oder erst zu einem späteren Zeitpunkt Arbeitslosengeld beantragen.

Wer beispielsweise nach dem Ende seines Arbeitsverhältnisses für ein Jahr aus dem Arbeitsleben ausscheidet und sich erst dann arbeitslos meldet, kann seine Entlassungsentschädigung anrechnungsfrei behalten, d.h. er erhält dann ab Antragstellung Arbeitslosengeld ohne Kürzung. Eine solche Gestaltung kann ggf. aus steuerlicher Sicht sinnvoll sein.

BEISPIEL: Sie vereinbaren kurzfristig mit dem Arbeitgeber am 15.2. 2020 einen Aufhebungsvertrag zum 31.3.2020 Hierfür zahlt Ihnen dieser eine hohe Entlassungsentschädigung. Eine ordentliche Kündigung des Arbeitsverhältnisses wäre nach der tarifvertraglichen Regelung nicht mehr zulässig. Wenn Sie nunmehr aus dem Arbeitsleben für längere Zeit ausscheiden und sich beispielsweise erst am 1.4.2021 des folgenden Jahres arbeitslos melden, so erhalten Sie ungekürzt Arbeitslosengeld. Sie sind allerdings in der Zeit, in der Sie kein Arbeitslosengeld beziehen, nicht sozialversichert.

Für die Ruhenswirkung nach § 158 Abs. 1 SGB III ist es unerheblich, von wann ab innerhalb des vom Gesetz bestimmten (**kalendermäßig** festgelegten) Ruhenszeitraums der Arbeitslosengeld-Anspruch erhoben wird. Das gilt grundsätzlich auch dann, wenn dies erst nach Ablauf einer Zwischenbeschäftigung geschieht. Der Arbeitslosengeld-Anspruch ruht in solchen Fällen vom Zeitpunkt seiner Entstehung bis zum jeweiligen Ende des Ruhenszeitraums.

Vom Ruhen des Anspruchs auf Arbeitslosengeld nach § 158 Abs. 1 SGB III sind nicht die Fälle ausgenommen, in denen die Partner des Arbeitsverhältnisses **irrtümlich** von einer kürzeren als der von Rechts wegen richtigen ordentlichen Kündigungsfrist des Arbeitgebers ausgegangen sind.

In welchem Umfang eine Entlassungsentschädigung zum Ruhen des Anspruchs auf Arbeitslosengeld führt, sei an folgendem Beispiel nochmals erläutert:

BEISPIEL: A, 55 Jahre, wird nach 30-jähriger Betriebszugehörigkeit am 1.3. – ohne Einhaltung der tarifvertraglich vereinbarten Kündigungsfrist von drei Monaten zum Vierteljahresschluss – zum 31.3. gekündigt. In einem außergerichtlichen Vergleich erhält sie eine Entlassungsentschädi-

gung von 6.400 € (unter Einschluss von 400 € Lohnrückstand) zugesprochen. Im letzten Monat ihrer Beschäftigung verdiente sie 3.000 € brutto. Einen Tag nach ihrem Ausscheiden, am 1.4., meldet sie sich arbeitslos und beantragt Arbeitslosengeld.
Ruht der Anspruch auf Arbeitslosengeld wegen Abfindung, und wenn ja, für welche Zeit?
Bei ordentlicher Kündigung hätte das Beschäftigungsverhältnis nicht am 31.3., sondern erst am 30.6. geendet. Dies ist eine Differenz von drei Monaten. Für diese Zeit könnte der Anspruch auf Arbeitslosengeld längstens ruhen. Die tatsächliche Abfindungssumme beträgt 6.000 € (Lohnrückstand steht dem Arbeitnehmer rechtlich voll zu). Davon sind anrechnungsfrei: 40 % in jedem Fall, + 20 % (4 x 5 %) altersbedingt, + 30 % (6 x 5 %) wegen 30-jähriger Betriebszugehörigkeit, zusammen 90 %, höchstens jedoch 75 % = 4.500 €. Der Rest von 25 % = 1.500 € ist anrechnungspflichtig. Der tägliche Arbeitsverdienst (bei Monatsgehältern $^1/_{30}$ des Monatsgehaltes, sonst siehe Arbeitsbescheinigung) beträgt hier 100 € (3.000 € : 30 Tage = 100 €). 1.500 € Abfindung: 100 € arbeitstäglicher Verdienst ergibt 15 Ruhenstage wegen bezahlter Entlassungsentschädigung. Somit ruht der Anspruch auf Arbeitslosengeld für 15 Kalendertage, hier also für die Zeit vom 1.4. bis 15.4.

f) Welche Fälle führen nicht zum Ruhen des Anspruchs auf Arbeitslosengeld?

BEISPIEL 1: Bauunternehmer B vereinbart mit A ein sofortiges Ausscheiden. B hätte A wegen eines bestimmten Vorfalles auch aus wichtigem Grund fristlos kündigen können. Zahlt nun B wegen langer Betriebszugehörigkeit dem A eine Entlassungsentschädigung aus, so kann jener diese anrechnungsfrei behalten (§ 158 Abs. 2 S. 2 Nr. 3 SGB III). Der Anspruch auf Arbeitslosengeld ruht mithin wegen Zahlung einer Entlassungsentschädigung nicht. Allerdings kann nach § 159 Abs. 1 S. 2 Nr. 1 SGB III eine Sperrzeit von zwölf Wochen (in Härtefällen von sechs Wochen), wegen vorzeitiger Auflösungsvereinbarung eintreten.

BEISPIEL 2: Der Arbeitgeber vereinbart mit Ihnen – obwohl laut Tarifvertrag eine ordentliche Kündigung nicht mehr möglich ist – am 31.3. ein Ausscheiden zum 30.9. des nächsten Jahres und zahlt Ihnen 30.000 € Entlassungsentschädigung. Da hier die fiktive Kündigungsfrist von 18

Monaten genau eingehalten wird, ruht der Anspruch auf Arbeitslosengeld nicht (§ 158 Abs. 1 S. 3 Nr. 1 SGB III).

BEISPIEL 3: Der Arbeitgeber kündigt Ihnen innerhalb der ordentlichen Kündigungsfrist und zahlt – auf Ihre Kündigungsschutzklage wegen sozial ungerechtfertigter Kündigung und gemäß Verurteilung durch das Arbeitsgericht – eine Entlassungsentschädigung von 6.000 €. Die ordentliche Kündigungsfrist wurde eingehalten; daher ruht der Anspruch auf Arbeitslosengeld nicht. Sie erhalten Arbeitslosengeld neben der Abfindung (vgl. § 158 Abs. 1 S. 1 SGB III).

BEISPIEL 4: Ein bis zum 30.6. befristetes Beschäftigungsverhältnis wird infolge Arbeitsmangels genau zu diesem Zeitpunkt aufgelöst. Der Arbeitgeber zahlt dem Arbeitnehmer eine Entlassungsentschädigung von 3.000 €. Hier ruht der Anspruch auf Arbeitslosengeld nicht, weil das Fristende für das Beschäftigungsverhältnis eingehalten worden ist (§ 158 Abs. 2 S. 2 Nr. 2 SGB III).

Steht die Entlassungsentschädigung **nicht im ursächlichen Zusammenhang** mit der vorzeitigen Beendigung des Arbeitsverhältnisses, dann ruht der Anspruch auf Arbeitslosengeld nicht.

BEISPIEL: Das mit Ihnen bestehende Arbeitsverhältnis endet aufgrund der fristgerecht ausgesprochenen arbeitgeberseitigen betriebsbedingten Kündigung zum 30.9.
Aus Anlass des Verlustes des Arbeitsplatzes und zur Vermeidung eines Kündigungsschutzprozesses zahlt der Arbeitgeber Ihnen nach den §§ 9, 10 Kündigungsschutzgesetz eine einmalige Entlassungsentschädigung in Höhe von 44.820 €.
Gleichzeitig wird Ihnen zugesichert, dass Sie – falls Sie dies wünschen – auch bereits zu einem früheren Zeitpunkt als dem 30.9. Ihr Arbeitsverhältnis beenden können, um gegebenenfalls eine neue Arbeitsstelle antreten zu können. Die Höhe und der Auszahlungszeitpunkt (1.10.) der Ihnen zustehenden Abfindung werden durch vorstehenden Tatbestand nicht berührt. Sofern das Arbeitsverhältnis dann tatsächlich vorzeitig beendet wird, steht die Abfindung nicht in Zusammenhang mit der Beendigung, so dass kein Ruhen wegen Entlassungsentschädigung eintreten dürfte.

Die Bundesagentur für Arbeit betont in ihren Fachlichen Weisungen zu § 158 SGB III ebenfalls, dass eine Ursächlichkeit der Abfindung für die Beendigung des Arbeitsverhältnisses gegeben sein muss.

5. Anspruch auf Sozialleistungen

§ 156 SGB III zählt eine Reihe von Leistungen anderer Sozialleistungsträger auf, die entweder Lohnersatzfunktion haben oder zur Bestreitung des Lebensunterhaltes dienen. Um **Doppelleistungen** zu **vermeiden,** führen solche Leistungen zum Ruhen des Anspruchs auf Arbeitslosengeld. Der Anspruch auf Arbeitslosengeld ruht während der Zeit, für die dem Arbeitslosen ein Anspruch auf eine der **folgenden Leistungen zuerkannt** ist (§ 156 Abs. 1 SGB III):

- Berufsausbildungsbeihilfe für Arbeitslose
- Krankengeld, Versorgungskrankengeld, Verletztengeld aus der gesetzlichen Unfallversicherung, Mutterschaftsgeld, Übergangsgeld nach dem SGB III oder einem anderen Gesetz, dem eine Leistung zur Teilhabe zugrunde liegt, wegen der der Arbeitslose keine ganztägige Erwerbstätigkeit ausüben kann
- Rente wegen voller Erwerbsminderung aus der gesetzlichen Rentenversicherung
- Altersrente aus der gesetzlichen Rentenversicherung oder Knappschaftsausgleichsleistung oder ähnliche Leistungen öffentlich-rechtlicher Art.

Der Anspruch auf Arbeitslosengeld ruht **ferner** während der Zeit, für die der Arbeitslose wegen seines Ausscheidens aus dem Erwerbsleben Vorruhestandsgeld oder eine vergleichbare Leistung des Arbeitgebers mindestens in Höhe von 65 % des Bemessungsentgeltes erhält (§ 156 Abs. 4 SGB III).

Bei denjenigen Ruhegehältern, neben denen der Rentner uneingeschränkt eine Arbeitstätigkeit aufnehmen kann, ohne dass hierdurch das Ruhegeld gekürzt wird, ruht gegebenenfalls auch der Anspruch auf Arbeitslosengeld nur **teilweise**. Soweit nämlich der Anspruch auf Arbeitslosengeld höher ist als die Rentenleistungen, wird der überschießende Betrag als Arbeitslosengeld gewährt.

Bei Renten wegen voller **Erwerbsminderung** wird zunächst Arbeitslosengeld gewährt. Der Anspruch ruht erst mit dem Beginn der laufenden Rentenzahlung (§ 156 Abs. 2 S. 1 Nr. 2 SGB III).

Der Anspruch auf Arbeitslosengeld ruht auch, wenn Sie eine den oben aufgezählten Leistungen entsprechende Leistung eines ausländischen Sozialversicherungsträgers mit Lohnersatzfunktion erhalten, z.B. eine ausländische Altersrente. Dies kann im Einzelfall problematisch sein, da aufgrund einer früher erworbenen Anwartschaft auf eine ausländische Rente, auch wenn sie nur in geringem Umfang besteht, der komplette Anspruch auf Arbeitslosengeld ruhen kann.

6. Sperrzeit

a) Sperrzeit bei Arbeitsaufgabe

Nach § 159 Abs. 1 S. 2 Nr. 1 SGB III tritt eine Sperrzeit von drei, sechs oder zwölf Wochen ein mit der Folge, dass der Anspruch auf Arbeitslosengeld kraft Gesetzes für diese Zeit ruht, wenn der Arbeitslose das Beschäftigungsverhältnis:

- gelöst oder durch ein arbeitsvertragswidriges Verhalten Anlass für die Lösung eines solchen gegeben und
- er dadurch vorsätzlich oder grob fahrlässig die Arbeitslosigkeit herbeigeführt hat (Sperrzeit wegen Arbeitsaufgabe)
- ohne für sein Verhalten einen wichtigen Grund zu haben.

Die Vorschrift, die auch auf **Berufsausbildungsverhältnisse** und auch im Zusammenhang mit **Teilarbeitslosigkeit** (§ 162 Abs. 2 SGB III; dazu siehe S. 74 ff.) anwendbar ist, erfasst zwei Tatbestandsvarianten, die im ersten Fall (Arbeitnehmerkündigung) unmittelbar, **darunter fällt auch der Abschluss eines Aufhebungsvertrags**, im zweiten Fall (verhaltensbedingte Arbeitgeberkündigung) mittelbar an ein **Verhalten** des Arbeitnehmers anknüpfen.

Liegt einer der beiden Fälle vor, ohne dass der Arbeitnehmer für sein Verhalten einen wichtigen Grund hatte, tritt die Sperrzeit **kraft Gesetzes** ein. Gleichzeitig wird die **Dauer** des Anspruchs durch die Sperrzeit **verringert** (§ 148 Abs. 1 Nr. 4 und 4 SGB III; dazu siehe S. 51 ff.).

Die Vorschrift, die nach allgemeiner Ansicht nicht gegen Art. 12 GG (Freiheit der Berufswahl/Berufsausübung) verstößt, hat **nicht** den Charakter einer **Strafe,** sondern beruht auf der Überlegung, dass sich die in der Arbeitslosenversicherung zusammengeschlossene Versichertengemeinschaft – in begrenztem Umfang – gegen **Risikofälle wehren** muss, die der einzelne Versicherte selbst zu vertreten hat (ständige Rechtsprechung des Bundessozialgerichts).

BEISPIEL 1: A vereinbart mit seinem Arbeitgeber – ohne hierfür einen wichtigen Grund zu haben – die Herabsetzung seiner wöchentlichen Arbeitszeit von 18 auf 14 Stunden. Damit ist er – weil unter 15 Stunden/Woche arbeitend – nunmehr arbeitslos. Er beantragt Arbeitslosengeld. Hier tritt eine Sperrzeit ein.

BEISPIEL 2: A beendete nach einem Streit mit seinem Arbeitgeber über die Gewährung unbezahlten Sonderurlaubes fristlos sein Arbeitsverhältnis, um an den im Ausland stattfindenden Weltmeisterschaftsspielen im Fußball als Zuschauer teilnehmen zu können. Er hoffte, nach seiner Rückkehr sofort wieder Arbeit zu finden. Dies war jedoch nicht der Fall. A meldet sich daher nach seiner Rückkehr arbeitslos und beantragt die Gewährung von Arbeitslosengeld. Steht ihm solches zu? Ja, aber erst nach Ablauf einer Sperrzeit von zwölf Wochen. A hat die Arbeitslosigkeit zwar nicht unbedingt gewollt, jedoch ganz bewusst in Kauf genommen und damit zumindest grob fahrlässig herbeigeführt.

BEISPIEL 3: Die in einem Lebensmittelgeschäft tätige A wurde mehrmals beobachtet, wie sie bei Lebensmitteln die Verpackung beschädigte, um so die Waren gegen ein geringes Entgelt mit nach Hause nehmen zu können. Daraufhin kündigte ihr Arbeitgeber wegen vertragswidrigen Verhaltens das Arbeitsverhältnis. Führt dies zu einer Sperrzeit? Ja, denn A führte die Arbeitslosigkeit grob fahrlässig herbei. Sie musste wissen, dass ihr Verhalten zur Kündigung ihres Arbeitsverhältnisses führen und sie im Hinblick auf die gegenwärtige Lage auf dem Arbeitsmarkt im Anschluss daran nicht ohne weiteres unmittelbar eine neue Arbeit finden würde.

aa) Lösung des Beschäftigungsverhältnisses: Sie lösen Ihr Beschäftigungsverhältnis insbesondere dann im Sinne des § 159 Abs. 1 S. 2 Nr. 1 Alt. 1 SGB III, wenn Sie:

- dieses selbst **kündigen**
- es durch Vereinbarung mit Ihrem Arbeitgeber (Aufhebungsvertrag) **einvernehmlich beenden**
- nach betriebs- oder personenbedingter Arbeitgeberkündigung **innerhalb** der dreiwöchigen **Klagefrist** nach dem KSchG einen **Abwicklungsvertrag** abschließen und darin ausdrücklich oder durch schlüssiges Verhalten auf die **Klage** beim Arbeitsgericht **verzichten**
- mit Ihrem Arbeitgeber eine **Vereinbarung** über die **Herabsetzung** der wöchentlichen **Arbeitszeit** auf weniger als 15 Stunden/ Woche (damit tritt Arbeitslosigkeit ein; vgl. § 138 Abs. 3 SGB III) treffen oder
- gegenüber Ihrem Arbeitgeber auf die Einhaltung der **Kündigungsfrist** ausdrücklich **verzichten** und dieser Ihnen daraufhin vorzeitig kündigt.

Dies gilt **auch** für **befristete Beschäftigungsverhältnisse,** die vor Ablauf der Befristung auf diese Weise beendet werden.

Von wem – im Falle eines Aufhebungs- oder Abänderungsvertrages bzw. des Verzichtes auf die Einhaltung der Kündigungsfrist – die **Initiative** ausging, ist dabei **unerheblich.** Entscheidend ist lediglich, dass seitens des **Arbeitnehmers** – gegebenenfalls durch schlüssiges Verhalten – eine eindeutige **Willenserklärung** dahingehend vorliegt, das Beschäftigungsverhältnis solle zu einem bestimmten Zeitpunkt beendet sein. Die praktisch in allen Aufhebungsverträgen stehende **Floskel**, dass die „Beendigung aufgrund dringender betrieblicher Erfordernisse auf Veranlassung des Arbeitgebers“ erfolgte, ist weder für die Agentur für Arbeit noch für die Sozialgerichte bindend. Es erfolgt grundsätzlich eine Prüfung jedes Falles anhand aller **individuellen Umstände**. Diese umfangreiche Prüfung führt in der Praxis dazu, dass eine Vorab-Beratung zu eventuellen Aufhebungsverträgen durch die Agentur für Arbeit immer nur eingeschränkt möglich ist, da noch nicht alle individuellen Umstände bekannt sind.

BEISPIEL: Das Beschäftigungsverhältnis von A kann seitens dessen Arbeitgebers nur mit einer sechswöchigen Kündigungsfrist zum Quartalsende gekündigt werden. Der Arbeitgeber schlägt A im Hinblick darauf, dass – was zutrifft – der Auftragseingang deutlich zurückgegangen ist, am 15.6. die Aufhebung des Beschäftigungsverhältnisses zum 31.8. vor. Sollte A damit nicht einverstanden sein, werde er ihn ordentlich kündigen. A sieht dies ein und stimmt der einvernehmlichen Aufhebung seines Arbeitsvertrages zu. Hier ist eine Sperrzeit eingetreten. Zwar ging die Initiative zur Beendigung des Beschäftigungsverhältnisses vom Arbeitgeber des A aus; A hat jedoch durch Zustimmung zu dessen vorzeitiger Beendigung sein Beschäftigungsverhältnis zum 31.8. gelöst.

Bezüglich des Tatbestandsmerkmales der „Lösung" des Beschäftigungsverhältnisses gilt dies auch für den Fall, dass der Arbeitgeber nachweisbar entschlossen ist, den Arbeitnehmer aus **betriebs-** oder **personenbedingten Gründen** zu kündigen, und sich die Arbeitsvertragsparteien im Hinblick darauf jetzt entscheiden, das Beschäftigungsverhältnis zu dem vom Arbeitgeber beabsichtigten und arbeitsrechtlich auch zulässigen Kündigungszeitpunkt durch Aufhebungsvertrag zu beenden. Dies bleibt allerdings folgenlos. Der Arbeitslose hat zwar das Beschäftigungsverhältnis jetzt im Sinne des § 159 Abs. 1 S. 2 Nr. 1 SGB III „gelöst"; eine Sperrzeit tritt jedoch deshalb nicht ein, weil dieses Verhalten **nicht ursächlich** für die Herbeiführung der Arbeitslosigkeit war.

BEISPIEL: Wie oben, jedoch wurde die Aufhebung des Beschäftigungsverhältnisses zum 30.9. vereinbart. Eine Sperrzeit tritt nicht ein. Durch die angekündigte – arbeitsrechtlich zulässige – Kündigung zum 30.9. wäre am 1.10. Arbeitslosigkeit auch dann eingetreten, wenn A dem Aufhebungsvertrag nicht zugestimmt hätte. Im Idealfall vermerkt der Arbeitgeber diesen Sachverhalt in der für die Agentur für Arbeit auszustellenden Arbeitsbescheinigung.

Eine Sperrzeit tritt auch dann **nicht** ein, wenn Sie eine **rechtswidrige Arbeitgeberkündigung hinnehmen,** also arbeitsgerichtlich nicht anfechten. Dies gilt allerdings nur dann, wenn nicht zuvor eine Absprache mit dem Arbeitgeber getroffen wurde, die rechtswidrige oder gar nichtige Kündigung hinzunehmen (etwa bei Verstößen gegen gesetzliche Kündigungsverbote, § 17 MuSchG, § 15 KSchG, § 18 BErzGG, oder wenn die erforderliche behördliche Zustimmung nach § 168 SGB IX fehlt). Dementsprechend dürfen Sie auch eine von Ihnen anhängig gemachte **Kündigungsschutzklage** wieder **zurücknehmen** oder einen **Vergleich** schließen, ohne dass hierdurch eine Sperrzeit eintritt. Hinsichtlich des Abschlusses eines Vergleiches gilt dies allerdings nur dann, wenn damit das **Ende des Beschäftigungsverhältnisses nicht vorverlegt** wird.

Eine **Lösung** des Beschäftigungsverhältnisses dürfte auch in folgenden Fällen **nicht** vorliegen:

- Das Arbeitsverhältnis wird auf Antrag des Arbeitnehmers nach **§ 9 KSchG** vom Arbeitsgericht aufgelöst.
- Annahme eines Abfindungsangebotes des Arbeitgebers unter den Voraussetzungen des **§ 1a KSchG.**
- Der Arbeitnehmer lässt ein **befristetes** Arbeitsverhältnis **auslaufen,** ohne eine bestehende Verlängerungs- bzw. Übernahmemöglichkeit zu nutzen.
- Eine **Änderungskündigung** wird hingenommen, ohne das damit verbundene Angebot für den Abschluss eines Arbeitsvertrages zu veränderten Bedingungen anzunehmen.
- Der Arbeitnehmer widerspricht im Falle eines **Betriebsüberganges** nach § 613a BGB, erlangt demnach keine Beschäftigung bei dem Übernehmer und wird von dem bisherigen Arbeitgeber aus betrieblichen Gründen gekündigt.
- **Nach** einer **Arbeitgeberkündigung** nach **§ 1a KSchG** einigen sich die Parteien innerhalb der Klagefrist darauf, **keine Kündigungsschutzklage** zu erheben.

Fraglich ist, ob eine Sperrzeit dann eintritt, wenn nach fristgerechter Arbeitgeberkündigung im Wege eines arbeitsrechtlichen Vergleiches eine **Verkürzung** der **Kündigungsfrist** vereinbart wird.

Praktisch bedeutsam wird dies meist dann, wenn sehr lange Kündigungsfristen bestehen, und sich die Arbeitsvertragsparteien (z.B. im Rahmen eines Kündigungsschutzprozesses) – in der Regel gegen eine entsprechend hohe Abfindung – auf eine vorzeitige Beendigung des Beschäftigungsverhältnisses einigen.

Ein derartiger Vergleich führt regelmäßig zunächst zu einer **Anrechnung** der **Entlassungsentschädigung** auf das Arbeitslosengeld nach § 158 SGB III (dazu siehe S. 80 ff.).

Hinsichtlich der Frage, ob eine Sperrzeit eingetreten ist, ist weiter davon auszugehen, dass die jetzt **vorzeitig eingetretene Arbeitslosigkeit** ursächlich nicht auf der Arbeitgeberkündigung beruht, sondern auf dem den Zeitpunkt der Beendigung des Beschäftigungsverhältnisses vorverlegenden gerichtlichen oder außergerichtlichen Vergleich, weshalb nunmehr eine Lösung des Beschäftigungsverhältnisses im Sinne des § 159 Abs. 1 S. 2 Nr. 1 SGB III anzunehmen ist.

Dies hat weiter zur Folge, dass die Frage des Eintrittes einer Sperrzeit davon abhängt, ob der Arbeitslose für den Abschluss des Vergleiches einen **wichtigen Grund** hatte. Dies dürfte nur **selten** der Fall sein. Insbesondere dürfte selbst die Vereinbarung einer **hohen Entlassungsentschädigung** deshalb nicht dazu führen, einen wichtigen Grund annehmen zu können, weil die Bundesagentur für Arbeit wegen der aufgrund der Vereinbarung eingetretenen früheren Arbeitslosigkeit auch vorzeitig leistungspflichtig wird. Das Bundessozialgericht hat in diesem Zusammenhang entschieden, dass auch dann eine Sperrzeit eintritt, wenn der Arbeitslose Leistungen aus der Arbeitslosenversicherung erst für die Zeit beansprucht, in der er ohnehin aufgrund der Arbeitgeberkündigung arbeitslos geworden wäre. Zu prüfen bleibt in einem solchen Fall daher lediglich die Frage, ob unter **Härtegesichtspunkten** (dazu siehe S. 118 f.) eine Verkürzung der Sperrzeit in Betracht kommt (§ 159 Abs. 3 S. 2 Nr. 2 b SGB III).

bb) Verhaltensbedingte Arbeitgeberkündigung: Nach § 159 Abs. 1 S. 2 Nr. 1 Alt. 2 SGB III tritt eine Sperrzeit auch dann ein, wenn Sie durch ein **vertragswidriges Verhalten** Anlass für die Lösung des Beschäftigungsverhältnisses gegeben haben.

Voraussetzung für den Eintritt einer Sperrzeit nach dieser Tatbestandsalternative ist, dass:

- der Arbeitnehmer **schuldhaft** (vorsätzlich oder fahrlässig) gegen eine seiner arbeitsvertraglich bestehenden Verpflichtungen verstoßen und
- der Arbeitgeber ursächlich deshalb die **Kündigung** des Beschäftigungsverhältnisses ausgesprochen hat.

Vertragswidrig verhält sich z.B., wer häufig zu spät kommt, seine Arbeit fehlerhaft verrichtet oder Anordnungen missachtet, überhaupt, wer gegen den Arbeitsvertrag einschließlich gesetzlicher und tarifvertraglicher Pflichten sowie gegen die Betriebsordnung verstößt. In jedem Fall muss das Fehlverhalten des Arbeitnehmers vorsätzlich oder fahrlässig und damit **vorwerfbar** sein. Ein Fehler aus bloßer menschlicher Unzulänglichkeit genügt demgegenüber nicht.

So ist eine bloße Unmutsäußerung über einen Vorgesetzten in dessen Abwesenheit kein objektiv vertragswidriges Verhalten, das bei einer Kündigung durch den Arbeitgeber eine Sperrzeit rechtfertigt.

BEISPIEL: A hatte über seinen Chef in schwäbischer Mundart gesagt: „Zu dem Säckel gehe ich nicht mehr". Das Sozialgericht Reutlingen sah hierin kein eine Sperrzeit begründendes vertragswidriges Verhalten. „Würde allen Vorgesetzten hinterbracht, was Untergebene in ihrer Abwesenheit über sie äußern, und würden alle Vorgesetzten wie der Verwaltungsleiter der Arbeitgeberin des Klägers reagieren, so wäre die Funktionsfähigkeit von Wirtschaft und Staat ernstlich beeinträchtigt."

Ob bei einer Kündigung durch den Arbeitgeber wegen **Alkoholmissbrauchs** der Arbeitnehmer vorsätzlich oder grob fahrlässig die Arbeitslosigkeit herbeigeführt hat, kann nur im Einzelfall entschieden werden.

BEISPIEL: Das Arbeitsverhältnis des als Kraftfahrer und Lagerarbeiter tätigen A wird wegen Alkoholmissbrauches fristlos gekündigt. Die Agentur für Arbeit stellt den Eintritt einer Sperrzeit fest, da er gegen seine arbeitsvertraglichen Pflichten verstoßen und damit seine Arbeitslosigkeit zumindest grob fahrlässig herbeigeführt habe. A wendet ein, er habe sich nicht schuldhaft verhalten, da er alkoholkrank sei. Bei der unstreitig vorliegenden Alkoholkrankheit des A sah das Sozialgericht Hannover keine Berechtigung für den Vorwurf, sich vorsätzlich oder grobfahrlässig im Sinne von § 159 Abs. 1 S. 2 Nr. 1 SGB III verhalten zu haben, „denn das würde voraussetzen, dass er als Alkoholkranker vom Alkohol lassen könnte. Die Alkoholkrankheit selber ist dem Kläger nicht vorzuwerfen, denn das würde zum Vorwurf einer Lebensführungsschuld führen, weil er irgendwann einmal das erste Glas Alkohol getrunken hat und dann davon nicht wieder losgekommen ist."

Zweifelhaft in diesem Zusammenhang ist, ob und inwieweit auch eine **private Trunkenheitsfahrt** die zum Verlust der Fahrerlaubnis führt, zu einem Sperrzeiteintritt nach § 159 Abs. 1 S. 2 Nr. 1, Alt. 2 SGB III führen kann. Dies ist jedenfalls dann anzunehmen, wenn arbeitsvertraglich ausdrücklich die Gefährdung der für die Berufsausübung erforderlichen Fahrerlaubnis durch „Alkohol am Steuer" ausgeschlossen ist.

Hat der Arbeitgeber das Beschäftigungsverhältnis verhaltensbedingt beendet, obwohl das vertragswidrige Verhalten des Arbeitnehmers die Beendigung nicht zu dem **Zeitpunkt** rechtfertigt, zu dem das Beschäftigungsverhältnis tatsächlich endete (fristlose statt fristgerechte Kündigung), hat der Arbeitslose die konkret eingetretene Arbeitslosigkeit nicht ursächlich herbeigeführt.

In arbeitsgerichtlichen Vergleichen von Kündigungsschutzprozessen wird mitunter die Kündigung als **„betriebsbedingt"** unterstellt oder fingiert. Dies reicht jedoch nicht aus, um den Eintritt einer Sperrzeit zu verneinen. Vielmehr müssen die Agentur für Arbeit bzw. die Sozialgerichte prüfen, ob der wahre Anlass zur Kündigung betriebs- oder verhaltensbedingt war.

Da der arbeitsgerichtliche Vergleich für das Verfahren vor dem Sozialgericht **keine Bindungswirkung** entfaltet – die Sozialgerichte sind verpflichtet, den Sachverhalt von Amts wegen zu ermitteln – sollte der Vergleich, um eine Sperrzeit möglichst auszuschließen, so abgefasst sein, dass er – falls dies inhaltlich richtig ist – Folgendes festhält: 1. Es lag kein arbeitsvertragswidriges Verhalten des Arbeitnehmers vor, das Anlass zu einer Kündigung gab, insbesondere wird der Vorwurf, jener habe ..., nicht mehr aufrecht erhalten oder 2. Neben dem arbeitsvertragswidrigen Verhalten lag noch ein anderer Kündigungsgrund (z.B. aus betrieblichen Gründen) vor, der auch für sich alleine zur Kündigung geführt hätte, oder 3. Der Arbeitnehmer hatte für sein Verhalten deshalb einen wichtigen Grund, weil .....

cc) Ursächlichkeit: Voraussetzung für den Eintritt einer Sperrzeit nach § 159Abs. 1 S. 2 Nr. 1 Alt. 2 SGB III ist weiter, dass das **arbeitsvertragswidrige Verhalten** des Arbeitnehmers **ursächlich** für die Kündigung seitens des Arbeitgebers war (verhaltensbedingte Kündigung). Eine Sperrzeit tritt dementsprechend dann nicht ein, wenn der Anlass für die Arbeitgeberkündigung in **betriebs-** oder **personenbedingten Gründen** zu sehen ist.

Hat der Arbeitgeber **sowohl** aus personen- bzw. betriebsbedingten Gründen **als auch** wegen arbeitsvertragswidrigen Verhaltens des Arbeitnehmers gekündigt, ist entscheidend, welcher der Gründe für den Kündigungsentschluss letztendlich maßgebend und damit ursächlich war.

Ursächlichkeit im genannten Sinne ist daher immer dann zu **verneinen,** wenn der Arbeitnehmer auch ohne vertragswidriges Verhalten zum gleichen Zeitpunkt vom Arbeitgeber gekündigt worden wäre.

dd) Herbeiführen von Arbeitslosigkeit: Steht fest, dass der Arbeitslose durch sein Verhalten die Beendigung des Beschäftigungsverhältnisses und hierdurch ursächlich die Arbeitslosigkeit herbeigeführt hat, muss geprüft werden, ob dies **vorsätzlich** oder **grob fahrlässig** geschah.

Nach h.M. beziehen sich die im Gesetz genannten Verschuldensbegriffe allein auf das Tatbestandsmerkmal der **Herbeiführung** von Arbeitslosigkeit und **nicht** auf dasjenige des **vertragswidrigen Verhaltens**, für welches einfache Fahrlässigkeit ausreicht.

Hat der **Arbeitslose selbst** durch Kündigung oder Abschluss eines Aufhebungsvertrages das **Beschäftigungsverhältnis beendet** (§ 159 Abs. 1 S. 2 Nr. 1 Alt. 1 SGB III), ist grobe Fahrlässigkeit in Bezug auf das Tatbestandsmerkmal des Herbeiführens der Arbeitslosigkeit in der Regel dann anzunehmen, wenn der Arbeitslose **keine** konkreten **Anhaltspunkte** hatte, er werde unmittelbar im Anschluss an das bisherige Beschäftigungsverhältnis einen **neuen Arbeitsplatz** erhalten.

Dies gilt auch in den Fällen, in denen ein **sicheres Arbeitsverhältnis** gegen ein **konkret gefährdetes** (die allgemeine Gefährdung wegen fehlenden Kündigungsschutzes in den ersten sechs Monaten nach dem Kündigungsschutzgesetz dürfte insofern nicht ausreichen) oder ein **befristetes Arbeitsverhältnis** ausgetauscht wird und sich das Risiko früherer Arbeitslosigkeit schon nach verhältnismäßig kurzer Zeit verwirklicht. In einem Fall, der dem Bundesozialgericht vorlag, trat – unverschuldete – Arbeitslosigkeit nach etwas mehr als **fünf Monaten** ein, was dem Gericht nicht ausreichte, um den Eintritt einer Sperrzeit festzustellen. Anders kann es sich verhalten, wenn der Arbeitslose bei Abschluss des befristeten Beschäftigungsverhältnisses die berechtigte Hoffnung haben konnte, das Arbeitsverhältnis werde über die Befristung hinaus fortdauern.

BEISPIEL 1: A, der in einem ungekündigten Beschäftigungsverhältnis steht, will sich beruflich verändern. Er nimmt Kontakt mit einer anderen Firma auf. Nachdem ihm dort gesagt wird, er habe gute Chancen, bei dieser Firma eine Stelle zu erhalten, kündigt er – ohne insofern eine verbindliche Zusage zu haben – sein Beschäftigungsverhältnis. Entgegen seinen Erwartungen erhält er die neue Stelle doch nicht und wird nunmehr arbeitslos.
Hier ist eine Sperrzeit eingetreten. A hätte erst nach einer sicheren Einstellungszusage kündigen dürfen. Die Äußerung, er habe gute Chancen, reicht insofern nicht aus.

BEISPIEL 2: Gleiche Fallgestaltung. Allerdings handelt es sich bei der neuen Stelle, die A tatsächlich antreten kann, um eine solche, die auf zwei Monate befristet ist. Nach diesen zwei Monaten wird A, der auf Verlängerung gehofft hatte, arbeitslos. Auch hier ist eine Sperrzeit eingetreten. Die vage Hoffnung auf Verlängerung und der Wunsch nach beruflicher Veränderung allein nach Ablauf der sehr kurzen Befristung reichen nicht aus.

BEISPIEL 3: Gleiche Fallgestaltung mit dem Unterschied, dass A bei der neuen Firma eine unbefristete Stelle antreten kann, die seitens des Arbeitgebers nach zwei Monaten (während der Probezeit) gekündigt wird. Da A damit nicht rechnen musste, tritt hier keine Sperrzeit ein.

In all den Fällen der Aufgabe eines unbefristeten Beschäftigungsverhältnisses, um ein **befristetes** solches einzugehen, stellt sich dann, wenn nach Ablauf der Befristung Arbeitslosigkeit eintritt, allerdings die weitere Frage, ob ein **wichtiger Grund** angenommen werden kann, so dass eine Sperrzeit nicht eintritt. Insoweit dürfte im Hinblick auf veränderte Verhältnisse in der Arbeitswelt eine **Tendenzumkehr** seitens des Bundessozialgerichtes festzustellen sein. Dieses hatte im Jahre 2004 über den Fall zu entscheiden, dass eine Arbeitnehmerin, die seit etwa anderthalb Jahren ungekündigt bei einer Arbeitszeit von 43 Stunden/Woche an sechs Arbeitstagen/Woche und einem Bruttoentgelt von 2.356 DM/Monat beschäftigt war, kündigte, um – bei günstigeren Arbeitsbedingungen (37 Stunden/Woche an fünf Arbeitstagen bei einem Bruttoentgelt von 2.500 DM/Monat) – ein neues Arbeitsverhältnis, welches zunächst nur auf vier Monate befristet war, einzugehen. Die Befristung wurde sodann noch um vier weitere Monate verlängert. Danach trat für die Arbeitnehmerin Arbeitslosigkeit ein.

In seiner Entscheidung vom 26.10.2004 hat das Bundesozialgericht das Vorliegen eines **wichtigen Grundes bejaht** und in diesem Zusammenhang ausgeführt, eine Sperrzeit trete nur dann ein, wenn dem Arbeitnehmer unter Berücksichtigung aller Umstände des Einzelfalles und unter Abwägung seiner Interessen mit den Interessen der Versichertengemeinschaft ein anderes Verhalten zugemutet werden könne. Insoweit müsse der wichtige Grund nicht nur die Auflösung des Arbeitsverhältnisses überhaupt, sondern auch den konkreten Zeitpunkt der Auflösung decken. Dabei sei auch den **Veränderungen in den gesellschaftlichen Lebensverhältnissen** Rechnung zu tragen. Zu Recht hätten die Vorinstanzen darauf abgestellt, dass in der **Rechtswirklichkeit der Arbeitswelt** eine – auch politisch gewollte – **Tendenz zum Abschluss von befristeten bzw. kurzfristigen Arbeitsverhältnissen** festzustellen sei. Dies komme unter anderem in dem Gesetz über Teilzeitarbeit und befristete Arbeitsverträge (TzBfG) zum Ausdruck. So sei in § 14 Abs. 2a TzBfG nunmehr zugelassen, dass in den ersten vier Jahren nach Gründung eines Unternehmens eine kalendermäßige Befristung eines Arbeitsvertrages bis zur Dauer von vier Jahren zulässig sei. Dies schließe es aus, den

Wechsel aus einem unbefristeten Beschäftigungsverhältnis in ein befristetes bei einem Unternehmen, das seine Rechte aus § 14 Abs. 2a TzBfG in der Neugründungsphase ausschöpfe, generell nicht als wichtigen Grund anzusehen. Da die neue Firma ausschließlich zunächst befristete Arbeitsverhältnisse abschließe, hätte die Arbeitnehmerin das von ihr angestrebte – besser bezahlte und auch von den Arbeitszeiten her wesentlich günstigere – Arbeitsverhältnis als unbefristetes Beschäftigungsverhältnis überhaupt nicht antreten können. **Außerdem** habe eine **konkrete Aussicht** bestanden, das zunächst nur befristete Arbeitsverhältnis in ein unbefristetes solches umzuwandeln. Grundsätzlich müsse – dies ergebe sich aus Art 12 Abs. 1 GG – Arbeitnehmern die Möglichkeit offen stehen, befristete – ihnen attraktiv erscheinende – Arbeitsverhältnisse zugunsten unbefristeter Arbeitsverhältnisse aufzunehmen. Allerdings müsse hier nicht entschieden werden, ob dieser Grundsatz uneingeschränkt gelte. Stehe **von vornherein fest,** dass das Anschlussarbeitsverhältnis aufgrund einer Befristung **zu einem bestimmten Zeitpunkt enden** werde **und** bestehe **keinerlei konkrete Aussicht auf dessen Verlängerung,** könne fraglich sein, ob auch in diesem Falle ein wichtiger Grund im Sinne des § 159 Abs. 1 S. 1 SGB III vorliege, selbst wenn sich das befristete Arbeitsverhältnis für den Arbeitnehmer als äußerst attraktiv erweise. Der Versicherte wechsle dann nicht nur in ein besser bezahltes oder aus sonstigen Gründen attraktiveres Beschäftigungsverhältnis. Vielmehr gehe er „sehenden Auges" – gleichsam aufschiebend bedingt – das Risiko der Arbeitslosigkeit ein und führe damit den Versicherungsfall bewusst herbei. **Maßgebend** für das Vorliegen eines wichtigen Grundes sei also, dass **bei der Aufgabe der Beschäftigung** eine **konkrete Aussicht** besteht, das neue Beschäftigungsverhältnis werde sich nach Ablauf der Befristung in ein **dauerhaftes Arbeitsverhältnis umwandeln.**

Noch weitergehender hat das Bundesozialgericht in seinem Urteil vom 12.7.2006 entschieden. Dort hatte eine Beschäftigte ihr unbefristetes Arbeitsverhältnis zugunsten eines **wesentlich schlechter** bezahlten (2.250 DM/Monat gegenüber früher 4.516 DM/Monat) siebenmonatigen befristeten Vertrages bei einem anderen Arbeitgeber aufgegeben. Allerdings waren für sie hiermit ein **Wechsel** des

Berufsfeldes und die **Erlangung zusätzlicher Fähigkeiten** verbunden. Auch bei diesem Sachverhalt tritt nach der Entscheidung des Bundessozialgerichtes keine Sperrzeit ein. Das Gericht ließ allerdings erkennen, es werde **anders** entscheiden, wenn der neue Arbeitsvertrag **nur auf drei Monate** – oder kürzer – **befristet** ist.

Die Bundesagentur für Arbeit hat dazu in ihren Fachlichen Weisungen zu § 159 SGB III einen Katalog eingestellt, wann ein wichtiger Grund für die Aufgabe einer unbefristeten Beschäftigung zugunsten einer befristeten Beschäftigung vorliegt. Dies ist dann der Fall wenn:

- ein unbefristetes Beschäftigungsverhältnis zugunsten eines befristeten aufgegeben wird und bei der Auflösung des alten Beschäftigungsverhältnisses die konkrete Aussicht bestand, dass die neue Beschäftigung in ein dauerhaftes Beschäftigungsverhältnis umgewandelt wird oder, wenn
- ein unbefristetes Beschäftigungsverhältnis zugunsten eines auf mindestens zwei Monate befristeten Beschäftigungsverhältnisses aufgegeben wird und zeitnah (nicht abwendbare maximal einen Monat andauernde Unterbrechung) in die befristete Beschäftigung gewechselt wird und
  - eine Tätigkeit in einem anderem Berufsfeld ausgeübt wird, in dem zusätzliche berufliche Fertigkeiten erlangt werden; die Höhe der Bezahlung ist unerheblich oder
  - die befristete Beschäftigung der früher erworbenen höheren beruflichen Qualifikation entspricht oder

    in der befristeten Beschäftigung ein erheblich höheres Arbeitsentgelt erzielt wird; hiervon ist bei einer Steigerung von mindestens 10% auszugehen, oder
  - die unbefristete Beschäftigung in einem Leiharbeitsverhältnis war und zugunsten einer regulären günstigeren befristeten Beschäftigung aufgegeben wird.

(Fachliche Weisungen der Bundesagentur für Arbeit zu § 159 SGB III, S. 15, abgerufen am 17.5.2020 unter https://www.arbeitsagentur.de/datei/fw-sgb-iii-159_ba015166.pdf).

Ist das Beschäftigungsverhältnis durch **Arbeitgeberkündigung** wegen arbeitsvertragswidrigen Verhaltens beendet worden (§ 159 Abs. 1

S. 2 Nr. 1 Alt. 2 SGB III), tritt eine Sperrzeit nur dann ein, wenn der Arbeitslose nicht damit rechnen konnte, unmittelbar einen Anschlussarbeitsplatz zu erhalten, **und** ihm der Vorwurf gemacht werden muss, er habe grob fahrlässig verkannt, dass sein Verhalten zur Arbeitgeberkündigung führen würde.

Grobe Fahrlässigkeit entfällt danach immer dann, wenn eine arbeitsrechtlich vor der verhaltensbedingten Arbeitgeberkündigung erforderliche **Abmahnung unterblieb** oder eine frühere Abmahnung wegen Zeitablaufs nicht mehr wirksam ist.

Die grobe Fahrlässigkeit **entfällt nicht,** wenn der Arbeitslose durch vertragswidriges Verhalten Anlass zur Kündigung gegeben hat, diese aber aus anderen Gründen (z.B. fehlende Anhörung des Betriebsrates nach § 102 BetrVG) unwirksam ist.

Keine grobe Fahrlässigkeit ist demgegenüber in den Fällen anzunehmen, in denen der Arbeitgeber ein **vertragswidriges Verhalten** des Arbeitnehmers über längere Zeit hinweg **hingenommen** hat, bei einem erneuten Verstoß jedoch plötzlich die Kündigung ausspricht. Selbst dann, wenn das Verhalten des Arbeitnehmers eine verhaltensbedingte Arbeitgeberkündigung ohne vorherige Abmahnung rechtfertigen würde, kann jenem kein Vorwurf grob fahrlässigen Verhaltens gemacht werden, da er aufgrund des bisherigen Verhaltens seines Arbeitgebers nicht mit einer Kündigung und damit mit nachfolgender Arbeitslosigkeit rechnen musste.

ee) Wichtiger Grund: Eine Sperrzeit nach § 159 Abs. 1 S. 2 Nr. 1 SGB III tritt schließlich dann **nicht** ein, wenn der Arbeitslose für sein Verhalten einen wichtigen Grund hatte. Dabei hat der Arbeitslose nach § 159 Abs. 1 S. 3 SGB III die für die Beurteilung des wichtigen Grundes maßgebenden **Tatsachen darzulegen** und **nachzuweisen,** wenn diese in seiner Sphäre oder in seinem Verantwortungsbereich liegen.

Ein wichtiger Grund ist dann anzunehmen, wenn dem Arbeitnehmer unter Berücksichtigung aller Umstände des Einzelfalles und unter Abwägung seiner Interessen und der Interessen der Versichertengemeinschaft ein **anderes Verhalten nicht zugemutet**. werden kann.

Er muss **objektiv** vorliegen, mit der Folge, dass Unkenntnis des Arbeitnehmers insofern (z.B. über eine Erkrankung, die die Weiterbeschäftigung sozialmedizinisch ohnehin nicht erlaubt hätte) unschädlich ist.

Sind dem Arbeitnehmer allerdings die Umstände bekannt, die ihn – aus wichtigem Grund – zu seinem Verhalten veranlassen (z.B. tarifwidrige Entlohnung), muss er zuvor einen **zumutbaren Versuch** unternommen haben, die den wichtigen **Grund** ausmachenden Umstände zu **beseitigen** (z.B. Einschaltung des Betriebsrates). Erst nach dem Scheitern solcher Bemühungen kann das Vorliegen eines objektiv wichtigen Grundes angenommen werden. Gleiches gilt in den Fällen, in denen ein Versuch, die den wichtigen Grund ausmachenden Umstände zu beseitigen, deshalb unterbleibt, weil dessen **Erfolglosigkeit** praktisch von vornherein feststeht.

BEISPIEL: Ein Arbeitnehmer erkennt nach einiger Zeit seines Beschäftigungsverhältnisses, dass die von ihm verrichtete Arbeit tariflich nicht der Entgeltgruppe entspricht, nach der sein Entgelt abgerechnet wird. Um den Eintritt einer Sperrzeit zu vermeiden, muss er, bevor er kündigt, versuchen, durch Gespräche mit seinem Arbeitgeber und dem Betriebsrat eine tariflich richtige Entlohnung herbeizuführen. Erst dann, wenn ihm dies nicht gelingt, kann er aus wichtigem Grund kündigen.
Hat es der Arbeitgeber in vergleichbaren Fällen allerdings früher bereits mehrfach abgelehnt, tarifentsprechende Entlohnung zu zahlen und Arbeitnehmerkündigungen hingenommen, dürfte ein entsprechender Versuch demgegenüber wegen zu erwartender Erfolglosigkeit nicht notwendig sein, um einen wichtigen Grund annehmen zu können.

Hinzuweisen ist weiter darauf, dass der Arbeitslose, hat er aus wichtigem Grund gekündigt und sind die den wichtigen Grund ausmachenden **Umstände** später **entfallen,** alle ihm zumutbaren Maßnahmen treffen muss, um den Arbeitsplatz doch noch zu erhalten. Unterlässt er einen derartigen Versuch, entfällt die Annahme eines objektiv wichtigen Grundes.

Welche Umstände im Einzelnen als wichtige Gründe im genannten Sinne anzusehen sind, war und ist Gegenstand einer Vielzahl sozialgerichtlicher Entscheidungen. Die höchstrichterliche Rechtsprechung des Bundessozialgerichts wird von der Bundesagentur für Arbeit in ihren Fachlichen Weisungen umgesetzt.

Nach den Fachlichen Weisungen der Bundesagentur für Arbeit zu § 158 SGB III liegen **wichtige Gründe** für das Lösen eines Beschäftigungsverhältnisses (§ 159 Abs. 1 S. 2 Nr. 1 Alt. 1 SGB III) dann vor, wenn:

- die vom Arbeitnehmer erwartete oder verlangte Arbeit gegen gesetzliche Bestimmungen, tarifrechtliche Regelungen oder die guten Sitten verstoßen würde,
- die Entlohnung der Beschäftigung sittenwidrig ist; hiervon kann jedenfalls ausgegangen werden, wenn die Entlohnung mindestens 20% unter dem maßgeblichen Tariflohn oder der ortsüblichen Bezahlung liegt,
- die Insolvenz des Arbeitgebers eingetreten ist,
- erheblicher psychischer Druck, Mobbing oder sexuelle Belästigung am Arbeitsplatz vorlag,
- die Arbeit dem Arbeitslosen nach seinem Leistungsvermögen nicht zumutbar ist,
- der Arbeitnehmer zur Vermeidung einer fristgemäßen personenbedingten (nicht verhaltensbedingten) Kündigung das Arbeitsverhältnis durch Aufhebungsvertrag ohne Entlassungsentschädigung zum gleichen Zeitpunkt beendet hat,
- eine doppelte Haushaltsführung erforderlich wird und daher der Unterhalt, die weitere Versorgung oder Pflege von Angehörigen des Arbeitslosen nicht gesichert ist,
- eine Ausbildungsstelle oder berufsvorbereitende Maßnahme vom Auszubildenden wegen fehlender Eignung aufgegeben wird,
- ein Grundrecht wesentlich beeinträchtigt wird (z.B. Religionsfreiheit, Menschenwürde),
- die Beschäftigung zur Begründung, Aufrechterhaltung oder Wiederherstellung der ehelichen Gemeinschaft/eingetragenen Lebenspartnerschaft aufgegeben wird; bei Begründung einer solchen Partnerschaft ist ein unmittelbarer zeitlicher Zusammenhang erforderlich. Unmittelbarkeit muss ausnahmsweise nicht vorliegen,

wenn hierfür andere gewichtige Gründe, wie z.B. die Einschulung eines Kindes, vorliegen,

- mit dem Partner und einem Kind die Erziehungsgemeinschaft (wieder) hergestellt werden soll,
- eine eheähnliche Gemeinschaft fortgesetzt oder wiederhergestellt wird; eine eheähnliche Gemeinschaft ist eine auf Dauer angelegte Lebensgemeinschaft zwischen einer Frau und einem Mann, die so eng ist, dass sie von den Partnern ein gegenseitiges Einstehen im Bedarfsfall erwarten lässt. Diese wird vermutet, wenn Partner länger als ein Jahr zusammenleben oder mit einem gemeinsamen Kind zusammenleben oder Kinder oder Angehörige im Haushalt versorgen oder befugt sind, über Einkommen oder Vermögen des anderen zu verfügen.
- Arbeitnehmer einen Aufhebungsvertrag geschlossen haben, um im Rahmen einer Sozialplanmaßnahme aus einem (unbefristeten) Beschäftigungsverhältnis in ein (befristetes) Beschäftigungsverhältnis bei einer beE/Transfergesellschaft zu wechseln und gemäß § 111 SGB III gefördert werden; Voraussetzung ist, dass durch die Folgebeschäftigung die Arbeitslosigkeit nicht früher eintritt als bei der unabwendbaren Kündigung,
- ein Arbeitnehmer einen Aufhebungsvertrag schließt, um aus einer mit Transfer-Kug geförderten Beschäftigung in eine selbstständige Tätigkeit mit Gründungszuschuss zu wechseln, und die Dauer der herbeigeführten Arbeitslosigkeit unvermeidbar ist,
- eine Beschäftigung aufgegeben wird, weil objektiv nur noch eine geringere Arbeitszeit möglich ist und die bisherige Beschäftigung in der gewünschten Teilzeitform nicht weitergeführt werden kann,
- der Arbeitnehmer sein unbefristetes Arbeitsverhältnis im Rahmen einer Altersteilzeitvereinbarung nach dem Altersteilzeitgesetz in ein befristetes Arbeitsverhältnis umgewandelt hat. Hierfür ist erforderlich, dass er im Zeitpunkt der Vereinbarung, gestützt auf objektive Umstände, beabsichtigt hat, nahtlos nach der Freistellungsphase der Altersteilzeit aus dem Arbeitsleben auszuscheiden. Objektive Anhaltspunkte für eine solche Absicht sind insbesondere dann gegeben, wenn dieser die tatsächlich vorhan-

dene Möglichkeit der Inanspruchnahme einer (vorgezogenen) Rente mit Bezug zu etwaigen damit verbundenen Abschlägen abgeklärt oder vor Abschluss der Altersteilzeitvereinbarung Informationen, insbesondere bei sachkundigen Stellen, zum Rentenbezug ab diesem Zeitpunkt eingeholt hat. Einem Verhalten nach Abschluss der Altersteilzeitvereinbarung kommt für die Beurteilung des wichtigen Grundes keine Bedeutung mehr zu.

- eine Beschäftigung durch den Arbeitslosen wegen einer abschlussorientierten Qualifizierungsmaßnahme (betriebliche oder überbetriebliche Umschulung, berufsanschlussfähige Teilqualifizierung oder Vorbereitung auf die Externenprüfung) beendet wurde, für die der Arbeitslose einen Bildungsgutschein erhalten hat oder erhalten wird und dies zum Zeitpunkt der Kündigung bereits feststeht. Darüber hinaus kann nach den Umständen des Einzelfalls ein wichtiger Grund für Weiterbildungen anerkannt werden.
- der Arbeitgeber die Zustimmung des Integrationsamtes (§ 85 SGB IX) oder der für die Zustimmung nach § 18 BEEG zuständigen Stelle zur Kündigung des Arbeitsverhältnisses durch ihn nicht eingeholt hat, aber mit dieser zu rechnen gewesen wäre. Im Falle der einvernehmlichen Lösung des Arbeitsverhältnisses ist ggf. der Nachweis zu erbringen, dass das Integrationsamt der arbeitgeberseitigen Kündigung zugestimmt hätte

(Fachliche Weisungen der Bundesagentur für Arbeit zu § 158 SGB III S. 15 f., abgerufen unter https://www.arbeitsagentur.de/datei/fw-sgb-iii-159_ba015166.pdf, am 18.5.2020).

Durch Art. 4 Abs. 3 GG (Recht, den Kriegsdienst mit der Waffe zu verweigern) geschützt ist auch die Ablehnung einer Beschäftigung bei der **Militärverwaltung** und der Truppenbetreuung, mit der Folge, dass in diesen Fällen eine Sperrzeit nicht eintritt. **Anderes** gilt demgegenüber bei einem Einsatz in der **Rüstungswirtschaft in Friedenszeiten,** wenn dieser angesichts der im Rahmen der Arbeitsteilung wahrzunehmenden Funktion keine unmittelbare, tatsächliche Nähe zur Waffenherstellung hat und für eine Stärkung der bewaffneten Macht nur von untergeordneter Bedeutung ist. Kann der Arbeitgeber allerdings einen als Kriegsdienstverweigerer anerkannten Arbeitnehmer künftig nur noch in der unmittelbaren Produktion oder Wartung von Kriegsgeräten einsetzen, hat jener für die Arbeitsaufgabe einen wichtigen Grund.

Auch das Vorliegen psychischen Druckes (**Mobbing,** verstanden als systematisches Anfeinden, Schikanieren und Diskriminieren von Arbeitnehmern untereinander oder durch Vorgesetzte) kommt als wichtiger Grund für die Kündigung eines Arbeitnehmers dann in Betracht, wenn der Druck in einem solchen Maße ausgeübt wird, dass jenem die Fortführung des Arbeitsverhältnisses nicht mehr zuzumuten ist. Ein **zerrüttetes Betriebsklima** kann ebenfalls unter Umständen die Aufgabe des Arbeitsplatzes rechtfertigen.

Wegen des Grundrechtes auf freie Berufswahl (Art. 12 GG) ist ein wichtiger Grund dann anzunehmen, wenn **Auszubildende** aus beruflichen Gründen ihre Ausbildung wechseln oder beenden.

Rauchbelästigung am Arbeitsplatz dürfte jedenfalls dann, wenn diese eine **hohe Intensität** erreicht hat, ein wichtiger Grund für die Lösung des Beschäftigungsverhältnisses sein. Allerdings muss der Arbeitnehmer vor Ausspruch der Kündigung einen – vergeblichen – Versuch unternommen haben, den Arbeitgeber zur Beseitigung der Rauchbelästigung zu veranlassen.

Kündigt ein Arbeitnehmer sein Beschäftigungsverhältnis, um einen **Ortswechsel** zur **Betreuung eines Angehörigen** vorzunehmen, liegt ein wichtiger Grund dann vor, wenn gerade er zur Betreuung des Angehörigen rechtlich oder moralisch verpflichtet ist.

Die **Drohung** des Arbeitgebers mit einer rechtmäßigen ordentlichen Kündigung kann für den Arbeitnehmer dann ein wichtiger Grund zur einverständlichen Lösung des Beschäftigungsverhältnisses sein, wenn die für den Arbeitgeber geltende **Kündigungsfrist** beachtet wird und sich der Arbeitnehmer gegen die Kündigung nicht erfolgreich zur Wehr setzen könnte. Voraussetzung ist allerdings, dass die drohende Arbeitgeberkündigung nach dem maßgebenden Kündigungsrecht **objektiv rechtmäßig** ist. Dem hat sich auch der 7. Senat des Bundessozialgerichtes grundsätzlich angeschlossen, in diesem Zusammenhang allerdings noch ausgeführt, zusätzlich müsse dem Arbeitnehmer das Abwarten einer objektiv rechtmäßigen Kündigung seitens seines Arbeitgebers **unzumutbar** gewesen sein.

Ob die **Arbeitsaufgabe** aufgrund sozialmedizinisch **fehlerhaften Rates des behandelnden Arztes** von einem **objektiv** wichtigen Grund getragen ist, erscheint deshalb **fraglich,** weil sie – entgegen des ärztlichen Rates – tatsächlich **nicht erforderlich** war. Bei diesen Fallkonstellationen bietet es sich an, wegen **unvermeidbaren Irrtums** (dies gilt zumindest im Falle fehlerhaften **fachärztlichen** Rates) § 159 Abs. 3 S. 2 Nr. 2 b SGB III (**Besondere Härte**) anzuwenden und die Sperrzeit auf sechs Wochen zu reduzieren. Nach Auffassung des **Landessozialgerichtes Baden-Württemberg** tritt in einem solchen Fall allerdings überhaupt **keine Sperrzeit** ein. Zwar lägen die tatbestandlichen Voraussetzungen des § 159 Abs. 1 S. 2 Nr. 1 SGB III vor; für das Vorliegen eines wichtigen Grundes sei jedoch **nicht allein auf die objektive Lage** abzustellen. Denn dem Kläger müsse zugebilligt werden, dass er sich nach den Empfehlungen seiner Ärzte richtete. Im Übrigen stelle die **Empfehlung des Hausarztes** auch einen **objektiven** und nicht lediglich subjektiven **wichtigen Grund** dar. Das Risiko einer späteren anders lautenden Leistungsbeurteilung könne dem Kläger insoweit nicht aufgebürdet werden, da von niemandem erwartet werden könne, entgegen den Empfehlungen seines Hausarztes zu handeln, sofern dies nicht völlig unbegründet erscheine.

b) Sperrzeit bei Arbeitsablehnung und bei Ablehnung bzw. Abbruch einer beruflichen Eingliederungsmaßnahme

Eine Sperrzeit von drei, sechs oder zwölf Wochen tritt auch ein, wenn der bei der Agentur für Arbeit als arbeitsuchend gemeldete Arbeitnehmer (§ 38 Abs. 1 SGB III) oder der Arbeitslose sich weigert, eine ihm von der Agentur für Arbeit unter Benennung des Arbeitgebers und der Art der Tätigkeit angebotene zumutbare Beschäftigung **anzunehmen** oder **anzutreten** oder die **Anbahnung** eines solchen Beschäftigungsverhältnisses, insbesondere das Zustandekommen eines Vorstellungsgespräches durch sein Verhalten **verhindert** (Sperrzeit wegen Arbeitsablehnung; § 159 Abs. 1 S. 2 Nr. 2 SGB III).

Gleiches gilt, wenn sich der Arbeitslose weigert, an:

- einer Maßnahme zur Aktivierung und beruflichen Eingliederung
- einer Maßnahme zur beruflichen Aus- oder Weiterbildung

bzw.

- einer Maßnahme zur Teilhabe am Arbeitsleben teilzunehmen oder wenn er die Teilnahme an einer solchen Maßnahme abgebrochen oder durch maßnahmewidriges Verhalten Anlass für den Ausschluss aus ihr gegeben hat (Sperrzeit wegen Ablehnung oder Abbruches einer beruflichen Eingliederungsmaßnahme; § 159 Abs. 1 S. 2 Nr. 4 und 5 SGB III)

ohne für sein Verhalten einen **wichtigen Grund** zu haben. Der wichtige Grund kann ein gesundheitlicher oder ein auf den Beruf bezogener, akzeptabler Gesichtspunkt sein.

Der Arbeitsuchende bzw. Arbeitslose **vereitelt** eine Arbeitsaufnahme **nicht,** wenn er:

- aufgrund erheblicher persönlicher Probleme den Vorstellungstermin vergisst
- im Vorstellungsgespräch erklärt, er beabsichtige in naher Zukunft eine Umschulung (und er tatsächlich diese Absicht hatte), zu der es dann später jedoch nicht kommt
- im Vorstellungsgespräch erklärt, er müsse erst den Hausarzt fragen, ob er für diese Arbeit gesundheitlich leistungsfähig sei, vorausgesetzt, er hatte tatsächlich Beschwerden.

Der Arbeitslose **vereitelt** die Teilnahme an einer Bildungsmaßnahme **nicht,** wenn er:

- aus persönlichen Gründen für den Maßnahmebeginn um einige Tage Aufschub bittet
- sich zunächst erkundigt, ob Kinderbetreuungskosten übernommen werden können.

Eine berufliche Bildungsmaßnahme kann der Arbeitslose **ablehnen,** wenn sie ihm – was allerdings selten der Fall sein wird – keine zusätzliche Befähigung vermitteln kann.

Keine Sperrzeit löst der Abbruch einer Fortbildungsmaßnahme aus, wenn ihre **Förderung** nicht **schriftlich zugesagt** war. Das Gleiche gilt für die Nichtannahme einer Fortbildungsmaßnahme.

Für die Ablehnung eines Beschäftigungsverhältnisses allein deshalb, weil es sich um ein **Leiharbeitsverhältnis** handelt, besteht kein wichtiger Grund. Voraussetzung für den Eintritt einer Sperrzeit wegen Ablehnung eines Arbeitsangebotes ist, dass der Arbeitsuchende bzw. Arbeitslose zuvor über die **Rechtsfolgen** für den Fall der Arbeitsablehnung **belehrt** wurde. Die Rechtsfolgenbelehrung muss jedem Vermittlungsangebot erneut beigefügt werden, ganz gleich, ob der Arbeitsuchende bzw. Arbeitslose die Folgen einer Ablehnung kennt oder kennen muss. Wiederum ist auch hier und in anderen Fällen stets zu prüfen, ob dem Arbeitsuchenden bzw. Arbeitslosen ein **wichtiger Grund** für sein Verhalten zur Seite steht. Im Übrigen kann eine Arbeit abgelehnt werden, wenn sie unzumutbar ist (dazu siehe S. 7 ff.).

c) Sperrzeit bei unzureichenden Eigenbemühungen

Um verfügbar zu sein, muss der Arbeitslose Eigenbemühungen zur Beendigung seiner Arbeitslosigkeit unternehmen (§ 138 Abs. 1 Nr. 2, Abs. 4 SGB III; dazu siehe S. 5 f.).

Das Fehlen solcher Eigenbemühungen tangiert dementsprechend die Verfügbarkeit und somit den Anspruch auf Arbeitslosengeld. Die Agentur für Arbeit kann, insbesondere dann, wenn sie Zweifel insofern hat, den Arbeitslosen auffordern, ganz bestimmte – zumutbare – Eigenbemühungen zu unternehmen und ihr diese nachzuweisen. Werden die von der Agentur für Arbeit geforderten Eigenbemühungen trotz Belehrung über die Rechtsfolgen **nicht nachgewiesen,** führt dies zum Eintritt einer **Sperrzeit von zwei Wochen** (§ 159 Abs. 1 S. 2 Nr. 3, Abs. 5 SGB III).

d) Sperrzeit bei Meldeversäumnis

Zu den **Pflichten** des Arbeitslosen gehört auch, dass er sich während der Zeit, für die er Arbeitslosengeld beansprucht, bei der Agentur für Arbeit oder einer sonstigen Dienststelle der Bundesagentur für Arbeit **persönlich meldet,** wenn die Agentur für Arbeit ihn dazu auffordert. Darüber hinaus ist der Arbeitslose – bei Aufforderung seitens der Agentur für Arbeit – auch verpflichtet, zu einem ärztlichen oder psychologischen Untersuchungstermin zu erscheinen (§ 309 Abs. 1 S. 1 SGB III). Die oben genannten Pflichten bestehen für den Arbeitslosen auch während einer Zeit, in der sein Anspruch auf Arbeitslosengeld wegen Arbeitskämpfen, eines Anspruchs auf

Arbeitsentgelt bzw. Urlaubsabgeltung, des Bezuges von Krankengeld, Mutterschaftsgeld oder anderen sozialen Leistungen sowie wegen einer Sperrzeit **ruht** (§ 309 Abs. 1 S. 3 SGB III i.V.m. §§ 156 bis 159 SGB III). Die Meldepflicht gilt auch während eines Widerspruchs- oder sozialgerichtlichen Verfahrens, soweit der Arbeitslose für diese Zeit Leistungen beansprucht.

Aus **welchen Gründen** der Arbeitslose zur Meldung aufgefordert werden kann, ergibt sich aus § 309 Abs. 2 SGB III. Danach kann dies nur zum Zwecke der Berufsberatung, der Vermittlung in Ausbildung oder Arbeit, zur Vorbereitung aktiver Arbeitsförderungsleistungen und von Entscheidungen im Leistungsverfahren sowie zur Prüfung des Vorliegens der Voraussetzungen für den Leistungsanspruch geschehen.

Meldet sich der Arbeitslose trotz **Belehrung** über die Rechtsfolgen nicht, ohne dafür einen wichtigen Grund zu haben, so tritt eine **einwöchige Sperrzeit** ein (§ 159 Abs. 1 S. 2 Nr. 8, Abs. 6 SGB III).

Streitfrage ist in vielen Fällen, ob für die Nichteinhaltung einer Meldepflicht ein **wichtiger Grund** vorgelegen hat oder nicht. Geprüft wird, ob unter Berücksichtigung aller Umstände es dem Arbeitslosen zumutbar war, der Aufforderung nachzukommen. Berechtigte Verhinderungsgründe können sein: Erledigung dringender persönlicher Angelegenheiten, die keinen Aufschub dulden; Vorstellung bei einem Arbeitgeber zu einem von diesem gewünschten Termin oder die Übernahme von geringfügigen Beschäftigungen (§ 138 Abs. 3 SGB III). Diese müssen unaufschiebbar sein: Bäume schneiden, Rasenmähen oder Malerarbeiten für Freunde oder Nachbarn sind aufschiebbar. Dagegen können geringfügige Malerarbeiten als Krankheitsaushilfe für eine Malerfirma für Sie unaufschiebbar sein. Wichtige Gründe können auch sonstige, vom Meldepflichtigen nicht zu vertretende Gründe sein, z.B. plötzlicher, unvorhersehbarer Ausfall von Verkehrsmitteln. **Dringend zu empfehlen** ist in diesem Zusammenhang, dass sich der Arbeitslose bei voraussichtlichen Verhinderungen schon **vorher** mit der Agentur für Arbeit in Verbindung setzt und die Gründe seiner Verhinderung mitteilt. Grundsätzlich muss der Arbeitnehmer **persönlich** bei der Agentur für Arbeit erscheinen; eine telefonische Meldung genügt nur dann, wenn die

Agentur für Arbeit dies ausdrücklich zulässt. Dagegen kann diese Sie in jeder Form, z.B. also auch telefonisch zur Meldung auffordern.

BEISPIEL 1: A meldet sich nicht am Aufforderungstermin Freitag, dem 1.10., sondern erst am Montag, dem 4.10. bei der Agentur für Arbeit. Am 1.10. hatte sie geheiratet. Hier tritt keine Sperrzeit ein. A war aus einem wichtigen Grund verhindert.

BEISPIEL 2: Wie zuvor, jedoch heiratet nicht die Arbeitslose selbst, sondern die Tochter. Auch dies gehört zu den dringenden persönlichen Angelegenheiten und führt nicht zu einer Sperrzeit.

BEISPIEL 3: Wie zuvor, jedoch findet keine Hochzeit statt; vielmehr feiert die Arbeitslose am 1.10. ihren 40. Geburtstag. Dies ist kein wichtiger Grund im Sinne des § 159 Abs. 1 SGB III. Es tritt ab 2.10. eine einwöchige Sperrzeit ein.

Solange Sie den Tag der Meldung einhalten und der Zweck der Meldung erreicht wird, begehen Sie kein Meldeversäumnis, selbst wenn Sie nicht zu der genau festgelegten Tageszeit erscheinen (§ 309 Abs. 3 SGB III). Um insofern Probleme zu vermeiden, sollte der angegebene Meldetermin allerdings möglichst genau eingehalten werden.

e) Sperrzeit bei verspäteter Arbeitsuchendmeldung

Sobald Sie Kenntnis von der Beendigung ihres Arbeits- oder Ausbildungsverhältnisses haben, entsteht die Verpflichtung der frühzeitigen Arbeitsuchendmeldung (§ 38 Abs. 1 SGB III; dazu siehe S. 36 f.). Kommen Sie der dort geregelten Verpflichtung nicht ordnungsgemäß nach und melden sich erst **verspätet** arbeitsuchend, tritt eine **einwöchige Sperrzeit** ein (§ 159 Abs. 1 S. 2 Nr. 9, Abs. 6 SGB III).

f) Beginn der Sperrzeit

Nach § 159 Abs. 2 SGB III beginnt die Sperrzeit mit dem **Tage nach dem Ereignis,** das die Sperrzeit begründet, oder, wenn dieser Tag in eine (bereits laufende) Sperrzeit fällt, mit dem Ende dieser Sperrzeit.

Sie läuft **kalendermäßig** ab und kann weder gehemmt noch unterbrochen werden, ganz gleich, ob der Arbeitslose in dieser Zeit Arbeitslosengeld beantragt hat oder nicht. Während der Sperrzeit **ruht** der Anspruch auf Arbeitslosengeld (§ 159 Abs. 1 S. 1 SGB III).

BEISPIEL: A kündigt seine Arbeitsstelle – ohne hierfür einen wichtigen Grund zu haben – mit Ablauf des 6.9. Die 12-wöchige Sperrzeit läuft ab 7.9. und endet am 29.11. Hat A beispielsweise erst am 5.10. Arbeitslosengeld beantragt, so wirkt sich die Sperrzeit für ihn nur acht Wochen lang nachteilig aus, weil er ab 30.11. – Ende der zwölf Wochen – Arbeitslosengeld erhalten kann. Die Anspruchsminderung beträgt allerdings zwölf Wochen bzw. ein Viertel des Gesamtanspruchs (§ 148 Abs. 1 Nr. 4 SGB III; dazu siehe S. 51 f.).

Ist das Beschäftigungsverhältnis durch Arbeitnehmerkündigung oder durch verhaltensbedingte Arbeitgeberkündigung beendet worden, so beginnt die Sperrzeit – bei Vorliegen der übrigen Voraussetzungen des § 159 Abs. 1 S. 2 Nr. 1 SGB III, insbesondere des Tatbestandsmerkmales der Arbeitslosigkeit – erst nach dem **Ende** des **Beschäftigungsverhältnisses.**

Anders stellt sich die Situation allerdings dann dar, wenn der Arbeitslose für eine restliche Dauer des fortbestehenden Arbeitsverhältnisses endgültig **freigestellt** war. Da es in diesem Zusammenhang ebenso wie im Fall der Geltendmachung eines Leistungsanspruchs auf die faktisch eingetretene Arbeitslosigkeit ankommt, beginnt die Sperrzeit mit dem **Tage der Freistellung**.

BEISPIEL: Der Arbeitgeber von A kündigt jenem am 5.9. wegen wiederholten unentschuldigten Fehlens fristgerecht zum 31.10. Gleichzeitig stellt er ihn mit sofortiger Wirkung endgültig von der Arbeitsleistung frei. In diesem Fall tritt eine zwölfwöchige Sperrzeit ein, die bereits am 5.9. zu laufen beginnt.

Läuft bereits eine Sperrzeit und tritt innerhalb dieser Zeit eine **weitere** Sperrzeit ein, so beginnt die zweite Sperrzeit im Anschluss an die erste Sperrzeit.

g) Dauer der Sperrzeit

Die Dauer der Sperrzeit ist in § 159 Abs. 3 bis 6 SGB III geregelt. Danach wird detailliert **unterschieden** zwischen der Sperrzeit bei **Arbeitsaufgabe** (§ 159 Abs. 1 S. 2 Nr. 1 SGB III), der Sperrzeit bei **Arbeitsablehnung, Ablehnung einer beruflichen Eingliederungsmaßnahme** bzw. bei **Abbruch** einer solchen Maßnahme, Ablehnung eines **Integrationskurses** oder einer **berufsbezogenen Deutschsprachförderung** oder bei Abbruch einer solchen Maßnahme (§ 159 Abs. 1 S. 2 Nr. 2, 4, 5, 6 und 7 SGB III), der Sperrzeit bei **unzureichenden Eigenbemühungen** (§ 159 Abs. 1 S. 2 Nr. 3 SGB III), der Sperrzeit bei **Meldeversäumnis** (§ 159 Abs. 1 S. 2 Nr. 8 SGB III) und derjenigen bei **verspäteter Arbeitsuchendmeldung** (§ 159 Abs. 1 S. 2 Nr. 9 SGB III). Danach ergibt sich folgendes Bild:

Sperrzeit bei Arbeitsaufgabe:

- Die Regeldauer beträgt **zwölf Wochen** (§ 159 Abs. 3 S. 1 SGB III).
- Sie beträgt **drei Wochen,** wenn das Arbeitsverhältnis innerhalb von sechs Wochen nach dem die Sperrzeit begründenden Ereignis ohne eine Sperrzeit geendet hätte (§ 159 Abs. 3 S. 2 Nr. 1 SGB III).
- Sie beträgt **sechs Wochen,** wenn das Arbeitsverhältnis innerhalb von zwölf Wochen nach dem die Sperrzeit begründenden Ereignis ohne eine Sperrzeit geendet hätte (§ 159 Abs. 3 S. 2 Nr. 2 a SGB III).
- Eine **sechswöchige** Sperrzeit tritt auch dann ein, wenn eine solche von zwölf Wochen nach den für den Eintritt der Sperrzeit maßgebenden Tatsachen eine **besondere Härte** bedeuten würde (§ 159 Abs. 3 S. 2 Nr. 2 b SGB III). Da die Gründe, die die besondere Härte ausmachen, in den für die Sperrzeit maßgebenden Gründen zu sehen sein müssen, stellt die Vorschrift **keine allgemeine Härteklausel** dar. Wirtschaftliche und soziale Gesichtspunkte in der Person des Arbeitslosen können demzufolge insoweit keine Berücksichtigung finden.

BEISPIEL 1: Besondere Härte kann bei Beendigung des Beschäftigungsverhältnisses eines **Berufskraftfahrers** wegen des Verlustes seines Führerscheines angenommen werden.

BEISPIEL 2: Auch **religiös** oder weltanschaulich begründete Entscheidungen, ein Beschäftigungsverhältnis aufzulösen, können dann, wenn ein wichtiger Grund im Sinne des § 159 Abs. 1 S. 1 SGB III nicht vorliegt, je nach Einzelfall unter dem Blickwinkel der besonderen Härte gesehen werden, wenn das **Verhalten** zwar nicht gerechtfertigt, wohl aber **verständlich** war und deshalb die einseitige Belastung des Arbeitslosen durch die volle Sperrzeit unbillig wäre.

BEISPIEL 3: Schließlich erfasst die Vorschrift auch die Fälle, in denen der Arbeitslose bei seinem Verhalten unverschuldet, das heißt, **unvermeidbar,** einem **Irrtum** über das Vorliegen eines wichtigen Grundes unterlag. Gegebenenfalls wird von ihm allerdings verlangt, sich, bevor er handelt, bei einer mit den entscheidungserheblichen Rechtsfragen vertrauten Stelle, zum Beispiel der Agentur für Arbeit, eine Rechtsauskunft einzuholen.

Sperrzeit bei Arbeitsablehnung, Ablehnung einer beruflichen Eingliederungsmaßnahme bzw. bei Abbruch einer solchen Maßnahme, Ablehnung eines Integrationskurses oder einer berufsbezogenen Deutschförderung bzw. bei Abbruch einer solchen Maßnahme:

- Die Sperrzeit beträgt dann, wenn es sich um ein **erstmaliges** versicherungswidriges Verhalten dieser Art handelt, **drei Wochen** (§ 159 Abs. 4 S. 1 Nr. 1 SGB III).
- Im Falle eines **zweiten** versicherungswidrigen Verhaltens dieser Art beträgt die Sperrzeit **sechs Wochen** (§ 159 Abs. 4 S. 1 Nr. 2 SGB III).
- In allen **übrigen** Fällen beträgt die Sperrzeit **zwölf Wochen** (§ 159 Abs. 4 S. 1 Nr. 3 SGB III).

Dies gilt auch dann, wenn – nach der Meldung zur frühzeitigen Arbeitsuche (§ 38 Abs. 1 SGB III; dazu siehe S. 36 f.) – im Zusammenhang mit der Entstehung des Anspruchs eine zumutbare Arbeit oder berufliche Eingliederungsmaßnahme ohne wichtigen Grund abgelehnt wird (§ 159 Abs. 4 S. 2 SGB III).

Die Sperrzeit bei **unzureichenden Eigenbemühungen** dauert **zwei Wochen** (§ 159 Abs. 5 SGB III), diejenige bei **Meldeversäumnis** oder bei verspäteter Arbeitsuchendmeldung **eine Woche** (§ 159 Abs. 6 SGB III).

Die **Bezugsdauer** des Arbeitslosengeldes **mindert** sich um die Sperrzeittage. Sie mindert sich jedoch dann, wenn eine Sperrzeit wegen Arbeitsaufgabe (§ 159 Abs. 1 S. 2 Nr. 1 SGB III) eintritt, **mindestens um ein Viertel der Anspruchsdauer,** die dem Arbeitslosen bei erstmaliger Erfüllung der Voraussetzungen für den Anspruch auf Arbeitslosengeld nach dem Ereignis, das die Sperrzeit begründet, zusteht (§ 148 Abs. 1 Nr. 3 und 4 SGB III). Die **Minderung** der Dauer des Anspruchs auf Arbeitslosengeld **entfällt** in den Fällen der eigenen Kündigung, der Kündigung durch den Arbeitgeber wegen arbeitsvertragswidrigen Verhaltens und des Abbruches einer beruflichen Eingliederungsmaßnahme, wenn diese Ereignisse, die eine Sperrzeit begründen, bei Erfüllung der Voraussetzungen für den Anspruch auf Arbeitslosengeld – d.h. bei Arbeitslosmeldung und Beantragung von Arbeitslosengeld – länger als ein Jahr zurückliegen (§ 148 Abs. 2 S. 2 SGB III; dazu siehe S. 51 ff.).

V. Wann kann der Anspruch auf Arbeitslosengeld versagt werden?

Der Arbeitslose hat eine Reihe von **Mitwirkungspflichten,** die es der Agentur für Arbeit ermöglichen sollen, festzustellen, ob ein Anspruch auf Arbeitslosengeld besteht und ob die Voraussetzungen für den Anspruch auch weiterhin vorliegen. Das Arbeitslosengeld kann **versagt** werden, wenn der Arbeitslose entweder bei Antragstellung oder während des Bezuges von Arbeitslosengeld innerhalb der ihm genannten Frist:

- nicht alle **Tatsachen** angibt, die für den Arbeitslosengeld-Bezug bedeutsam sind (z.B. Nebenverdienst, Familienstand, Steuerklasse etc.)
- **Beweismittel** oder **Urkunden** auf Verlangen nicht vorlegt (z.B. Arbeitsbescheinigung, Nebenverdienstbescheinigung, Lohnsteuerkarte)

- nach Aufforderung **nicht** zur mündlichen Besprechung seines Antrags **persönlich erscheint** (z.B. um die Verfügbarkeit zu klären) oder
- sich trotz Aufforderung nicht einer **ärztlichen oder psychologischen Untersuchung** unterzieht, vorausgesetzt, dies ist für die Entscheidung über die Leistung von Arbeitslosengeld erforderlich (§§ 60 bis 62 SGB I).

Unterlässt der Arbeitslose eine notwendige Mitwirkung und wird dadurch die Klärung des Sachverhalts erheblich erschwert, so kann das Arbeitslosengeld so lange ganz oder zum Teil **versagt bzw. entzogen** werden, bis die Mitwirkung nachgeholt wird (§ 66 Abs. 1 S. 1 SGB I). Allerdings muss der Arbeitslose zuvor über diese **Rechtsfolgen** belehrt und ihm eine **Frist** gesetzt worden sein, innerhalb derer er seine Mitwirkungspflichten erfüllen muss (§ 66 Abs. 3 SGB I). Die Versagung ist eine Ermessensentscheidung der Agentur für Arbeit, in der eine Abwägung der Gründe, die für und gegen die Versagung sprechen, erfolgen muss.

BEISPIEL: A legt seine Steuerkarte nicht vor. Obwohl er nachweislich verheiratet ist, geht die Agentur für Arbeit zunächst von der ungünstigsten Steuerklasse VI aus. Legt A später die Steuerkarte mit der Steuerklasse III vor, so erfüllt er die Voraussetzungen für die Gewährung höherer Leistungen. Da diese Voraussetzung von Anfang an gegeben war, kann das höhere Arbeitslosengeld rückwirkend gezahlt werden (§ 67 SGB I).

Voraussetzung für die Mitwirkungspflicht ist weiter, dass der **Aufwand** für den Arbeitslosen:

- in einem angemessenen Verhältnis zum Anspruch steht
- nicht aus einem wichtigen Grund für ihn unzumutbar ist und
- sich nicht dadurch erübrigt, dass die Agentur für Arbeit sich mit geringerem Aufwand die Informationen selbst beschaffen kann (vgl. § 65 Abs. 1 SGB I).

Ist das Arbeitslosengeld wegen fehlender Mitwirkung versagt oder entzogen worden (§ 66 Abs. 1 SGB I), **mindert** sich Ihr Anspruch auf Arbeitslosengeld um die entsprechenden Tage, höchstens allerdings um vier Wochen (§ 148 Abs. 1 Nr. 5, Abs. 2 S. 1 SGB III). **Glei-**

ches gilt in den Fällen, in denen der Arbeitslose ohne wichtigen Grund **nicht arbeitsbereit** ist (§ 148 Abs. 1 Nr. 6, Abs. 2 S. 1 SGB III zur „Arbeitsbereitschaft" siehe S. 19 f.).

In ihrem Merkblatt für Arbeitslose weist die Bundesagentur für Arbeit auf eine Reihe immer wiederkehrender Mitwirkungspflichten hin. Danach haben Sie eine **Mitteilungspflicht** unter anderem dann, wenn:

- Sie aus einer früheren Beschäftigung noch Arbeitsentgelt, Abfindungen, Entschädigungen oder ähnliche Leistungen erhalten
- Sie eine Arbeit übernehmen – auch als Selbstständiger oder mithelfender Familienangehöriger. Eine Mitteilung des Arbeitgebers an die Krankenkasse über Ihre Arbeitsaufnahme reicht nicht aus. Auch ein Probearbeitsverhältnis ist meldepflichtig
- Sie arbeitsunfähig erkranken und wenn Sie wieder arbeitsfähig sind
- Sie Krankengeld, Mutterschaftsgeld oder ähnliche Leistungen, Übergangsgeld, Renten aller Art oder andere Sozialleistungen erhalten oder beantragen
- Sie Nebenverdienst erzielen
- Sie ein ordentliches Studium an einer Hoch- oder Fachschule aufnehmen
- Sie für mehrere Tage Ihren Wohnort verlassen (z.B. eine Urlaubsreise machen)
- sich Ihre Anschrift ändert
- Sie heiraten oder Ihre Ehe endet
- sich Ihre Steuerklasse ändert
- auf Ihrer Lohnsteuerkarte oder der Ihres Ehegatten ein Kind oder mehrere Kinder eingetragen sind und die Voraussetzungen für die Eintragung bei keinem der Kinder mehr vorliegen (z.B. wenn das einzige bisher eingetragene über 16 Jahre alte Kind die Berufsausbildung beendet hat).

Kommen Sie den im genannten Merkblatt im Einzelnen beschriebenen Mitteilungspflichten nicht nach, laufen Sie Gefahr, dass Ihnen Leistungen gewährende Bescheide **rückwirkend** dann ganz oder teilweise **aufgehoben** werden, wenn die geänderten Verhältnisse

Einfluss auf Ihren Anspruch hatten (§ 48 Abs. 1 S. 1 und 2 Nr. 2 SGB X i.V.m. § 330 Abs. 3 S. 1 SGB III).

In einem solchen Fall macht die Agentur für Arbeit überzahlte Leistungen im Wege der **Erstattung** geltend (§ 50 Abs. 1 SGB X).

Weigert sich der Arbeitgeber, dem Arbeitslosen die **Arbeitsbescheinigung** oder die **Nebenverdienstbescheinigung** richtig, vollständig und rechtzeitig auszustellen und macht der Arbeitslose dies gegenüber der Agentur für Arbeit glaubhaft, so kann diese dem Arbeitgeber mit der Ahndung eines Bußgeldes drohen und dieses notfalls auch durchsetzen (§§ 312, 313 und 404 Abs. 2 Nr. 19 bis 21 SGB III). Prüfen Sie die Arbeitsbescheinigung genau und bewahren Sie sich eine Kopie davon auf. Von den darin enthaltenen Eintragungen Ihres bisherigen Arbeitgebers hängt z.B. ab, ab wann (Sperrzeit?) und wie viel Arbeitslosengeld Sie erhalten und was Ihnen an neuer Beschäftigung zugemutet werden kann (vgl. die Frage zur Art des Beschäftigungsverhältnisses). In den Fällen, in denen vom ehemaligen Arbeitgeber keine Arbeitsbescheinigung zu erhalten ist, kann bei der Agentur ein Vordruck „Vorläufige Arbeitsbescheinigung" ausgefüllt werden, in dem Sie die Dauer Ihrer Beschäftigung und den Verdienst glaubhaft machen können, z.B. durch Vorlage von Lohnabrechnungen oder der An- bzw. Abmeldung zur Sozialversicherung.

VI. Wann erlischt der Anspruch auf Arbeitslosengeld?

1. Wiederholter Sperrzeitanlass

Der Arbeitslose verliert seinen Anspruch auf Arbeitslosengeld, wenn er Anlass für den Eintritt von **Sperrzeiten** mit einer Dauer von insgesamt mindestens **21 Wochen** gegeben, hierüber schriftliche Bescheide erhalten hat und er auf die Rechtsfolgen des Eintrittes von Sperrzeiten mit einer Dauer von insgesamt mindestens 21 Wochen hingewiesen worden ist (§ 161 Abs. 1 Nr. 2 SGB III). In diesem Zusammenhang werden auch Sperrzeiten berücksichtigt, die in einem Zeitraum von **zwölf Monaten vor der Entstehung des Anspruchs** eingetreten sind und nicht bereits zum Erlöschen des Anspruchs geführt haben.

BEISPIEL 1: A vereinbart mit seinem Arbeitgeber einen Aufhebungsvertrag zum 31.8., ohne hierfür einen wichtigen Grund zu haben. Nach einer Woche Ferien meldet er sich am 7.9. bei der Agentur für Arbeit arbeitslos und beantragt Arbeitslosengeld, welches ihm nach dem Ende einer zwölfwöchigen Sperrzeit gezahlt wird. Am 29.11. lehnt A erstmals, am 12.12. zum zweiten Mal eine auswärtige Arbeitsstelle ohne wichtigen Grund ab. Wegen der aufgrund der Arbeitsablehnungen eingetretenen Sperrzeiten von drei und sechs Wochen sind nunmehr solche im Umfang von insgesamt 21 Wochen eingetreten, so dass sein Anspruch ganz erlischt.

BEISPIEL 2: A bezieht aufgrund eines am 1.1.2019 entstandenen Anspruchs Arbeitslosengeld bis zum 30.4.2019. Nach einer Zwischenbeschäftigung in der Zeit vom 1.5.2019 bis zum 15.4.2020 (11½ Monate), die er ohne wichtigen Grund kündigt, meldet er sich erneut arbeitslos. Da mangels Erfüllung der Anwartschaftszeit (§§ 142, 143 SGB III; dazu siehe S. 38 ff.) kein neuer Anspruch entstanden ist, gewährt ihm die Agentur für Arbeit, nachdem sie den Eintritt einer Sperrzeit von zwölf Wochen festgestellt hat, Arbeitslosengeld aus dem noch verbliebenen Restanspruch, der am 1.1.2019 entstanden war. A nimmt sodann erneut eine Beschäftigung auf, die er nach drei Monaten, ohne hierfür einen wichtigen Grund zu haben, wieder aufgibt. Er meldet sich jetzt arbeitslos und beantragt die Gewährung von Arbeitslosengeld. Hier wäre zwar, da A jetzt aufgrund der Beschäftigungen von 11½ Monaten und drei Monaten die Anwartschaftszeit erfüllt hat, ein neuer Anspruch entstanden; da jedoch die erste zwölfwöchige Sperrzeit innerhalb des Zeitraumes von zwölf Monaten vor der Entstehung dieses Anspruchs eingetreten ist und somit im Rahmen des § 161 Abs. 1 Nr. 2 SGB III zum Nachteil des A zu berücksichtigen ist, ist der Anspruch wegen des Eintrittes von Sperrzeiten im Umfang von 21 Wochen erloschen.

Mit dem Erlöschen des Leistungsanspruchs wegen des Eintrittes von Sperrzeiten mit einer Dauer von mindestens 21 Wochen geht der „erarbeitete“ Anspruch auf Arbeitslosengeld unwiederbringlich verloren (§ 161 Abs. 1 Nr. 2 SGB III). Bisherige Beschäftigungszeiten fallen sowohl für eine neue Anwartschaftszeit als auch für die Anspruchsdauer völlig heraus (§ 142 Abs. 1 S. 2 SGB III). Ein neuer Anspruch auf Arbeitslosengeld entsteht erst wieder, wenn der Arbeitslose **danach** mindestens zwölf Monate erneut versicherungspflichtig war und dadurch die Anwartschaftszeit erfüllt (§ 142 Abs. 1 S. 1 SGB III).

2. Erlöschen bei Entstehen eines neuen Anspruchs

Durch die Wiederaufnahme einer Arbeit erwirbt der Arbeitslose bei mindestens zwölf Monaten versicherungspflichtiger Beschäftigungsdauer bei erneuter Arbeitslosigkeit einen neuen Anspruch auf Arbeitslosengeld. Dadurch erlischt der alte, noch nicht verbrauchte Anspruch auf Arbeitslosengeld (§ 161 Abs. 1 Nr. 1 SGB III); es erhöht sich jedoch die **Dauer des neuen Anspruchs** um die Dauer des erloschenen Anspruchs, soweit dieser noch nicht verbraucht war und wenn nach der Entstehung des alten Anspruchs noch **keine fünf Jahre** verstrichen sind (§ 147 Abs. 4 SGB III). Sie verlängert sich allerdings längstens bis zu der dem Lebensalter des Arbeitslosen zugeordneten Höchstdauer (dazu siehe S. 48 ff.).

3. Erlöschen durch Zeitablauf

Ist noch ein Teil Ihres Anspruchs auf Arbeitslosengeld unverbraucht und werden Sie **nach Ablauf von vier Jahren**, gerechnet von der Entstehung des alten Anspruchs an, erneut arbeitslos ohne einen neuen Anspruch auf Arbeitslosengeld erworben zu haben, so kann der alte Anspruch **nicht mehr geltend gemacht** werden (§ 161 Abs. 2 SGB III). Ist etwa Ihr Anspruch am 1.9.2017 entstanden, so können Sie ihn bis zum 31.8.2021 noch geltend machen. Ab 1.9. 2021 ist das nicht mehr möglich.

VII. Wie wird das Arbeitslosengeld gezahlt?

1. Nachträgliche, monatliche Überweisung; Verzinsung

Das Arbeitslosengeld wird für Kalendertage berechnet und geleistet. Ist für einen vollen **Kalendermonat** zu leisten, wird dieser mit **30 Tagen** berechnet (§ 154 SGB III).

Das Arbeitslosengeld wird Ihnen **nachträglich** monatlich auf Ihr Bankgirokonto überwiesen (§ 337 Abs. 1 S. 1, Abs. 2 SGB III). Wird Ihnen das Arbeitslosengeld an Ihren Wohnsitz übermittelt, zieht Ihnen die Agentur für Arbeit hiervon die durch diese Übermittlungsart veranlassten Kosten ab (§ 337 Abs. 1 S. 2 SGB III).

Die Leistungen werden regelmäßig monatlich am gleichen Wochentag überwiesen. Ist dieser Tag ein Feiertag, so wird vorher überwiesen. Sind nur noch wenige Resttage vor Aufnahme einer Arbeit zu zahlen, so wird dieser Anspruchsrest am letzten Tag der Arbeitslosigkeit überwiesen. Auf der Gutschrift-Anzeige bzw. auf dem Post-Empfängerabschnitt ist notiert, für welchen Zeitraum die Überweisung gilt. Auch jugendliche Arbeitslose unter 18 Jahre sind zum Empfang des Arbeitslosengeldes ermächtigt, sofern ihre Eltern nicht ausdrücklich die Zahlung an sich verlangen.

Entstehen durch die nachträgliche monatliche Auszahlung unbillige Härten (z.B. Sie können Ihre Miete nicht bezahlen), können Sie eine angemessene **Abschlagszahlung** beantragen (§ 337 Abs. 4 SGB III). Eine Vorauszahlung für künftige Zeiten ist aber nicht möglich.

§ 44 SGB I sieht vor, dass Ansprüche auf Geldleistungen der Agentur für Arbeit mit 4 % zu verzinsen sind, z.B. wenn diese erst nach Ablauf eines Widerspruchs- oder Klageverfahrens zahlt. **Zinsen** sind allerdings frühestens zu zahlen, wenn seit dem Eingang des vollständigen Leistungsantrags sechs Monate vergangen sind. Sie sind im Übrigen nur bis zum Ablauf des Kalendermonats vor Zahlung der Agentur für Arbeit zu entrichten.

BEISPIEL:

Eingang des vollständigen Antrags:	1.5.2018
Zahlung:	25.2.2019
Verzinsung:	ab 1.11.2018 bis 31.1.2019

Es ist sinnvoll, ausdrücklich die Verzinsung zu beantragen, obwohl § 44 SGB I eine von Amts wegen zu beachtende Soll-Vorschrift ist.

2. Vorschuss- bzw. Abschlagszahlungen

Steht der Anspruch auf Arbeitslosengeld **dem Grunde nach fest** und ist lediglich zur Feststellung der Höhe und zur allgemeinen Bearbeitung noch eine längere, mehrere Wochen umfassende Zeit erforderlich, so **kann** die Agentur für Arbeit auf Wunsch Vorschuss zahlen. Sie **muss** einen Vorschuss zahlen, wenn Sie dies beantragen und ein Monat seit der Antragstellung vergangen ist (§ 42 SGB I).

Ist **unklar,** ob Ihnen überhaupt ein Anspruch auf Arbeitslosengeld zusteht, ist dies jedoch mit hinreichender Wahrscheinlichkeit der Fall, und erfordert die Feststellung der Voraussetzungen des Anspruchs voraussichtlich noch längere Zeit, so kann die Agentur für Arbeit, wenn Sie die Umstände einer sofortigen abschließenden Entscheidung nicht zu vertreten haben, eine **vorläufige Entscheidung** treffen (§ 328 Abs. 1 S. 1 Nr. 3 SGB III). Dies ist z.B. bei den Entscheidungen über den Arbeitslosengeldanspruch während der Schließung der Agenturen für Arbeit zur Zeit der Covid-19-Krise der Fall gewesen, so dass alle Entscheidungen aufgrund der fehlenden persönlichen Arbeitslosmeldung als vorläufig nach § 328 Abs. 1 S. 1 Nr. 3 SGB III ergangen sind.

Stellt sich später heraus, dass Sie – entgegen der ursprünglichen Erwartung – doch keinen Leistungsanspruch gegen die Agentur für Arbeit haben, müssen Sie die zu Unrecht erhaltenen Leistungen erstatten (§ 328 Abs. 3 S. 2 SGB III).

3. Auszahlung an Dritte, Pfändung, Aufrechnung, Vererblichkeit

Mitunter treten **Sozial- und Jugendämter**, wegen Säumigkeit von Arbeitslosen bezüglich **Unterhaltsschulden** an die Agentur für Arbeit mit dem Antrag heran, einen angemessenen Teil des Arbeitslosengeldes direkt an dessen Ehegatten bzw. an dessen Kinder auszuzahlen. Dies sieht § 48 SGB I vor, wobei auch an andere Stellen oder Personen ausgezahlt werden kann, welche dem Ehegatten und den Kindern Unterhalt gewähren. Dem Leistungsberechtigten soll dabei so viel belassen werden, dass sein eigener, notwendiger Unterhalt sichergestellt ist. Als Mindestbetrag für den Selbstbehalt gelten die Sätze der jeweils zeitlich gültigen Düsseldorfer Tabelle (im Jahr 2020 mindestens 960 €).

Auch **andere Gläubiger** können Pfändungen von Leistungsansprüchen erwirken (§ 54 SGB I). Die Höhe der pfändbaren Beträge wird anhand der Regelung des § 850c ZPO ermittelt. Die darauf basierenden Pfändungstabellen sind in großer Zahl frei zugänglich im Internet verfügbar. Daraus kann der maximal pfändbare Betrag abgelesen werden. Sofern Sie Zahlungsrückstände bei einem anderen Sozialversicherungsträger haben, z.B. Zuzahlungen oder Beiträge bei der gesetzlichen Krankenkasse, ist es möglich, dass diese Zahlungsforderung mit Ihrem Anspruch auf Arbeitslosengeld im Rahmen der §§ 52, 51, 54 Abs. 2 und 4 SGB I verrechnet wird. Das bedeutet, dass der Sozialleistungsträger eine Verrechnung bis zur Hälfte ihrer monatlichen laufenden Arbeitslosengeldleistung vornehmen kann. Dies gilt nur dann nicht, wenn Sie nachweisen können, dass Sie durch die Verrechnung hilfebedürftig nach dem SGB II werden würden. Mindestens derjenige Betrag also, der Ihnen an Leistungen nach dem SGB II zustehen würde, muss Ihnen auch im Fall der Verrechnung verbleiben.

Hat die Agentur für Arbeit **selbst** Ansprüche gegen den Arbeitslosen – z.B. wegen zu Unrecht gezahlter Leistungen – so kann sie mit Ansprüchen des Arbeitslosen auf Arbeitslosengeld bis zu deren Hälfte **aufrechnen,** soweit der Arbeitslose dadurch nicht hilfebedürftig im Sinne des SGB XII wird (§ 51 Abs. 2 SGB I). War der Leistungsanspruch des Arbeitslosen aber wegen der Anrechnung von Nebeneinkommen gemindert oder ruhte er wegen einer Sperrzeit, so kann die Agentur für Arbeit in voller Höhe aufrechnen (§ 333 Abs. 1 SGB III).

Stirbt der Arbeitslose, so steht den Erben zu, was bis dahin an Ansprüchen entstanden und noch nicht ausgezahlt ist.

VIII. Wann kann die Agentur für Arbeit Überzahlungen zurückfordern?

Nach § 45 SGB X kann eine **von Anfang an** fehlerhafte Leistungsbewilligung nicht **zurückgenommen** werden, soweit Sie auf deren Richtigkeit vertraut und das Geld ausgegeben haben und Ihr **Vertrauen schutzwürdiger** erscheint als das öffentliche Interesse an der Rückzahlung. Jedoch kann sich niemand auf Vertrauen berufen, der den Fehler erkannt oder infolge grober Fahrlässigkeit nicht erkannt hat (§ 45 Abs. 2 S. 3 Nr. 3 SGB X). Nach der ständigen Rechtsprechung des Bundessozialgerichtes setzt grobe Fahrlässigkeit eine Sorgfaltspflichtverletzung in besonders schwerem Maße, d.h. eine besonders grobe und auch subjektiv schlechthin unentschuldbare Pflichtverletzung voraus, die das gewöhnliche Maß der Fahrlässigkeit erheblich übersteigt. Subjektiv schlechthin unentschuldbar ist ein Verhalten, wenn schon einfachste, ganz nahe liegende Überlegungen nicht angestellt werden, wenn also nicht beachtet wird, was im gegebenen Fall jedem einleuchten muss. Vor der Rücknahme- bzw. Erstattungsentscheidung wird im Regelfall von der Agentur für Arbeit eine Anhörung durchgeführt, in der Ihnen der zur Last liegende Sachverhalt mit Hinweis auf die Rechtsgrundlagen und Rechtsfolgen erläutert wird und Ihnen Gelegenheit gegeben wird, sich zur Sache zu äußern.

Nach § 48 Abs. 1 S. 1 SGB X muss ein Leistungen bewilligender Bescheid mit **Wirkung für die Zukunft** aufgehoben werden, wenn seit dessen Erlass eine den Leistungsanspruch berührende **wesentliche Änderung** eintritt.

Die zwingende **rückwirkende Aufhebung,** verbunden mit der **Erstattung** zu Unrecht gewährter Leistungen (§ 50 Abs. 1 SGB X) sieht § 48 Abs. 1 S. 2 Nr. 2 bis 4 SGB X i.V.m. § 330 Abs. 3 S. 1 SGB III vor.

Eine solche kommt in Betracht, wenn Sie:

- die **wesentliche Änderung** entgegen Ihrer Verpflichtung (§ 60 Abs. 1 S. 1 Nr. 2 SGB I) vorsätzlich oder grob fahrlässig **nicht mitgeteilt** haben
- nach Antragstellung oder Erlass des Bescheids **Einkommen** oder **Vermögen** erzielt haben, welches zum Wegfall oder zur Minderung des Anspruchs geführt haben würde (z.B. Nebeneinkommen, § 155 SGB III; dazu siehe S. 68 ff.), oder
- die aufgrund der geänderten Verhältnisse eingetretene **Rechtswidrigkeit** des Bescheids **erkannt** oder nur grob fahrlässig nicht erkannt haben.

BEISPIEL: Wer – ohne die Agentur für Arbeit zu informieren – für eine Woche verreist, steht für diese Zeit der Arbeitsvermittlung nicht zur Verfügung und hat dementsprechend keinen Anspruch.
Ist ihm dies nicht bekannt, muss ihm, da hierauf im Merkblatt für Arbeitslose ausdrücklich hingewiesen ist, grobe Fahrlässigkeit hinsichtlich seiner Unkenntnis vorgeworfen werden, mit der Folge, dass der Bewilligungsbescheid für die Zeit der Ortsabwesenheit aufgehoben wird und überzahlte Leistungen insofern zu erstatten sind (§ 48 Abs. 1 S. 2 Nr. 2 und 4 SGB X i.V.m. § 330 Abs. 3 S. 1 SGB III, § 50 Abs. 1 SGB X).

Hinzuweisen ist abschließend noch darauf, dass die Bundesagentur für Arbeit hinsichtlich der Frage, ob sie – liegen die Voraussetzungen für die **Rücknahme** bzw. **Aufhebung** des Bewilligungsbescheids nach § 45 Abs. 2 S. 3 SGB X (fehlender Vertrauensschutz) bzw. nach § 48 Abs. 1 S. 2 SGB X vor – **keine Ermessensprüfung** mehr anstellen darf. Vielmehr **muss** Sie ihren fehlerhaften bzw. fehlerhaft gewordenen Bescheid rückwirkend aufheben bzw. zurücknehmen und überzahlte Leistungen zurückfordern (§ 330 Abs. 2 und 3 S. 1 SGB III).

Wurden der Leistungen gewährende Bescheid rückwirkend aufgehoben und das Arbeitslosengeld zurückgefordert, hat der Leistungsempfänger auch die **Beiträge,** die von der Agentur für Arbeit für den Aufhebungszeitraum zur **gesetzlichen Kranken-** bzw. **sozialen Pflegeversicherung** gezahlt wurden, zu erstatten (§ 335 Abs. 1 S. 1, Abs. 5 SGB III). Dies kann ein erheblicher Betrag sein. Da es sich hier um eine gesetzlich angeordnete Erstattungsverpflichtung handelt, ist das regelmäßig vorgebrachte Argument, dass man ja selbst die Beiträge zur Kranken- und Pflegeversicherung nie erhalten hat und sich diesbezüglich die Agentur für Arbeit bitte an die Krankenkasse wenden möge, unerheblich.

2. Kapitel

Grundsicherung für Arbeitsuchende

I. Wer erhält Leistungen der Grundsicherung?

Ein **Arbeitsuchender,** der – aus welchen Gründen auch immer – keinen Anspruch auf Arbeitslosengeld nach dem SGB III (mehr) hat, hat dann, wenn er **erwerbsfähig** und **hilfebedürftig** ist, nach § 1 Abs. 3 Sozialgesetzbuch – Grundsicherung für Arbeitsuchende – (SGB II) **Anspruch** auf Leistungen:

- zur Beratung
- zur Beendigung oder Verringerung der Hilfebedürftigkeit insbesondere durch Eingliederung in Ausbildung und Arbeit und
- zur Sicherung des Lebensunterhaltes.

Diese Leistungen werden dem **Arbeitsuchenden** selbst sowie allen mit ihm in einer **Bedarfsgemeinschaft** lebenden Personen (siehe unten S. 135 ff.) gewährt (§ 7 SGB II).

Sowohl der erwerbsfähige Leistungsberechtigte als auch die mit ihm in einer Bedarfsgemeinschaft lebenden Personen müssen (**Grundsatz des Forderns**) alle **Möglichkeiten** zur **Beendigung** oder **Verringerung** ihrer **Hilfebedürftigkeit ausschöpfen.** Der erwerbsfähige Leistungsberechtigte muss dabei aktiv an allen Maßnahmen zu seiner **Eingliederung in Arbeit** mitwirken und insbesondere eine **Eingliederungsvereinbarung** (§ 15 SGB II) abschließen, in der unter anderem bestimmt wird, welche **Leistungen** er zur Eingliederung in

Arbeit erhält, welche **Bemühungen** er in welcher Häufigkeit zur Eingliederung in Arbeit mindestens unternehmen muss, in welcher Form er die Bemühungen **nachzuweisen** und welche **Leistungen Dritter,** insbesondere Träger anderer Sozialleistungen, er zu beantragen hat (§ 2 SGB II). Er muss in diesem Zusammenhang seine **Arbeitskraft** zur Beschaffung des Lebensunterhaltes für sich und die mit ihm in einer Bedarfsgemeinschaft lebenden Personen **einsetzen.**

Die **Leistungen** der Grundsicherung für Arbeitsuchende, die entweder von der **Bundesagentur für Arbeit oder** von den **kommunalen Trägern** (Kreisfreie Städte bzw. Kreise) gewährt werden (§§ 6, 6a, 6b SGB II), werden nach § 4 Abs. 1 SGB II in Form von:

- **Dienstleistungen** (z.B. Information, Beratung, Unterstützung durch einen persönlichen Ansprechpartner mit dem Ziel der Eingliederung in Arbeit)
- **Geldleistungen** sowie
- **Sachleistungen**

erbracht.

Dienst- und Sachleistungen werden allerdings in erster Linie für **erwerbsfähige Leistungsberechtigte** (§ 7 Abs. 1 SGB II) erbracht. Für Personen, die mit erwerbsfähigen Leistungsberechtigten in einer **Bedarfsgemeinschaft** (dazu siehe S. 135 ff.) leben, kommen solche Leistungen demgegenüber **nur dann** in Betracht, wenn dadurch **Hemmnisse** bei der Eingliederung der **erwerbsfähigen Leistungsberechtigten beseitigt** oder **vermindert** werden (§ 7 Abs. 2 S. 2 SGB II).

Neben den erwähnten Dienst-, Geld- und Sachleistungen können **weitere Leistungen** (z.B. Betreuung minderjähriger oder behinderter Kinder, häusliche Pflege von Angehörigen, Schuldnerberatung, psychosoziale Betreuung, Suchtberatung, Einstiegsgeld, Leistungen zur Eingliederung von Selbstständigen, Schaffung von Arbeitsgelegenheiten, Leistungen zur Beschäftigungsförderung) gewährt werden (§§ 16 bis 16i SGB II).

Ebenso wie den Arbeitslosen, die unter das SGB III fallen, können nach § 16 Abs. 1 SGB II den erwerbsfähigen Leistungsberechtigten auch einige im SGB III geregelte **Eingliederungsleistungen** gewährt werden. **Beispielsweise** sind zu nennen:

- Maßnahmen zur Aktivierung und beruflichen Eingliederung (§ 45 SGB III)
- Leistungen aus dem Vermittlungsbudget (§ 44 SGB III) und
- Förderung der beruflichen Weiterbildung (§§ 81 ff. SGB III).

Die Leistungen nach dem SGB II werden nur **auf Antrag** und nur für Zeiten **ab Antragstellung** erbracht (§ 37 Abs. 1 S. 1, Abs. 2 S. 1 SGB II). Allerdings wirkt der Antrag auf **Leistungen zur Sicherung des Lebensunterhaltes** auf den **Ersten des Monats** zurück (§ 37 Abs. 2 S. 2 SGB II).

Da die Leistungen zur Sicherung des Lebensunterhaltes nur für einzelne **Bewilligungsabschnitte** (in der Regel ein Jahr) erbracht werden (§ 41 Abs. 3 SGB II), ist für die Zeit nach dem Ablauf eines Bewilligungsabschnittes ein **Weiterbewilligungsantrag** zwingend **erforderlich**. Wird ein solcher Weiterbewilligungsantrag nicht rechtzeitig gestellt, müssen Sie damit rechnen, dass Ihnen Leistungen erst wieder ab dem Antragsdatum gewährt werden. Da allerdings der Antrag auf Leistungen zur Sicherung des Lebensunterhaltes auf den Ersten des Monats zurückwirkt, dürfte dieser Fall erst dann eintreten, wenn der Weiterbewilligungsantrag mehr als einen Monat nach Ablauf des Bewilligungsabschnittes gestellt wird.

II. Arbeitslosengeld II/Sozialgeld

1. Anspruchsvoraussetzungen, Leistungsberechtigte

Anspruch auf Arbeitslosengeld II (Regelbedarf, Mehrbedarfe und den Bedarf für Unterkunft und Heizung) haben nach § 19 Abs. 1 S. 1 und 3 SGB II i.V.m. den §§ 7 Abs. 1, 7a SGB II **erwerbsfähige** Leistungsberechtigte, die **hilfebedürftig** sind, das 15. Lebensjahr vollendet, das für die Regelaltersrente im Sinne des SGB VI erforderliche Lebensjahr (zwischen 65 und 67) noch nicht vollendet und ihren gewöhnlichen Aufenthalt in der Bundesrepublik Deutschland haben. **Ausgenommen** sind allerdings bestimmte Gruppen von **Ausländern** (§ 7 Abs. 1 S. 2 bis 4 SGB II).

Nichterwerbsfähige Leistungsberechtigte, die mit erwerbsfähigen Leistungsberechtigten **in einer Bedarfsgemeinschaft** leben, erhalten nach § 19 Abs. 1 S. 2 und 3 SGB II i.V.m. § 7 Abs. 2 SGB II **Sozialgeld** (Regelbedarf, Mehrbedarfe und den Bedarf für Unterkunft und Heizung), soweit sie keinen Anspruch auf Grundsicherung im Alter und bei Erwerbsminderung (§§ 41 SGB XII) haben.

Zu einer solchen **Bedarfsgemeinschaft** gehören nach § 7 Abs. 3 SGB II:

- die erwerbsfähigen Leistungsberechtigten selbst
- die im Haushalt lebenden Eltern oder der im Haushalt lebende Elternteil eines unverheirateten erwerbsfähigen Kindes, welches das 25. Lebensjahr noch nicht vollendet hat, und der im Haushalt lebende Partner dieses Elternteiles
- der nicht dauernd getrennt lebende Ehegatte bzw. Lebenspartner des Hilfebedürftigen (Partner)
- eine Person, die mit dem erwerbsfähigen Leistungsberechtigten in einem Haushalt so zusammenlebt, dass nach verständiger Würdigung der wechselseitige Wille anzunehmen ist, Verantwortung füreinander zu tragen und füreinander einzustehen (Verantwortungs- und Einstehensgemeinschaft) und
- die dem Haushalt angehörenden, unverheirateten Kinder der vorgenannten Personen, wenn sie das 25. Lebensjahr noch nicht vollendet haben, soweit sie die Leistungen zur Sicherung ihres Lebensunterhaltes nicht aus eigenem Einkommen oder Vermögen beschaffen können.

Das Bestehen einer **Verantwortungs- und Einstehensgemeinschaft** wird nach § 7 Abs. 3a SGB II **vermutet,** wenn Partner:

- länger als ein Jahr zusammenleben
- mit einem gemeinsamen Kind zusammenleben
- Kinder oder Angehörige im Haushalt versorgen oder
- befugt sind, über Einkommen oder Vermögen des anderen zu verfügen.

Weitere **Indizien** können sein:

- gemeinsame Haushaltsführung
- gemeinsame Anschaffung von Möbeln, eines Autos oder anderer teurer Gegenstände
- gemeinsame Freizeitgestaltung
- gemeinsamer Urlaub und vieles mehr.

Liegt danach eine **Verantwortungs- und Einstehensgemeinschaft** vor, gehört auch der in dieser Gemeinschaft lebende Partner des erwerbsfähigen Leistungsberechtigten zur Bedarfsgemeinschaft. Er ist somit Berechtigter nach § 7 SGB II und kann Leistungen beziehen. Allerdings wird auch sein Einkommen und Vermögen im Rahmen der Frage, ob Hilfebedürftigkeit vorliegt, berücksichtigt (§ 9 Abs. 2 S. 1 SGB II).

Keine Leistungen nach dem SGB II erhält, wer in einer **stationären Einrichtung** (dazu gehört auch eine Einrichtung zum Vollzug richterlich angeordneter Freiheitsentziehung) untergebracht ist, **Rente wegen Alters** oder Knappschaftsausgleichsleistung oder eine ähnliche Leistung öffentlich-rechtlicher Art bezieht (§ 7 Abs. 4 S. 1, 2 SGB II). Dies gilt allerdings **nicht** für Personen, die voraussichtlich **weniger als sechs Monate in einem Krankenhaus** untergebracht sind oder die trotz ihrer Unterbringung in einer stationären Einrichtung unter den üblichen Bedingungen des allgemeinen Arbeitsmarktes mindestens **15 Stunden/Woche erwerbstätig** sind (§ 7 Abs. 4 S. 3 SGB II). Diese Personen haben – liegen alle übrigen Voraussetzungen vor – Anspruch auf Gewährung von Leistungen der Grundsicherung für Arbeitsuchende nach dem SGB II. Der **Freigänger** im Strafvollzug fällt allerdings **nicht** unter diesen Personenkreis.

Von der Leistung **ausgeschlossen** sind erwerbsfähige Leistungsberechtigte, die sich **ohne Zustimmung** ihres zuständigen Leistungsträgers **außerhalb des zeit- und ortsnahen Bereiches** aufhalten **und deshalb nicht** für die Eingliederung in Arbeit **zur Verfügung** stehen (§ 7 Abs. 4a S. 1 SGB II). Die **Zustimmung** zur Ortsabwesenheit **muss** allerdings dann **erteilt** werden, wenn ein **wichtiger Grund** (insbesondere: Teilnahme an einer ärztlich verordneten Maßnahme der medizinischen Vorsorge oder Rehabilitation, Teilnahme an einer Veranstaltung, die staatspolitischen, kirchlichen oder gewerkschaftlichen Zwecken dient oder sonst im öffentlichen Interesse liegt, Ausübung einer ehrenamtlichen Tätigkeit) hierfür vorliegt (§ 7 Abs. 4a S. 2 und 3 SGB II). Liegt **kein wichtiger Grund** vor, **kann** die Zustimmung zu Ortsabwesenheiten, die dann allerdings **drei Wochen im Kalenderjahr nicht überschreiten** sollen, dennoch erteilt werden, wenn hierdurch die Eingliederung in Arbeit nicht beeinträchtigt wird (§ 7 Abs. 4 a S. 4 und 5 SGB II). **Einzelheiten** insofern müssen mit dem zuständigen **Sachbearbeiter** des Leistungsträgers abgesprochen werden.

In der Regel **ausgeschlossen** von den Leistungen nach dem SGB II sind auch **Schüler**, **Studenten** und Auszubildende, deren Ausbildung im Rahmen des Bundesausbildungsförderungsgesetzes bzw. als Berufsausbildung nach den §§ 56 ff. SGB III **förderungsfähig** ist (§ 7 Abs. 5 SGB II). Ob sie solche Leistungen **tatsächlich** erhalten oder nicht (z.B. weil sie die persönlichen Voraussetzungen für die Leistungsgewährung nicht erfüllen), ist in diesem Zusammenhang unerheblich.

Ausnahmen hierzu (z.B. in bestimmten Fällen des Besuches von Abendschulen) finden sich in § 7 Abs. 6 SGB II.

Um für diesen Personenkreis **Härten abzumildern** hat der Gesetzgeber in § 27 Abs. 2 SGB II einen Katalog von **Leistungen** normiert, die allerdings **kein Arbeitslosengeld II** darstellen. **Anspruchsberechtigt** sind danach unter anderem

- **Schwangere** nach der 12. Schwangerschaftswoche (§ 21 Abs. 2 SGB II)
- Alleinerziehende von minderjährigen Kindern (§ 21 Abs. 3 SGB II)
- Personen, die aus medizinischen Gründen einen Mehrbedarf für kostenaufwändige Ernährung haben (§ 21 Abs. 5 SGB II) und
- Personen, die im Einzelfall einen unabweisbaren laufenden besonderen Bedarf haben (§ 21 Abs. 6 SGB II).

Nach § 27 Abs. 3 SGB II wird im Einzelfall den Auszubildenden auch ein **Zuschuss** zu ihren angemessenen Kosten für **Unterkunft und Heizung** gewährt.

In Fällen **besonderer Härte** sieht § 27 Abs. 3 S. 2 SGB II schließlich die Möglichkeit der Gewährung weiterer Leistungen als **Darlehen** vor, sofern die Ausbildung vor dem 31.12.2020 begonnen worden ist (§ 27 Abs. 3 S. 3 SGB II).

2. Sind Sie erwerbsfähig?

Voraussetzung für die Gewährung von Arbeitslosengeld II ist, dass Sie **erwerbsfähig** und **hilfebedürftig** sind.

Erwerbsfähig sind Sie, wenn sie nicht wegen Krankheit oder Behinderung auf absehbare Zeit außerstande sind, unter den üblichen Bedingungen des allgemeinen Arbeitsmarktes **mindestens drei Stunden täglich** erwerbstätig zu sein (§ 8 Abs. 1 SGB II). Sie müssen also gesundheitlich **objektiv in der Lage** sein, eine Beschäftigung mindestens in diesem Umfang aufzunehmen. Für **ausländische** Arbeitsuchende ist weiter Voraussetzung, dass ihnen die Aufnahme einer Beschäftigung erlaubt ist oder erlaubt werden könnte (§ 8 Abs. 2 SGB II). Die **Feststellung**, ob **Erwerbsfähigkeit** im genannten Sinne vorliegt, wird dann, wenn dies nicht eindeutig ist, im Rahmen eines **sozialmedizinischen Gutachtens** von der Agentur für Arbeit getroffen (§ 44a Abs. 1 S. 1 SGB II). Widerspricht der kommunale Träger, ein anderer Leistungsträger, der bei voller Erwerbsminderung zuständig wäre (z.B. der Rentenversicherungsträger) oder die Krankenkasse, die bei Erwerbsfähigkeit Leistungen der Krankenversicherung zu erbringen hätte, der Feststellung der Agentur für Arbeit, **entscheidet** über die Frage der Erwerbsfähigkeit die **Agentur für Arbeit**, nachdem sie beim zuständigen **Rentenversicherungsträger** eine **gutachtliche Stellungnahme** eingeholt hat, an die sie **gebunden** ist (§ 44a Abs. 1 S. 4 bis 6 SGB II). Bis zur Entscheidung über den Widerspruch besteht ein Anspruch auf Gewährung von Leistungen nach dem SGB II (§ 44a Abs. 1 S. 7 SGB II).

Soweit das Gesetz im Zusammenhang mit der Frage der Erwerbsfähigkeit von **„absehbarer Zeit“** spricht, ist damit gemeint, dass solche auch dann anzunehmen ist, wenn die gesundheitlichen Voraussetzungen innerhalb der nächsten **sechs Monate** eintreten.

BEISPIEL: A ist aufgrund eines operierten Bandscheibenvorfalles für längere Zeit arbeitsunfähig erkrankt. Er beantragt die Gewährung von Arbeitslosengeld II. Kommt der begutachtende Arzt in seinem sozialmedizinischen Gutachten zu dem Ergebnis, A werde noch vor Ablauf von sechs Monaten wieder in einem Umfang von mindestens drei Stunden täglich arbeitsfähig sein, besteht Erwerbsfähigkeit im Sinne des § 8 Abs. 1 SGB II mit der Folge, dass A – liegen alle anderen Voraussetzungen vor – Anspruch auf Gewährung von Arbeitslosengeld II hat. Kommt der begutachtende Arzt in seinem sozialmedizinischen Gutachten allerdings zu dem Ergebnis, Arbeitsfähigkeit in diesem Sinne trete erst wieder nach acht Monaten ein, hat A Anspruch nur auf Leistungen nach dem SGB XII.

3. Sind Sie hilfebedürftig?

Nach § 9 Abs. 1 SGB II ist hilfebedürftig, wer seinen Lebensunterhalt nicht oder nicht ausreichend aus dem zu **berücksichtigenden Einkommen** oder **Vermögen** sichern kann **und** die erforderliche Hilfe **nicht von anderen**, insbesondere von Angehörigen oder von Trägern anderer Sozialleistungen erhält.

Im Vordergrund steht in diesem Zusammenhang allerdings zunächst die **Verpflichtung** des erwerbsfähigen Leistungsberechtigten, alle Möglichkeiten zur Beendigung oder Verringerung seiner Hilfebedürftigkeit auszuschöpfen und an allen Maßnahmen zu seiner Eingliederung in Arbeit mitzuwirken (§ 2 Abs. 1 SGB II). Dazu gehört in erster Linie die **Bereitschaft** des erwerbsfähigen Leistungsberechtigten, **jede zumutbare Arbeit aufzunehmen**.

4. Welche Arbeit ist Ihnen zumutbar?

Anders als beim Arbeitslosengeld nach dem SGB III (siehe S. 7 ff.) geht § 10 Abs. 1 SGB II davon aus, dass dem erwerbsfähigen Leistungsberechtigten grundsätzlich **jede Arbeit zumutbar** ist. Dies gilt lediglich **dann nicht,** wenn:

- er zu einer bestimmten Arbeit körperlich, geistig oder seelisch nicht in der Lage ist
- die Ausübung der Arbeit ihm die künftige Ausübung seiner bisherigen überwiegenden Arbeit wesentlich erschweren würde, weil die bisherige Tätigkeit besondere körperliche Anforderungen stellt
- die Ausübung der Arbeit die Erziehung seines Kindes oder des Kindes seines Partners gefährden würde

- die Ausübung der Arbeit mit der Pflege eines Angehörigen nicht vereinbar wäre und die Pflege nicht auf andere Weise sichergestellt werden kann oder
- der Ausübung der Arbeit ein sonstiger wichtiger Grund entgegensteht.

Die Frage, ob der erwerbsfähige Hilfebedürftige an der Ausübung bestimmter Arbeiten aus **körperlichen, geistigen oder seelischen Gründen** gehindert ist, entscheidet sich regelmäßig aufgrund eines **sozialmedizinischen Gutachtens.** Folgen Sie dem sozialmedizinischen Gutachten nicht und lehnen Sie dementsprechend für zumutbar erachtete Arbeitsangebote ab, laufen Sie Gefahr, dass Ihr Arbeitslosengeld II erheblich abgesenkt wird oder sogar wegfällt (§ 31 ff. SGB II; siehe S. 163 ff.).

Hinsichtlich der Frage, wann die **Erziehung eines Kindes** des erwerbsfähigen Leistungsberechtigten bzw. dessen Partners durch die Ausübung einer Arbeit **gefährdet** wird, hat der Gesetzgeber in § 10 Abs. 1 Nr. 3 SGB II festgelegt, dass dies bei einem Kind, welches das **dritte Lebensjahr** vollendet hat, in der Regel dann **nicht** der Fall ist, wenn dessen Betreuung in einer Tageseinrichtung (Kindergarten), in Tagespflege oder auf sonstige Weise (z.B. Betreuung durch Großeltern) sichergestellt ist. In diesem Zusammenhang ist im Übrigen davon auszugehen, dass dem erwerbsfähigen Hilfebedürftigen – entsprechend der gesetzlichen Vorgabe – vorrangig ein Platz zur Tagesbetreuung des Kindes angeboten wird.

Hinsichtlich der Frage, in welchen Fällen der Ausübung einer Arbeit ein **wichtiger Grund** entgegensteht, kann auf die Ausführungen S. 106 ff. Bezug genommen werden. Allerdings ist in diesem Zusammenhang davon auszugehen, dass ein eher **strenger Maßstab** angelegt wird.

Ebenso wie beim Arbeitslosengeld nach dem SGB III (siehe S. 7 ff.) ist nach § 10 Abs. 2 SGB II eine Arbeit **nicht** allein deshalb **unzumutbar,** weil:

- sie nicht einer früheren beruflichen Tätigkeit des erwerbsfähigen Leistungsberechtigten entspricht, für die er ausgebildet ist oder die er früher ausgeübt hat

- sie im Hinblick auf die Ausbildung des erwerbsfähigen Leistungsberechtigten als geringerwertig anzusehen ist
- der Beschäftigungsort vom Wohnort des erwerbsfähigen Leistungsberechtigten weiter entfernt ist als ein früherer Beschäftigungs- oder Ausbildungsort,
- die Arbeitsbedingungen ungünstiger sind als bei den bisherigen Beschäftigungen des erwerbsfähigen Leistungsberechtigten, oder
- sie mit der Beendigung einer Erwerbstätigkeit verbunden ist, es sei denn, es liegen begründete Anhaltspunkte vor, dass durch die bisherige Tätigkeit künftig die Hilfebedürftigkeit beendet werden kann.

Zum letztgenannten Punkt folgendes Beispiel:

BEISPIEL: A ist zehn Stunden/Woche in einem Supermarkt beschäftigt und erzielt daraus ein regelmäßiges Entgelt von € 350/Monat. Der Grundsicherungsträger bietet ihm eine für ein Jahr befristete Stelle als Bauarbeiter in Vollzeit an. Diese Stelle müsste A nur dann nicht annehmen, wenn er berechtigte Aussicht hätte, in seinem Supermarkt künftig in einem Umfang tätig sein zu können, der ihn von Leistungen nach dem SGB II unabhängig machen würde. Eine „berechtigte Aussicht" in diesem Sinne wäre beispielsweise wohl dann anzunehmen, wenn sein Arbeitgeber ihm mit Beginn des übernächsten Monates eine unbefristete Vollzeitbeschäftigung zusichern würde.

All diese Grundsätze gelten im Übrigen auch hinsichtlich der Teilnahme des erwerbsfähigen Leistungsberechtigten an **Maßnahmen zur Eingliederung in Arbeit** (§ 10 Abs. 3 SGB II).

5. Sind Sie materiell bedürftig?

Ob Sie hilfebedürftig sind, bestimmt sich nach:

- Ihrem eigenen Einkommen und Vermögen (§ 9 Abs. 1 SGB II),
- dem Einkommen und Vermögen des in der Bedarfsgemeinschaft lebenden Partners (§ 9 Abs. 2 S. 1 SGB II) und
- dem Einkommen und Vermögen der mit einem unverheirateten Kind in einer Bedarfsgemeinschaft lebenden Eltern, eines Eltern-

teiles und insbesondere auch dessen in Bedarfsgemeinschaft lebenden Partners (§ 9 Abs. 2 S. 2 SGB II). Dies gilt allerdings nicht, wenn das Kind schwanger ist oder selbst ein Kind, welches das sechste Lebensjahr noch nicht vollendet hat, betreut (§ 9 Abs. 3 SGB II).

Lebt der erwerbsfähige Leistungsberechtigte mit (anderen) Verwandten oder Verschwägerten, die nicht zur Bedarfsgemeinschaft gehören, in einer (aus einem Topf wirtschaftenden) **Haushaltsgemeinschaft,** so wird nach § 9 Abs. 5 SGB II **vermutet,** dass er von diesen Leistungen erhält, soweit dies nach deren Einkommen und Vermögen erwartet werden kann. Bei dieser gesetzlichen Vermutung handelt es sich um eine solche, die **widerlegbar** ist. Weist der erwerbsfähige Leistungsberechtigte demzufolge nach, dass er keine Leistungen erhält oder dass die Gewährung von Leistungen seitens der Verwandten bzw. Verschwägerten nicht erwartet werden kann, ist bei ihm von Hilfebedürftigkeit im Sinne des § 9 Abs. 1 SGB II auszugehen.

Nicht bedürftig sind Sie, wenn Sie von Trägern anderer Sozialleistungen (z.B. Krankenkassen, Rentenversicherungsträger) die erforderliche Hilfe erhalten (§ 9 Abs. 1 SGB II).

6. Was gehört zum Einkommen und wie wird es angerechnet?

Einkommen sind **alle Einnahmen in Geld oder Geldeswert** (§ 11 Abs. 1 S. 1 SGB II). Dabei kommt es nicht darauf an, ob die Einkünfte steuerpflichtig sind, welcher Art und Herkunft sie sind, ob sie einmalig oder wiederkehrend gezahlt werden und aus welchem Rechtsgrund sie dem erwerbsfähigen Leistungsberechtigten zufließen. **Sachbezüge** wie freie Kost und Logis sind ebenfalls Einkommen. Auch Zinsen, Miet- und Pachteinnahmen sind Einkommen. Dabei ist der Erhaltungsaufwand vom Ertrag abzusetzen. Auch **darlehensweise** gewährte **Sozialleistungen** sind, soweit sie dem Lebensunterhalt dienen, Einkommen.

Als Einkommen wird nur das **Nettoeinkommen** gerechnet. **Abzugsfähig** vom Bruttoentgelt sind nach § 11b Abs. 1 SGB II daher:

- auf das Einkommen entrichtete **Steuern**
- **Pflichtbeiträge** zur Sozial- und Arbeitslosenversicherung
- **Beiträge** zu öffentlichen oder privaten **Versicherungen** oder ähnlichen Einrichtungen, soweit diese gesetzlich vorgeschrieben oder nach Grund und Höhe angemessen sind (z.B. Lebens-, Unfall-, Kfz-, Ausbildungs-, Hausrat-, Privathaftpflicht-, Haushaftpflichtversicherung etc.); diese werden in Höhe von 30 €/Monat pauschal berücksichtigt (§ 6 Abs. 1 Nr. 1 Alg II-V)
- geförderte **Altersvorsorgebeiträge** nach § 82 EStG, soweit sie den Mindesteigenbeitrag nach § 86 EStG nicht überschreiten,
- **Werbungskosten** nach Art und Höhe, wie sie beim Finanzamt für den Jahreslohnsteuerausgleich bzw. für die Einkommensteuererklärung geltend gemacht werden können (z.B. Kosten für Arbeitskleidung, Fachliteratur, Beiträge zu Gewerkschaften und Berufsverbänden, Kilometerpauschale für Fahrten zwischen Wohnung und Arbeitsstätte, Mehraufwendungen für doppelte Haushaltsführung oder für Abwesenheit vom Wohnort für mehr als zwölf Stunden, Instandhaltungskosten für vermieteten Wohnraum etc.). Ein **Verlustausgleich** zwischen verschiedenen Einkommensarten kommt in diesem Zusammenhang allerdings nicht in Betracht sowie
- Aufwendungen zur Erfüllung gesetzlicher Unterhaltspflichten bis zu dem in einem Unterhaltstitel oder in einer notariell beurkundeten Unterhaltsvereinbarung festgelegten Betrag. Gleiches gilt auch in den Fällen, in denen sich ein Unterhaltsverpflichteter beim Jugendamt urkundlich verpflichtet, Unterhalt an sein Kind in gesetzlicher Höhe zu zahlen (§§ 60, 59 Abs. 1 S. 1 Nr. 3 SGB VIII).

Nicht abzugsfähig sind demgegenüber beispielsweise **Abzahlungsverpflichtungen** für Ratenkäufe und Ähnliches.

Ist der Leistungsberechtigte **erwerbstätig**, tritt an die Stelle der vom Einkommen abzusetzenden Beiträge zu öffentlichen oder privaten Versicherungen, der Altersvorsorgebeiträge und der Werbungskosten ein Betrag von **insgesamt 100 €/Monat** (§ 11b Abs. 2 S. 1 SGB II). **Übersteigt** das **Einkommen** des erwerbstätigen Leistungsberechtigten den Betrag von **400 €/Monat**, und hat er nachweislich höhere Aufwendungen für Beiträge zu öffentlichen oder privaten Versicherungen bzw. zur Altersvorsorge und an Werbungskosten als 100 €/Monat, wird der **tatsächliche Betrag** von dem zu berücksichtigenden Einkommen abgesetzt (§ 11b Abs. 2 S. 2 SGB II). Bei bestimmten **steuerfreien Einnahmen** erhöht sich der Absetzungsbetrag (§ 11b Abs. 2 S. 3 SGB II).

Geht es um die Berücksichtigung von Einkommen **Erwerbstätiger** wird nach § 11b Abs. 3 SGB II von deren Einkommen ein **weiterer Freibetrag** abgesetzt. Dieser beträgt

- für den Teil des monatlichen Bruttoeinkommens von 101 €/Monat bis 1.000 €/Monat 20 % und
- für den Teil des monatlichen Bruttoeinkommens von 1.001 €/Monat bis 1.200 €/Monat 10 %.

BEISPIELE: A erzielt aus einer Beschäftigung ein Bruttoeinkommen von 950 €/Monat. Da für die Berechnung des Freibetrages das Bruttoentgelt maßgebend ist, welches mehr als 100 € beträgt, beläuft sich der Freibetrag in diesem Fall auf 170 € (20 % aus 850 €).
Verdient A brutto 1.450 €/Monat, errechnet sich ein Freibetrag von 200 €/Monat (20 % aus 900 € = 180 €, zuzüglich 10 % aus 200 € = 20 €).

Hat der erwerbsfähige Leistungsberechtigte ein **minderjähriges Kind** oder lebt er mit einem solchen in einer Bedarfsgemeinschaft, so wird nach § 11b Abs. 3 S. 3 SGB II nicht lediglich der Betrag von 1.001 €/Monat bis 1.200 €/Monat als Grundlage für die Berechnung des (weiteren) 10 %igen Freibetrages herangezogen sondern ein solcher von 1.001 €/Monat und 1.500 €/Monat. Im Beispiel 2 errechnete sich somit ein Freibetrag von 225 €/Monat (20 % aus 900 € = 180 €, zuzüglich 10 % aus 450 € = 45 €).

Nicht als zu berücksichtigendes **Einkommen** zählen nach § 11a SGB II:

- alle Leistungen nach dem SGB II
- die Grundrente nach dem Bundesversorgungsgesetz und nach den Gesetzen, die eine entsprechende Anwendung des Bundesversorgungsgesetzes vorsehen (z.B. Opferentschädigungsgesetz, Soldatenversorgungsgesetz)

- Renten oder Beihilfen, die nach dem Bundesentschädigungsgesetz für Schaden an Leben, Körper oder Gesundheit erbracht werden, bis zur Höhe der vergleichbaren Grundrente nach dem Bundesversorgungsgesetz
- Entschädigungsleistungen nach § 253 Abs. 2 BGB (Schmerzensgeld)
- Leistungen, die aufgrund öffentlich-rechtlicher Vorschriften ausdrücklich zweckbestimmt erbracht werden. Soweit diese Leistungen im Einzelfall (teilweise) demselben Zweck dienen wie die Leistungen nach dem SGB II, werden sie allerdings berücksichtigt. Ausnahmen gelten für Leistungen, die für den erzieherischen Einsatz für ein 3. und jedes weiteren Pflegekind (§ 39 SGB VIII) sowie für die Kindertagespflege (§ 23 SGB VIII) erbracht werden
- Leistungen der Ausbildungsförderung nach dem Bundesausbildungsförderungsgesetz sowie vergleichbare Leistungen der Begabtenförderungswerke
- Berufsausbildungsbeihilfe nach dem SGB III mit Ausnahme der Bedarfe nach § 64 Abs. 3 S. 1 SGB III
- Reisekosten zur Teilhabe am Arbeitsleben nach § 127 Abs. 1 S. 1 SGB III in Verbindung mit § 53 SGB IX
- Zuwendungen der freien Wohlfahrtspflege, soweit sie die Lage des Empfängers nicht so günstig beeinflussen, dass daneben Leistungen nach dem SGB II nicht gerechtfertigt wären
- Zuwendungen, die ein anderer erbringt, ohne hierzu rechtlich oder sittlich verpflichtet zu sein, soweit deren Berücksichtigung für den erwerbsfähigen Leistungsberechtigten grob unbillig wäre oder sie dessen Lage nicht so günstig beeinflussen, dass daneben Leistungen nach dem SGB II nicht gerechtfertigt wären
- Überbrückungsgeld nach § 51 des Strafvollzugsgesetzes oder vergleichbare Leistungen nach landesrechtlichen Regelungen, soweit sie den Bedarf der leistungsberechtigten Person für 28 Tage übersteigen
- alle in der aufgrund von § 13 Abs. 1 Nr. 1 SGB II ergangenen Arbeitslosengeld II/Sozialgeld-Verordnung genannten Einnahmen

(z.B.: Einnahmen, die 10 €/Monat nicht übersteigen, nicht steuerpflichtige Einnahmen einer Pflegeperson für Leistungen der Grundpflege und der hauswirtschaftlichen Versorgung, bei Soldaten der Auslandsverwendungszuschlag und der Leistungszuschlag, die Eigenheimzulage, soweit sie nachweislich zur Finanzierung einer nicht als Vermögen zu berücksichtigenden Immobilie (dazu siehe S. 150) verwendet wird, bei unter 15-jährigen Sozialgeldempfängern Einnahmen aus Erwerbstätigkeit, soweit diese 100 €/Monat nicht übersteigen, Kindergeld für Kinder des Hilfebedürftigen, soweit es nachweislich an das nicht im Haushalt des Hilfebedürftigen lebende Kind weitergeleitet wird, Geldgeschenke an Minderjährige anlässlich der Firmung, Kommunion, Konfirmation oder vergleichbarer religiöser Feste sowie anlässlich der Jugendweihe bis zu 3.100 €, Taschengeld, welches ein Jugendlicher als Teilnehmer an einem Jugendfreiwilligendienst erhält, bis 60 € und Einnahmen bis zu 1.200 €/ Kalenderjahr von unter 25-jährigen Schülern allgemein- oder berufsbildender Schulen aus Erwerbstätigkeiten, die in den Schulferien für höchstens vier Wochen je Kalenderjahr ausgeübt werden).

Der **Kinderzuschlag** nach § 6a des Bundeskindergeldgesetzes, der verhindern soll, dass Familien allein wegen der Unterhaltsbelastung für Kinder auf die Gewährung von Arbeitslosengeld II angewiesen sind, und der in Höhe von maximal 170 € pro Kind gewährt wird, ist als Einkommen nur dem **jeweiligen Kind** zuzurechnen. **Gleiches** gilt auch für das **Kindergeld** für zur Bedarfsgemeinschaft gehörende Kinder, soweit es bei dem jeweiligen Kind zur Sicherung des Lebensunterhaltes (ausgenommen sind hiervon die Bedarfe für Bildung und Teilhabe nach § 28 SGB II; dazu siehe S. 161 ff.) benötigt wird (§ 11 Abs. 1 S. 4 und 5 SGB II).

Verbleibt nach Anwendung all dieser Vorschriften zu berücksichtigendes Einkommen, **mindert** dieses die Geldleistungen der Agentur für Arbeit bzw. der kommunalen Träger (§ 19 Abs. 3 S. 1 SGB II).

7. Was gehört zum Vermögen ?

Vermögen ist der Bestand von Sachen und Rechten, von Barmitteln und Besitztümern einer Person, insbesondere:

- Bargeld, Sparguthaben
- Forderungen
- Wertpapiere
- Hausrat, Kraftfahrzeuge und sonstiges bewegliches Vermögen
- Haus- und Grundbesitz, Erträge aus dem Verkauf von Haus- und Grundbesitz sowie dingliche Rechte am Grundbesitz.

Dabei richtet sich der Vermögenswert (z.B. eines Hauses) nach dem **Verkehrswert** (§ 12 Abs. 4 S. 1 SGB II). Einkommen, welches nicht verbraucht wird, wird Vermögen. Hinsichtlich der **Bewertung** des Zeitwertes ist der **Zeitpunkt** maßgebend, in dem der **Antrag** auf Bewilligung oder auf erneute Bewilligung der Leistung der Grundsicherung für Arbeitsuchende gestellt wird. Bei einem **späterem Erwerb** von Vermögen ist dieser Zeitpunkt maßgebend (§ 12 Abs. 4 S. 2 SGB II). Auch sind **wesentliche Änderungen des Verkehrswertes** zu berücksichtigen (§ 12 Abs. 4 S. 3 SGB II). Aus alledem folgt, dass Vermögen auch dann, wenn es früher schon einmal im Rahmen der Gewährung von Leistungen nach dem SGB II berücksichtigt wurde, im Zusammenhang mit einer **erneuten Bewilligung** von Leistungen wiederum berücksichtigt werden kann.

BEISPIEL: A verfügt über Wertpapiere in Höhe von 20.000 €. Nach Abzug aller Absetzungsbeträge verbleibt ein anzurechnendes Vermögen von 7.000 €. Da A somit nicht hilfebedürftig im Sinne des § 9 Abs. 1 SGB II ist, wird sein Antrag auf Gewährung von Arbeitslosengeld II abgelehnt. A, der für spätere Bedarfslagen sein Vermögen möglichst unangetastet lassen will, lebt in den nächsten zwölf Monaten äußerst sparsam und verbraucht lediglich 3.000 €. Er meint, sein Bedarf müsse – entsprechend den Sätzen des SGB II – mit mindestens 600 €/Monat und somit hinsichtlich der vergangenen zwölf Monate fiktiv mit 7.200 € angesetzt werden, weshalb er jetzt hilfebedürftig im Sinne des § 9 Abs. 1 SGB II sei. 4.200 € müssten neben den Absetzungsbeträgen als fiktiv verbrauchtes Vermögen unberücksichtigt bleiben. Beantragt A nunmehr

Arbeitslosengeld II, wird ihm die Agentur für Arbeit bzw. der kommunale Träger rechtsfehlerfrei entgegenhalten, zum maßgeblichen Zeitpunkt seines erneuten Antrags verfüge er immer noch über anzurechnendes Vermögen von 4000 €, weshalb er nach wie vor nicht hilfebedürftig im Sinne des § 9 Abs. 1 SGB II sei.
Hat A demgegenüber tatsächlich 7.200 € verbraucht, hat er nunmehr, da ein Vermögensverbrauch in dieser Höhe während eines Zeitraumes von zwölf Monaten nicht zu beanstanden ist, einen Anspruch auf Gewährung von Arbeitslosengeld II.
Steigt der Vermögenswert seiner Wertpapiere während des Bezuges von Arbeitslosengeld II allerdings erheblich an (z.B. auf 40.000 €), wäre dies nach § 12 Abs. 4 S. 3 SGB II mit der Folge zu berücksichtigen, dass der dem A Arbeitslosengeld II gewährende Bescheid nach § 48 Abs. 1 S. 1 SGB X wegen weggefallener Hilfebedürftigkeit nach § 9 Abs. 1 SGB II für die Zukunft aufgehoben würde und A jedenfalls solange keine Leistungen nach dem SGB II mehr erhält, bis er wieder hilfebedürftig im Sinne des § 9 Abs. 1 SGB II ist.

Da zum Vermögen auch **Forderungen** gehören, ist im Rahmen der Frage, ob Hilfebedürftigkeit vorliegt, auch zu prüfen, ob der erwerbsfähige Arbeitsuchende Ansprüche gegenüber **Angehörigen** (insbesondere: Unterhaltsansprüche) und anderen **Trägern von Sozialleistungen** (z.B. Krankengeld, Rente etc.) geltend machen kann. Zur Geltendmachung von Sozialleistungen anderer Träger ist der Hilfebedürftige ausdrücklich verpflichtet (§ 12a S. 1 SGB II). Hat er solche Forderungen, können diese als Vermögen berücksichtigt werden.

8. Wie wird Vermögen berücksichtigt?

Nach § 12 Abs. 1 SGB II sind grundsätzlich **alle verwertbaren Vermögensgegenstände** zu berücksichtigen.

Voraussetzung danach ist also zunächst, dass überhaupt eine **Verwertung möglich** ist. Das bedeutet, dass der einzelne Vermögensgegenstand für den Lebensunterhalt genutzt werden kann (z.B. Bargeld sowie kurzfristig angelegtes Sparguthaben). Als **nicht verwertbar** gilt Vermögen, dessen Inhaber hinsichtlich dieses Vermögens in seiner

Verfügung beschränkt ist oder eine Aufhebung der Beschränkung nur unter erheblichen Nachteilen erreichen kann, z.B. im Falle langer Kündigungsfristen bei Sparguthaben, falls diese nicht zinsgünstig beliehen werden können und bei Beschränkungen, die sich aus der Insolvenzordnung (InsO), der Zivilprozessordnung (ZPO), dem Zwangsversteigerungsgesetz und der Strafprozessordnung ergeben. Als **nicht verwertbar** gilt Vermögen aus zulagebegünstigten vermögenswirksamen Leistungen sowie aus Erträgen hieraus, solange eine Verfügungsbeschränkung hierüber vorliegt. Dies gilt für das Wohnungsbauprämiengesetz und für das 5. Vermögensbildungsgesetz. Bei prämienbegünstigten Sparverträgen würde die vorzeitige Kündigung zum Verlust der Prämie führen. Dies wird von dem erwerbsfähigen Hilfebedürftigen nicht verlangt. Allerdings kann der Prämiensparvertrag nach einer ununterbrochenen Arbeitslosigkeit von einem Jahr gekündigt werden, ohne dass die Prämie verloren geht.

Nicht als **Vermögen** zu berücksichtigen sind nach den §§ 12 Abs. 3 S. 1, 13 Abs. 1 S. 1 Nr. 2 SGB II folgende Vermögensgegenstände:

- angemessener Hausrat
- ein angemessenes **Kraftfahrzeug** für jede in der Bedarfsgemeinschaft lebende erwerbsfähige Person
- vom Inhaber als für die **Altersvorsorge** bestimmt bezeichnete Vermögensgegenstände in angemessenem Umfang, wenn der erwerbsfähige Leistungsberechtigte oder sein Partner von der Versicherungspflicht in der gesetzlichen Rentenversicherung befreit ist
- ein selbstgenutztes **Hausgrundstück** von angemessener Größe oder eine entsprechende Eigentumswohnung
- Vermögen, solange es nachweislich zur baldigen **Beschaffung** oder **Erhaltung** eines Hausgrundstückes von angemessener Größe bestimmt ist, soweit dieses zu Wohnzwecken **behinderter** oder **pflegebedürftiger Menschen** dient oder dienen soll und dieser Zweck durch den Einsatz oder die Verwertung des Vermögens gefährdet würde und
- Sachen und Rechte, soweit ihre Verwertung **offensichtlich unwirtschaftlich** ist oder für den Betroffenen eine **besondere Härte** bedeuten würde sowie

- alle in der aufgrund von § 13 Abs. 1 S. 1 Nr. 2 SGB II ergangenen **Arbeitslosengeld II/Sozialgeld-Verordnung** genannten Vermögensgegenstände (z.B. Gegenstände, die zur Aufnahme oder Fortsetzung der **Berufsausbildung** oder der **Erwerbstätigkeit** unentbehrlich sind).

Soweit der Gesetzgeber im Rahmen des § 12 Abs. 3 S. 1 SGB II den Begriff **„angemessen"** verwendet, sind insofern die Lebensumstände **während des Bezuges** der Leistungen der Grundsicherung für Arbeitsuchende maßgebend (§ 12 Abs. 3 S. 2 SGB II). Auf vor dieser Zeit liegende Lebensumstände kommt es daher nicht an.

Soweit in § 12 Abs. 3 S. 1 Nr. 3 SGB II von „für die **Altersvorsorge** bestimmt bezeichneten Vermögensgegenständen" die Rede ist, dürften nach wie vor die vom Bundessozialgericht aufgestellten **allgemeinverbindlichen Regeln** für alle Vermögensarten gelten. In diesem Zusammenhang seien – so das Bundessozialgericht – folgende **Prüffragen** zu stellen:

- Hat der Arbeitslose konkrete Vermögensgegenstände als **für die Altersvorsorge bestimmt** bezeichnet?
- Stehen – gegebenenfalls – die **objektiven Begleitumstände** bei der Anlage des Vermögens (Vertragsgestaltung, Alter, Familienverhältnisse des erwerbsfähigen Hilfebedürftigen etc.) im Einklang mit dieser subjektiv Zweckbestimmung und ist diese damit objektiv glaubhaft?

Beabsichtigen Sie, Vermögen zum Zwecke der Alterssicherung anzulegen, sollte daher die subjektive **Zweckbestimmung unbedingt nachweisbar** (z.B. durch schriftlichen Zusatz im Anlagevertrag) vorgenommen werden.

Offensichtlich unwirtschaftlich dürfte die Verwertung von Vermögen z.B. dann sein, wenn es weit unter seinem Anschaffungswert veräußert werden müsste. Auch die Verwertung einer **Kapital-Lebensversicherung,** die grundsätzlich in Betracht kommt, ist dann offensichtlich unwirtschaftlich, wenn der Rückkaufswert ganz deutlich geringer ist als der Gesamtwert der eingezahlten Beiträge. In ihrer Fachlichen Weisung 12.37 zu § 12 SGB II geht die Bundesagentur für Arbeit davon aus, dass bis zu einem Rückkaufswert oberhalb von 90% keine Unwirtschaftlichkeit vorliegt (https://www.arbeitsagentur.de/datei/dok_ba015849.pdf; abgerufen am 14.7.2020).

Eine **besondere Härte** ist z.B. dann anzunehmen, wenn es um die Verwertung von Vermögensgegenständen mit hohem affektivem Wert geht, was z.B. bei Familienerbstücken der Fall sein kann.

Ist der Verkehrswert des Vermögens festgestellt, werden von diesem folgende **Beträge abgesetzt** (§§ 12 Abs. 2, 65 Abs. 5 SGB II):

- ein **Grundfreibetrag** von 150 € je vollendetem Lebensjahr für jede in der Bedarfsgemeinschaft lebende volljährige Person und deren Partner, mindestens jeweils 3.100 €, höchstens – je nach Alter – jeweils zwischen 9.750 € und 10.050 €
- ein Grundfreibetrag in Höhe von 3.100 € für jedes leistungsberechtigte **minderjährige Kind**
- **Altersvorsorge** in Höhe des nach Bundesrecht ausdrücklich als Altersvorsorge geförderten Vermögens einschließlich seiner Erträge und der geförderten laufenden Altersvorsorgebeiträge, soweit der Inhaber das Altersvorsorgevermögen nicht vorzeitig verwendet
- geldwerte **Ansprüche,** die der **Altersvorsorge** dienen, soweit der Inhaber sie vor dem Eintritt in den Ruhestand aufgrund einer vertraglichen Vereinbarung nicht verwerten kann und der Wert der geldwerten Ansprüche 750 € je vollendetem Lebensjahr des erwerbsfähigen Leistungsberechtigten und seines Partners, höchstens jedoch – je nach Alter – jeweils zwischen 48.750 € und 50.250 € nicht übersteigt
- ein Freibetrag für **notwendige Anschaffungen** in Höhe von 750 € für jeden in der Bedarfsgemeinschaft lebenden Leistungsberechtigten.

Ist dem Leistungsberechtigten der **sofortige Verbrauch** oder die **sofortige Verwertung** von zu berücksichtigendem Vermögen **nicht möglich** oder würde dies für ihn eine **besondere Härte** bedeuten – dies hängt von den konkreten Umständen des Einzelfalles ab – ist trotz des Vermögens **Hilfebedürftigkeit** im Sinne des § 9 Abs. 1 SGB II anzunehmen, mit der Folge, dass Leistungen gewährt werden. Diese werden allerdings nur in Form eines **Darlehens** erbracht, welches – beginnend mit dem Monat, der auf die Auszahlung folgt – durch monatliche Aufrechnung in Höhe von **10 %** des maßgebenden Regelbedarfes **getilgt** wird (§§ 24 Abs. 5 S. 1, 42a Abs. 2 S. 1 SGB II). Wird das Vermögen **später verwertet**, wird das Darlehen **sofort** in voller Höhe **fällig** (§ 42a Abs. 3 S. 1 SGB II).

Auch kann die Darlehensgewährung davon **abhängig** gemacht werden, dass der Anspruch auf Rückzahlung **dinglich** (z.B. durch Eintragung einer Grundschuld auf ein Hausgrundstück) oder in anderer Weise (z.B. durch Sicherheitsübereignung von Vermögensgegenständen) **gesichert** wird (§ 24 Abs. 5 S. 2 SGB II).

9. Die Höhe des Arbeitslosengeldes II/Sozialgeldes (Regelbedarf)

Erwerbsfähige Leistungsberechtigte erhalten nach § 19 Abs. 1 S. 1 SGB II **Arbeitslosengeld II**.

Nichterwerbsfähige Leistungsberechtigte, die mit erwerbsfähigen Leistungsberechtigten in einer Bedarfsgemeinschaft leben, erhalten nach § 19 Abs. 1 S. 2 SGB II **Sozialgeld**.

Diese Leistungen werden in Höhe der im SGB II im Einzelnen beschrieben **Bedarfe** erbracht.

Der **Regelbedarf** zur Sicherung des Lebensunterhaltes beträgt nach § 20 Abs. 2 S. 1 SGB II für Personen, die alleinstehend oder alleinerziehend sind oder deren Partner minderjährig ist, im Jahr 2020 **432 €/Monat**.

Haben **zwei Partner** der Bedarfsgemeinschaft das **18. Lebensjahr** vollendet, beträgt der Regelbedarf für jede dieser Personen **389 €/Monat** (§ 20 Abs. 4 SGB II). Für **Kinder** beträgt der Regelbedarf nach § 23 Nr. 1 SGB II **250 €/Monat** (von 0 bis 5 Jahren)**, 308 €/Monat** (von 6 bis 13 Jahren) und **328 €/Monat** (von 14 bis 17 Jahren).

Für **sonstige erwerbsfähige Angehörige der Bedarfsgemeinschaft bis 25 Jahren** beträgt der Regelbedarf **345 €/Monat** (§§ 20 Abs. 2 S. 2, 23 Nr. 1 SGB II).

Der Regelbedarf von **345 €/Monat** gilt auch für Personen, die das **25. Lebensjahr** noch nicht vollendet haben und **ohne Zusicherung** des zuständigen kommunalen Trägers **umziehen** (§ 20 Abs. 3 SGB II). Diese erhalten allerdings keine Leistungen für Unterkunft und Heizung (§ 22 Abs. 5 SGB II).

10. Weitere Bedarfe

a) Mehrbedarfe

Was an Leistungen für **Mehrbedarfe**, die nicht durch den Regelbedarf abgedeckt sind, gewährt wird, ergibt sich aus den §§ 21, 23 Nr. 2 bis 4 SGB II. Ansprüche insoweit haben:

- **werdende Mütter** nach der zwölften Schwangerschaftswoche
- Personen, die mit einem oder mehreren minderjährigen Kind(ern) zusammenleben und allein für deren Pflege und Erziehung sorgen
- erwerbsfähige **behinderte Leistungsberechtigte,** denen Leistungen zur Teilhabe am Arbeitsleben sowie sonstige Hilfen zur Erlangung eines geeigneten Platzes im Arbeitsleben oder Eingliederungshilfe erbracht werden
- **behinderte Menschen**, die das **15. Lebensjahr vollendet** haben, wenn Leistungen der Eingliederungshilfe erbracht werden
- erwerbsfähige Hilfebedürftige, die aus medizinischen Gründen eine kostenaufwändige Ernährung benötigen
- **voll Erwerbsgeminderte**, wenn sie Inhaber eines Ausweises mit dem **Merkzeichen „G"** sind
- Leistungsberechtigte, soweit im Einzelfall ein **unabweisbarer, laufender**, nicht nur einmaliger **besonderer Bedarf** (z.B. Pflegemittel bei Neurodermitis) besteht und
- Leistungsberechtigte, die **Warmwasser dezentral** (z.B. mittels Durchlauferhitzer in der Unterkunft) aufbereiten und deshalb keinen Bedarf für zentral bereitgestelltes Warmwasser anerkannt erhalten.

Nach § 21 Abs. 8 SGB II darf in diesem Zusammenhang die **Summe** der insgesamt anerkannten **Mehrbedarfe** für Schwangere, Alleinerziehende, erwerbsfähige behinderte Leistungsberechtigte und Leistungsberechtigte, die eine kostenaufwändigen Ernährung benötigen, die Höhe des für erwerbsfähige Leistungsberechtigte maßgebenden Regelbedarfes nicht übersteigen.

Alleinerziehende Hilfebedürftige können in diesem Zusammenhang nach einer Scheidung auch **beide Elternteile** mit der Folge, dass sie hälftigen Mehrbedarf für Alleinerziehende erhalten können, dann sein, wenn sie sich in der Betreuung eines gemeinsamen Kindes abwechseln. **Voraussetzung** ist allerdings, dass sich die Eltern bei der Pflege und Erziehung des gemeinsamen Kindes in größeren, **mindestens eine Woche** umfassenden zeitlichen Intervallen **abwechseln** und sich die anfallenden **Kosten** in etwa **hälftig** teilen.

b) Unterkunft und Heizung

Leistungen für **Unterkunft und Heizung** werden nach § 22 Abs. 1 S. 1 SGB II in Höhe der **tatsächlichen Aufwendungen** erbracht, soweit diese **angemessen** sind. Sind die Aufwendungen für **Unterkunft und Heizung unangemessen** hoch, werden sie als Bedarf allerdings solange anerkannt, wie deren Absenkung durch einen **Wohnungswechsel,** durch **Vermieten** oder auf **andere Weise** nicht möglich oder nicht zumutbar ist, in der Regel jedoch **längstens** für **sechs Monate** (§ 22 Abs. 1 S. 3 SGB II).

Die Angemessenheit der Unterkunftskosten orientiert sich zum einen an der **Größe der Wohnung**, zum anderen an den örtlichen **Quadratmeterpreisen** für Wohnungen, die üblicherweise von Personen der unteren Einkommensgruppen angemietet werden. Als **angemessene Größe** werden Wohnungen bis zu 45 Quadratmetern für einen 1-Personenhaushalt angesehen. Leben mehrere Personen in einem Haushalt, werden je Person bis zu 15 Quadratmeter hinzugerechnet. Die **angemessenen Quadratmeterpreise** orientieren sich – ist ein solcher vorhanden – am örtlichen **Mietspiegel**. Liegt ein solcher nicht vor, kann sich der Leistungsträger an einer von ihm erstellten – einem Mietspiegel vergleichbaren – Dokumentation über den örtlichen Mietmarkt orientieren. Diese Dokumentation muss – so das Bundessozialgericht – auf einem **schlüssigen Konzept** beruhen. Liegt ein derartiges schlüssiges Konzept **nicht** vor, sind die **tatsächlichen Kosten** für Unterkunft und Heizung als Bedarf anzuerkennen, allerdings nur bis zur Höhe der Tabellenwerte in § 12 Wohngeldgesetz.

Die angemessene Kaltmiete errechnet sich – verfügt der Leistungsträger über ein schlüssiges Konzept – sodann aus dem **Produkt** der angemessenen Wohnungsgröße mit dem örtlich angemessenen Quadratmeterpreis. Daraus folgt, dass letztlich nur der auf diese Weise errechnete **Wohnungspreis** und nicht die Größe der Wohnung bzw. der Quadratmeterpreis maßgebend für die Frage der Angemessenheit der Unterkunftskosten ist. Der Leistungsberechtigte bzw. die Bedarfsgemeinschaft können daher im Regelfall auch größere Wohnungen zu einem geringeren Quadratmeterpreis oder umgekehrt anmieten. Solange sie sich im Rahmen eines angemessenen Produktes aus der Wohnungsgröße und dem Quadratmeterpreis bewegen, ist dies hinsichtlich der Gewährung angemessener Unterkunftskosten unschädlich. Umgekehrt folgt daraus aber auch, dass im Einzelfall **kleinere Wohnungen** als 45 Quadratmeter etc. **zumutbar** sein können.

Auf Antrag bzw. dann, wenn die zweckentsprechende Verwendung des für Unterkunft und Heizung gewährten Bedarfes (Mietzahlung) nicht sichergestellt ist, wird dieser Teil des Arbeitslosengeldes II **direkt an den Vermieter** überwiesen (§ 22 Abs. 7 SGB II).

Um im Falle von (Miet-)Schulden die **Unterkunft zu sichern**, eine **vergleichbare Notlage** zu beheben bzw. zur **Vermeidung von Wohnungslosigkeit** kann der zuständige Leistungsträger im Einzelfall auch **Schulden** durch Gewährung eines **Darlehens** übernehmen (§ 22 Abs. 8 SGB II). Ein solches ist – beginnend mit dem Monat, der auf die Auszahlung folgt – durch monatliche Aufrechnung in Höhe von **10 %** des maßgebenden Regelbedarfes zu **tilgen** (§ 42a Abs. 2 S. 1 SGB II).

Bewohnen Sie ein **eigenes Haus** bzw. eine **eigene Wohnung**, werden für Unterkunft und Heizung im Rahmen der örtlich maßgeblichen angemessenen Aufwendungen **Schuldzinsen** sowie **Nebenkosten** als Bedarf anerkannt. **Tilgungsleistungen** können bei der Nutzung von **Wohneigentum in angemessener Größe** dann übernommen werden, wenn die Belastung durch die Darlehenszinsen gering und die Tilgungslast hoch ist. In einem solchen Fall muss der Grundsicherungsträger aus Gründen der Gleichbehandlung von Mietern und Eigentümern zusammen mit den Zinsen auch Tilgungsleistungen in einer Höhe als Bedarf anerkennen, wie er dies unter vergleichbaren Voraussetzungen für eine angemessene Mietwohnung tun würde. **Daneben** werden bei **selbstbewohntem Wohneigentum von angemessener Größe** (**Achtung**: hier ist **nur** die **Größe** des Wohnraumes entscheidend) als weiterer Bedarf für die Unterkunft auch **unabweisbare Aufwendungen** für **Instandhaltung** und **Reparatur** anerkannt, soweit diese – bezogen auf zwölf Monate – insgesamt **angemessen** sind (§ 22 Abs. 2 S. 1 SGB II). **Übersteigen** derartige unabweisbare Aufwendungen diese Angemessenheitsgrenze, kann zur Deckung dieses Teiles der Aufwendungen ein – in der Regel **dinglich** zu sicherndes – **Darlehen** gewährt werden, welches – beginnend mit dem Monat, der auf die Auszahlung folgt – durch monatliche Aufrechnung in Höhe von **10 %** des maßgebenden Regelbedarfes **getilgt** wird (§§ 22 Abs. 2 S. 2, 42a Abs. 2 S. 1 SGB II).

Zur **Ermittlung** der angemessenen Bedarfe für Unterkunft und Heizung können die **Länder** nunmehr auch die Kreise und kreisfreien Städte durch Gesetz **ermächtigen oder verpflichten**, die angemessenen Kosten für Unterkunft und Heizung in ihrem Zuständigkeitsbereich durch **Satzung** zu bestimmen (§§ 22a Abs. 1 und 3, 22b, 22c SGB II). Sie können die Kreise und kreisfreien Städte in diesem Zusammenhang auch **ermächtigen**, die Bedarfe für Unterkunft und Heizung in ihrem Zuständigkeitsbereich durch eine **monatliche Pauschale** zu berücksichtigen, wenn auf dem örtlichen Wohnungsmarkt ausreichend freier Wohnraum verfügbar ist und dies dem Grundsatz der Wirtschaftlichkeit entspricht (§ 22a Abs. 2 SGB II).

Haben Sie eine Wohnung inne, die **unangemessen** im Sinne des § 22 Abs. 1 S. 3 SGB II ist, wird der Leistungsträger Ihnen dies mitteilen, Sie auffordern, **Mietsenkungsbemühungen** zu unternehmen und diese in regelmäßigen Abständen **nachzuweisen.** Solche Bemühungen können Sie auf verschiedene Art und Weise unternehmen. In Betracht kommt z.B. das Vermieten einzelner Räume Ihrer Wohnung, aber auch der Umzug in eine „angemessene" Wohnung. In jedem Fall ist dringend anzuraten, mit dem **Sachbearbeiter Ihres Leistungsträgers** möglichst genau abzusprechen, welche **konkreten Bemühungen** Sie unternehmen sollen. In aller Regel wird er die intensive Suche nach einer „angemessenen" Wohnung fordern. In diesem Falle sollten Sie alle den Wohnungsmarkt betreffenden üblichen Anzeigen regelmäßig auf Wohnungen hin durchsehen, die unter Berücksichtigung der Personenzahl der Bedarfsgemeinschaft der örtlichen Angemessenheit entsprechen. Wie oben bereits ausgeführt zählen darunter in der Regel auch kleinere Wohnungen als 45 Quadratmeter(für einen 1-Personenhaushalt) bzw. 60 Quadratmeter (für einen 2-Personenhaushalt) etc. Gleichermaßen können Sie sich – abgesehen von Ausnahmen (z.B. Integration einer größeren Familie in örtlichen Schulen, Vereinen etc.), die einen Ortswechsel als unzumutbar erscheinen lassen – nicht auf Wohnungen Ihres bisherigen Wohnortes beschränken. Zumutbar ist in der Regel auch ein Umzug in andere, nicht allzu weit entfernt liegende Orte im Zuständigkeitsbereich Ihres Leistungsträgers sowie in andere Stadtteile Ihres Wohnortes. Sie sollten sodann möglichst hinsichtlich aller danach in Betracht kommender Wohnungen konkrete Bemühungen (Telefonate, schriftliche Bewerbungen, Vorsprachen bei Wohnungseigentümern etc.) unternehmen, diese genauestens dokumentieren (z.B. Tag, Uhrzeit der Vorsprache beim Wohnungseigentümer, Ergebnis der Vorsprache, Grund für die Absage etc.) und diese Dokumentation in kurzen Abständen dem Sachbearbeiter Ihres Leistungsträgers vorlegen. Nur auf diese Weise sichern Sie sich, solange Ihre Mietsenkungsbemühungen erfolglos oder unzumutbar sind, den Anspruch auf Gewährung der tatsächlichen Unterkunftskosten für Ihre „unangemessene“ Wohnung. Auch sollten Sie sich bei Wohnungsbaufirmen und kommunalen Einrichtungen, die über „angemessenen“ Wohnraum verfügen, bewerben und gegebenenfalls auf die Warteliste setzen lassen. In jedem Fall sollten Sie im Zusammenhang mit der Aufforderung, Mietsenkungsbemühungen zu unternehmen, engen Kontakt zum Sachbearbeiter Ihres Leistungsträgers suchen und mit diesem möglichst genaue Absprachen insofern treffen.

Wollen Sie während des Leistungsbezuges **umziehen,** benötigen Sie zur Sicherung des Anspruchs auf Übernahme der (künftigen) Unterkunftskosten in der Regel **vor Abschluss des Mietvertrages** eine **Zusicherung** Ihres Leistungsträgers. Dies gilt auch dann, wenn Sie in einen Ort ziehen, für den künftig ein anderer Leistungsträger örtlich zuständig ist (§ 22 Abs. 4 SGB II). Wurde der **Umzug** (z.B. wegen zu hoher bisheriger Mietkosten) durch den kommunalen

Träger **veranlasst** oder ist er aus anderen Gründen **erforderlich** (z.B. weil die Wohnung nach der Geburt eines Kindes zu klein ist), und sind die Aufwendungen für die neue Unterkunft „angemessen“, wird ihr zuständiger Leistungsträger die Zusicherung erteilen. In einem solchen Fall (vorherige Zusicherung) können auch Ihre **Wohnungsbeschaffungs- und die Umzugskosten** übernommen werden (§ 22 Abs. 6 S. 1 SGB II). **Mietkautionskosten,** die in der Regel als **Darlehen** gewährt werden (§ 22 Abs. 6 S. 3 SGB II), können dann übernommen werden, wenn der **am Ort der neuen Unterkunft zuständige Leistungsträger** eine **Zusicherung** erteilt hat, was er in der Regel dann tun wird, wenn der Umzug durch den kommunalen Träger veranlasst wurde oder aus anderen Gründen notwendig ist und wenn ohne die Zusicherung eine Unterkunft in einem angemessenen Zeitraum nicht gefunden werden kann (§ 22 Abs. 6 S. 1, S. 2 SGB II). Ein solches Darlehen wird – beginnend mit dem Monat, der auf die Auszahlung folgt – durch monatliche Aufrechnung in Höhe von **10 %** des maßgebenden Regelbedarfes **getilgt**.

Ziehen Sie um, **ohne** dass der Umzug **notwendig** ist, und erhöhen sich dadurch die „angemessenen“ Aufwendungen für Unterkunft und Heizung, erhalten Sie weiterhin nur Leistungen in Höhe der **bisherigen** „angemessenen“ Leistungen (§ 22 Abs. 1 S. 2 SGB II). Auch werden in diesem Falle weder die Wohnungsbeschaffungs- und Umzugskosten noch die Mietkautionskosten übernommen.

Ziehen Personen, die das **25. Lebensjahr noch nicht** vollendet haben, **während des Leistungsbezuges** um, erhalten sie Leistungen für Unterkunft und Heizung für die Zeit nach dem Umzug bis zur Vollendung des 25. Lebensjahres nur dann, wenn der Leistungsträger dies **vor Abschluss des Mietvertrages zugesichert** hat (§ 22 Abs. 5 S. 1 SGB II). Eine solche Zusicherung muss erteilt werden, wenn der Betroffene aus schwerwiegenden sozialen Gründen nicht auf die Wohnung der Eltern oder eines Elternteiles verwiesen werden kann, der Bezug der Unterkunft zur Eingliederung in den Arbeitsmarkt erforderlich ist oder wenn ein sonstiger, ähnlich schwerwiegender Grund vorliegt (§ 22 Abs. 5 S. 2 SGB II). Im Einzelfall **kann** vom Erfordernis der Zusicherung **abgesehen** werden, wenn deren Einholung für den Betroffenen aus **wichtigem Grund nicht zumutbar** war.

Liegt eine Zusicherung nicht vor und konnte von einer solchen auch nicht abgesehen werden, werden auch keine Leistungen für **Erstausstattungen für die Wohnung** erbracht (§ 24 Abs. 6 SGB II).

Zieht jemand **unter 25 Jahre vor Beginn des Leistungsbezuges** um, ohne die Voraussetzungen für eine Zusicherung zu erfüllen und geschah dies in der **Absicht,** die Voraussetzungen für die Gewährung von Leistungen der Grundsicherung nach dem SGB II herbeizuführen, ist er vom Bezug von Leistungen für Unterkunft und Heizung ausgeschlossen (§ 22 Abs. 5 S. 4 SGB II).

c) Unabweisbarer Bedarf

Neben der Gewährung des Regelbedarfes zur Sicherung des Lebensunterhaltes, von Sozialgeld, Mehrbedarfen und Leistungen für Unterkunft und Heizung (§§ 19 S. 1, 20 bis 22, 23 SGB II) kommt die Gewährung **weiterer Leistungen** dann in Betracht, wenn im Einzelfall ein vom Regelbedarf zur Sicherung des Lebensunterhaltes umfasster und nach den Umständen **unabweisbarer Bedarf** nicht gedeckt werden kann (§ 24 Abs. 1 S. 1 SGB II). **Voraussetzung** ist danach, dass der in Frage kommende **Bedarf nicht** bereits dem Grunde nach vom **Regelbedarf** zur Sicherung des Lebensunterhaltes **abgedeckt** ist. Es muss also ein Bedarf sein, der **gesondert** anfällt und sich nicht als eine Aufstockung des Regelbedarfes darstellt. Ein unabweisbarer Bedarf kann **beispielsweise** im Falle des Verlustes oder Diebstahles von zwingend notwendigen Gebrauchsgütern angenommen werden. Liegt ein unabweisbarer Bedarf vor, erbringt der Träger der Grundsicherungsleistungen entweder entsprechende **Sachleistungen** oder **Geldleistungen** in Form eines **Darlehens**, welches – beginnend mit dem Monat, der auf die Auszahlung folgt – durch monatliche Aufrechnung in Höhe von **10 %** des maßgebenden Regelbedarfes **getilgt** wird (§§ 24 Abs. 1 S. 1, 42a Abs. 2 S. 1 SGB II).

Das Gesetz sieht in diesem Zusammenhang in § 24 Abs. 3 S. 1 und 2 SGB II ausdrücklich vor, dass Leistungen für:

- Erstausstattungen für die Wohnung einschließlich Haushaltsgeräten
- Erstausstattungen für Bekleidung
- Erstausstattungen bei Schwangerschaft und Geburt sowie
- die Anschaffung und Reparaturen von orthopädischen Schuhen, Reparaturen von therapeutischen Geräten und Ausrüstungen sowie die Miete von therapeutischen Geräten

nicht vom **Regelbedarf** umfasst sind und **gesondert erbracht** werden müssen.

d) Bildung und Teilhabe

Um die Chancen leistungsberechtigter **Kinder, Jugendlicher** und **junger Erwachsener** zu verbessern, sieht § 28 SGB II nunmehr für diesen Personenkreis die Deckung folgender **weiterer** spezieller **Bedarfe** für **Bildung** und **Teilhabe am sozialen und kulturellen Leben** in der Gemeinschaft vor:

- Bei **Schülern** allgemein- oder berufsbildender Schulen, die keine Ausbildungsvergütung erhalten, werden nach § 28 Abs. 1 S. 2, Abs. 2 S. 1 SGB II bis zur Vollendung des **25. Lebensjahres** die **tatsächlichen Aufwendungen** für **Schulausflüge** sowie für **mehrtägige Klassenfahrten** als Bedarf anerkannt.
- Für **Kinder**, die eine Kindertageseinrichtung besuchen, gilt dies **entsprechend** (§ 28 Abs. 2 S. 2 SGB II).
- **Schüler**, die die oben beschriebenen Voraussetzungen erfüllen, erhalten jährlich für die Ausstattung mit persönlichem **Schulbedarf eine Pauschale in zwei Teilen zum 1. August** und **zum 1. Februar** (§ 28 Abs. 3 SGB II; derzeit in Höhe von insgesamt 150 €).
- Solchen **Schülern** werden für die **notwendige Beförderung** zur nächstgelegenen Schule des gewählten Bildungsganges die hierfür erforderlichen **tatsächlichen Aufwendungen** gewährt, soweit diese nicht von Dritten übernommen werden und es ihnen nicht zuzumuten ist, die Aufwendungen aus dem Regelbedarf zu bestreiten (§ 28 Abs. 4 SGB II). Letzteres kann z.B. dann angenommen werden, wenn die Aufwendungen für die Beförderung nur sehr gering sind.

- Bei **Schülern**, die die oben beschriebenen Voraussetzungen erfüllen, wird, soweit diese geeignet und zusätzlich **erforderlich** ist, um die wesentlichen schulischen **Lernziele** zu erreichen, eine die schulischen Angebote ergänzende angemessene **Lernförderung** als Bedarf anerkannt (§ 28 Abs. 5 SGB II). Gemeint ist dabei in erster Linie **Nachhilfeunterricht**, der – von der Schule bestätigt – notwendig ist, um das Klassenziel (Versetzung) zu erreichen.
- Nimmt ein **Schüler**, der die oben beschriebenen Voraussetzungen erfüllt, an einer in schulischer Verantwortung angebotenen **gemeinschaftlichen Mittagsverpflegung** teil, werden die entstehenden **Mehraufwendungen** bei seinem Bedarf berücksichtigt (§ 28 Abs. 6 S. 1 Nr. 1, S. 2 SGB II).
- Für **Kinder**, die eine Kindertageseinrichtung besuchen oder für die Kindertagespflege geleistet wird, gilt dies **entsprechend** (§ 28 Abs. 6 S. 1 Nr. 2 SGB II).
- **Leistungsberechtigte** erhalten nach § 28 Abs. 7 SGB II bis zur Vollendung des 18. Lebensjahres **15 €/Monat** für **Mitgliedsbeiträge** in den Bereichen Sport, Spiel, Kultur und Geselligkeit (Nr. 1), für Unterricht in künstlerischen Fächern (z.B.: Musikunterricht) bzw. vergleichbare angeleitete Aktivitäten der kulturellen Bildung (Nr. 2) und für die Teilnahme an Freizeiten (Nr. 3).

Außer dem **Schulbedarf** und dem Bedarf für **Schülerbeförderung, die nach § 29 Abs. 1 S. 3 SGB II durch** Geldleistungen gedeckt werden, werden alle anderen hier beschriebenen Leistungen durch **Sach- und Dienstleistungen**, insbesondere in Form von **personalisierten Gutscheinen** oder **Direktzahlungen** an die Anbieter der jeweiligen Leistungen erbracht (§ 29 Abs. 1 S. 1 SGB II).

11. Arbeitsunfähigkeit wegen Erkrankung

Anders als im Falle der Erkrankung während des Bezuges von Arbeitslosengeld nach dem SGB III (dazu siehe S. 70 f.) wird, erkrankt der erwerbsfähige Leistungsberechtigte, das Arbeitslosengeld II **unbegrenzt** weitergezahlt. Dementsprechend hat der erwerbsfähige Hilfebedürftige auch keinen Anspruch auf Krankengeld nach dem SGB V. Die Arbeitsunfähigkeit und deren voraussichtliche Dauer ist dem Leistungsträger unverzüglich **anzuzeigen** und spätestens vor Ablauf des dritten Kalendertages nach Eintritt der Arbeitsunfähigkeit durch eine ärztliche Bescheinigung **nachzuweisen** (§ 56 SGB II).

III. Leistungsübersicht

Die nachfolgende Tabelle gibt einen Überblick über den nach dem SGB II zu sichernden Bedarf:

Pauschaler Regelbedarf bei Arbeitslosengeld II / Sozialgeld					
Alleinstehende, Alleinstehende mit minderjährigem Partner oder Alleinerziehende	Sonstige Angehörige der Bedarfsgemeinschaft				
	Kinder von 0 bis 5 Jahren jeweils	Kinder von 6 bis 13 Jahren jeweils	Kinder von 14 bis 17 Jahren jeweils	Leistungsberechtigte von 18 bis 25 Jahren jeweils	volljährige Partner jeweils
432 €	250 €	308 €	328 €	345 €	389 €

jeweils zuzüglich:

- Mehrbedarfe bei Schwangerschaft, Alleinerziehung, Behinderung, voller Erwerbsminderung mit Merkzeichen „G", unabweisbarem, laufendem, besonderen Bedarf, dezentraler Warmwasseraufbereitung oder kostenaufwändiger Ernährung,
- Leistungen für Unterkunft und Heizung,
- Leistungen für Bildung und Teilhabe am sozialen und kulturellen Leben,
- für Bezieher von Arbeitslosengeld II die zu zahlenden Beiträge zur Kranken- und Pflegeversicherung und für Bezieher von Sozialgeld Kranken- und Pflegeversicherungsschutz

IV. Sanktionen bei Pflichtverletzungen

In § 31 SGB II sind die **Pflichten** des erwerbsfähigen Leistungsberechtigten aufgezählt, bei deren **Verletzung** trotz **schriftlicher Belehrung** über die Rechtsfolgen **oder** deren **Kenntnis** dann, wenn jener einen **wichtigen Grund** für sein Verhalten nicht darlegt und nachweist (dazu siehe S. 165 f.), eine **Sanktion** eintritt. Danach verletzt der erwerbsfähige Leistungsberechtigte seine Pflichten, wenn er

- sich weigert, die in einer Eingliederungsvereinbarung bzw. in einem Bescheid, der eine solche ersetzt, festgelegten Pflichten zu erfüllen, insbesondere in ausreichendem Umfang Eigenbemühungen nachzuweisen (Abs. 1 S. 1 Nr. 1)

- sich **weigert**, eine **zumutbare Arbeit,** Ausbildung, Arbeitsgelegenheit bzw. eine geförderte Arbeit **aufzunehmen, fortzuführen** oder deren Anbahnung durch sein Verhalten zu **verhindert** (Abs. 1 S. 1 Nr. 2) oder
- eine zumutbare **Maßnahme** zur Eingliederung in Arbeit **nicht antritt**, **abbricht** oder **Anlass für den Abbruch** gegeben hat (Abs. 1 S. 1 Nr. 3).

Seine Pflichten, mit der Folge des Eintrittes einer Sanktion, verletzt der erwerbsfähige Leistungsberechtigte **auch dann**, wenn

- er nach Vollendung des 18. Lebensjahres sein Einkommen oder Vermögen in der Absicht vermindert hat, die Voraussetzungen für die Gewährung von Arbeitslosengeld II oder höheren Arbeitslosengeldes II herbeizuführen (Abs. 2 Nr. 1)
- er trotz Belehrung über die Rechtsfolgen oder deren Kenntnis sein unwirtschaftliches Verhalten fortsetzt (Abs. 2 Nr. 2)
- sein Anspruch auf **Arbeitslosengeld ruht** oder **erloschen** ist, weil die Agentur für Arbeit den Eintritt einer **Sperrzeit** oder das **Erlöschen** des Anspruchs nach dem SGB III (dazu siehe S. 93 ff. und 123 ff.) festgestellt hat (Abs. 2 Nr. 3) oder
- er die Voraussetzungen für den Eintritt einer **Sperrzeit** nach § 144 SGB III (dazu siehe S. 93 ff.) erfüllt, die das Ruhen oder Erlöschen des Anspruchs auf Arbeitslosengeld begründen (Abs. 2 Nr. 4).

§ 31a SGB II regelt sodann, **welche Rechtsfolge** im Falle der Verletzung der in § 31 SGB II genannten Pflichten im Einzelnen eintritt. Das **Bundesverfassungsgericht** hat die grundsätzliche Zulässigkeit von Sanktionen zwar bejaht, gleichzeitig aber festgestellt, dass **Teile der Sanktionsfolgen unverhältnismäßig** sind und daher bis zu einer Neuregelung durch den Gesetzgeber nicht mehr anzuwenden sind. Nach § 31a Abs. 1 S. 1 und 2 SGB II **mindert** sich das Arbeitslosengeld II des **erwerbsfähigen** Leistungsberechtigten

- bei einer **erstmaligen Pflichtverletzung um 30 %** des für den Leistungsberechtigten nach § 20 SGB II maßgebenden Regelbedarfes. Nach der Entscheidung des Bundesverfassungsgerichts kann von dieser Minderung im Einzelfall abgesehen werden, wenn dies zu einer außergewöhnlichen Härte führen würde.

- bei der **ersten wiederholten Pflichtverletzung um 60 %** des für den Leistungsberechtigten nach § 20 SGB II maßgebenden Regelbedarfes (§ 31a Abs. 1 S. 2 SGB II). Diese Sanktionsfolge tritt bis zu einer Neuregelung durch den Gesetzgeber nicht mehr ein, da das Bundesverfassungsgericht angeordnet hat, dass auch bei wiederholter Pflichtverletzung die Minderung nicht über 30 % hinausgehen darf bzw. im Fall von außergewöhnlicher Härte auch ganz von der Minderung abgesehen werden kann.

Bei jeder weiteren **wiederholten Pflichtverletzung entfiele** das Arbeitslosengeld II eigentlich **vollständig**, also nicht nur in Höhe des Regelbedarfes (§ 31a Abs. 1 S. 3 SGB II). Diese Regelung ist allerdings bis zur Neuregelung durch den Gesetzgeber komplett ausgesetzt, da keine Minderung größer als 30% erfolgen darf. Die **gleichen Sanktionen** treten ein, wenn ein **nichterwerbsfähiger** Leistungsberechtigter die Pflichten nach § 31 Abs. 2 Nr. 1 SGB II (nach Vollendung des 18. Lebensjahres **Verminderung** des **Einkommens** oder **Vermögens** in der Absicht, die Voraussetzungen für die Gewährung von Arbeitslosengeld II oder höheren Arbeitslosengeldes II herbeizuführen) oder nach § 31 Abs. 2 Nr. 2 SGB II (**Fortsetzung** seines **unwirtschaftliches Verhalten** trotz Belehrung über die Rechtsfolgen oder deren Kenntnis) verletzt.

Kommt der Leistungsberechtigte trotz schriftlicher Belehrung über die Rechtsfolgen oder deren Kenntnis einer **Meldeaufforderung** des Leistungsträgers (§ 59 SGB II) ohne einen wichtigen Grund hierfür darzulegen und nachzuweisen, nicht nach, **mindert** sich nach § 32 Abs. 1 SGB II das Arbeitslosengeld II oder das Sozialgeld **jeweils um 10 %** des nach § 20 SGB II maßgebenden **Regelbedarfes** (dazu siehe S. 153 ff.). Die **Minderung** nach dieser Vorschrift wird dann, wenn bereits andere Minderungen nach § 31a SGB II bestehen, mit diesen **addiert** (§ 32 Abs. 2 SGB II). Hat der erwerbsfähige Leistungsberechtigte das **25. Lebensjahr** noch **nicht vollendet**, gelten hinsichtlich der Sanktionen **außer** in den Fällen der Pflichtverletzung nach

§ 32 SGB II (Nichtnachkommen einer **Meldeaufforderung**) **andere Regeln.**

Verletzt ein solcher Leistungsberechtigter eine der **Pflichten** des § 31 SGB II, **entfällt** bereits bei der **ersten** Pflichtverletzung das Arbeitslosengeld II in Höhe des maßgebenden **Regelbedarfes vollständig.** Er erhält dann also nur noch Leistungen für Unterkunft und Heizung (§ 31a Abs. 2 S. 1 SGB II). Diese Spezialvorschrift für Leistungsberechtigte unter 25 Jahren war nicht Gegenstand der Entscheidung des Bundesverfassungsgerichts. Ob diese im Vergleich mit der vom Bundesverfassungsgericht getroffenen Regelung zu § 31a Abs. 1 S. 1 bis 3 SGB II aber noch dauerhaft Bestand haben kann, bleibt abzuwarten.

Bei **wiederholter Pflichtverletzung** entfällt das Arbeitslosengeld II (Regelbedarf, Mehrbedarf, Leistungen für Unterkunft und Heizung etc.) daher **vollständig** (§ 31a Abs. 2 S. 2 SGB II). Auch hier ist allerdings **Voraussetzung**, dass bereits **zuvor** eine **Minderung** festgestellt wurde **und** der **Beginn** des vorangegangenen Minderungszeitraumes **nicht länger als ein Jahr** zurückliegt (§ 31a Abs. 1 S. 4 und 5, Abs. 2 S. 3 SGB II).

Die Minderung und der Wegfall der Leistungen treten nach § 31b Abs. 1 S. 1 und 3 SGB II in der Regel mit Wirkung des **Monates nach Zugang des Bescheids,** der die Pflichtverletzung und den Umfang der Minderung der Leistung feststellt, ein und dauern insgesamt nach der Entscheidung des Bundesverfassungsgerichts höchstens **drei Monate**. Bei einer nachträglichen Erfüllung der Mitwirkungspflicht, kann der Sanktionszeitraum beendet werden. Bei erwerbsfähigen Leistungsberechtigten, die das **25. Lebensjahr noch nicht** vollendet haben, **kann** der Leistungsträger unter Berücksichtigung aller Umstände des Einzelfalles die Minderung des Auszahlungsanspruchs **auf sechs Wochen verkürzen** (§ 31b Abs. 1 S. 4 SGB II). Während der Zeit der Minderung bzw. des Wegfalles der Leistung besteht kein Anspruch auf ergänzende Hilfe zum Lebensunterhalt nach dem SGB XII (§ 31b Abs. 2 SGB II).

Zum Eintritt einer Sanktion ist erforderlich, dass vorher eine schriftliche Rechtsfolgenbelehrung erteilt worden ist, in der die leistungsberechtigte Person über die Konsequenzen einer Pflichtverletzung belehrt worden ist. Vor dem Erlass eines Sanktionsbescheids ist dem Leistungsberechtigten rechtliches Gehör in Form einer Anhörung zu gewähren.

3. Kapitel

Weitere Entgeltersatzleistungen nach dem SGB III

Die Leistungen der Agentur für Arbeit sind nicht auf das allgemein bekannte Arbeitslosengeld beschränkt, sondern darüber hinaus leistet die Agentur für Arbeit entsprechend § 3 Abs. 4 SGB III Kurzarbeitergeld, Insolvenzgeld, Übergangsgeld und Arbeitslosengeld bei Weiterbildung. Dabei handelt es sich um die sog. Entgeltersatzleistungen, da alle diese Leistungen dazu bestimmt sind, den Ausfall der monatlichen Lohnzahlungen zu kompensieren.

I. Kurzarbeitergeld

Eine erste gute Übersicht der Regelungen zum Kurzarbeitergeld für Arbeitnehmer und Arbeitgeber bieten die von der Bundesagentur für Arbeit veröffentlichten Merkblätter zum Kurzarbeitergeld (Merkblatt 8a für Arbeitgeber und Merkblatt 8b für Arbeitnehmer, veröffentlicht unter https://www.arbeitsagentur.de/m/corona-kurzarbeit/, zuletzt abgerufen am 20.5.2020). Eine sehr gute Zusammenstellung zum Kurzarbeitergeld in Krisenzeiten bietet zudem der Ratgeber „Erste Hilfe bei Kurzarbeit in Zeiten von Corona" *von Bettina Schmidt* (Verlag C.H.BECK).

1. Grundsätzliches

Kurzarbeitergeld spielt in wirtschaftlich normalen Zeiten eine relativ geringe Rolle. Im Falle von Wirtschaftskrisen erreicht das Kurzarbeitergeld dagegen eine immense Bedeutung. Wird in einem Betrieb wegen konjunktureller Schwankungen oder betrieblicher Strukturänderungen wirksam **Kurzarbeit angeordnet**, so wird den hiervon betroffenen Arbeitnehmern ein Teil des Entgeltausfalles erstattet. Diese Leistung der Arbeitsförderung (**Kurzarbeitergeld**) soll den Arbeitnehmern ihre **Arbeitsplätze sichern** und den **Betrieben** mit der Vermeidung von Kündigungen die eingearbeitete **Belegschaft erhalten**. **Anspruchs- und antragsberechtigt** sind allerdings nach dem Gesetz lediglich der **Arbeitgeber** und/oder der **Betriebsrat.** Arbeitnehmer haben insoweit auch keine Klagebefugnis.

2. Voraussetzungen

Kurzarbeitergeld wird nach § 95 S. 1 SGB III geleistet, wenn ein erheblicher Arbeitsausfall mit Entgeltausfall vorliegt (§ 96 SGB III), die betrieblichen Voraussetzungen erfüllt sind (§ 97 SGB III), die persönlichen Voraussetzungen erfüllt sind (§ 98 SGB III) und der Arbeitsausfall der Agentur für Arbeit angezeigt worden ist (§ 99 SGB III).

a) Erheblicher Arbeitsausfall

Ein Arbeitsausfall ist nur dann erheblich, wenn er auf wirtschaftlichen Gründen oder einem unabwendbaren Ereignis beruht, vorübergehender Natur ist, unvermeidbar ist und im jeweiligen Kalendermonat mindestens 30 % der Beschäftigten des Betriebs von einem Entgeltausfall von mindestens 10 % betroffen sind (§ 96 SGB III).

Wirtschaftliche Gründe sind in der Regel etwa Konjunkturschwankungen, Absatzrückgang oder Kaufzurückhaltung der Kunden. Erforderlich ist, dass der Arbeitgeber vor Anzeige der Kurzarbeit alles versucht hat, den Arbeitsausfall zu vermeiden bzw. wenigstens einzuschränken. Die gesetzlichen Kriterien dazu sind in § 96 Abs. 4 SGB III geregelt.

Ein unabwendbares Ereignis in diesem Sinne ist z.B. auch eine angeordnete Schließung von Unternehmen durch die Behörden. Der Arbeitsausfall muss eine gewisse Erheblichkeitsschwelle überschreiten. Die Erheblichkeitsschwelle wird vom Gesetzgeber flexibel durch den Erlass von Kurzarbeitergeldverordnungen (KugV) gehandhabt. Dies ist für die vom 1.3.2020 bis 31.12.2020 der Fall, da in diesem Zeitraum Erheblichkeit bereits dann angenommen wird, wenn im Betrieb innerhalb des Kalendermonats (= Anspruchszeitraum, da Kurzarbeitergeld monatlich geleistet wird) lediglich 10% der Arbeitnehmer einen Entgeltausfall von mindestens 10% ihres monatlichen Bruttolohnes erleiden (§ 1 Nr. 1 KugV). Bis zu dieser Grenze geht der Gesetzgeber davon aus, dass es den Betrieben möglich ist, durch entsprechende Arbeitsorganisation mit den geänderten Umständen klar zu kommen.

Ein Arbeitsausfall ist dann nicht vermeidbar, wenn in einem Betrieb alle zumutbaren Vorkehrungen getroffen wurden, um den Eintritt des Arbeitsausfalls zu verhindern (§ 96 Abs. 4 S. 1 SGB III). Wann ein Arbeitsausfall vermeidbar ist, ist in § 96 Abs. 4 S. 2 SGB III geregelt. Sofern der Arbeitsausfall also entweder überwiegend branchenüblich, betriebsüblich oder saisonbedingt ist oder ausschließlich auf betriebsorganisatorischen Gründen beruht oder durch die Gewährung von bezahltem Erholungsurlaub ganz oder teilweise verhindert werden kann, soweit vorrangige Urlaubswünsche der Arbeitnehmerinnen und Arbeitnehmer der Urlaubsgewährung nicht entgegenstehen, oder durch die Nutzung von im Betrieb zulässigen Arbeitszeitschwankungen ganz oder teilweise vermieden werden kann, dann ist der Arbeitsausfall vermeidbar. Das während des Urlaubs zustehende Urlaubsentgelt darf allerdings trotz Kurzarbeit nicht gekürzt werden (§ 11 Abs. 1 BUrlG). Zu beachten ist weiter, dass aufgrund der KugV für die Zeit vom 1.3.2020 bis 31.12.2020 keine negativen Arbeitszeitkonten aufgebaut werden müssen (§ 1 Nr. 2 KugV).

Weiter muss der Arbeitsausfall vorübergehender Natur sein. Darüber stellt die Agentur für Arbeit eine Prognose an; kommt sie dabei zu dem Schluss, dass es sich um keinen nur vorübergehenden Arbeitsausfall, sondern einen dauerhaften handelt, wird eine ablehnende Entscheidung ergehen.

b) Betriebliche Voraussetzungen

Im Betrieb muss mindestens ein Arbeitnehmer beschäftigt sein. Betrieb im Sinne des § 97 SGB III ist eine organisatorische Einheit, innerhalb der der Betriebsinhaber allein oder in Gemeinschaft mit seinen Mitarbeitern mit Hilfe sachlicher oder immaterieller Mittel einen bestimmten arbeitstechnischen Zweck fortgesetzt verfolgt (Fachliche Weisung der Bundesagentur für Arbeit, FW Kug 97.1 gültig ab 20.12.2018). Betriebsabteilung ist jede mit technischen Mitteln ausgestattete Zusammenfassung von Arbeitnehmern in einer geschlossenen Arbeitsgruppe, die aus sachlichen Gründen organisatorisch, insbesondere durch eine eigene technische Leitung, vom übrigen Betrieb getrennt ist und einen eigenen Betriebszweck – auch Hilfszweck – verfolgt. (Fachliche Weisung der Bundesagentur für Arbeit, FW Kug 97.5 gültig ab 20.12.2018). Schwierigkeiten sollte es im Regelfall an der betrieblichen Voraussetzung nicht geben, mit einer Ausnahme, wenn der Betrieb seinen Sitz im Ausland hat. In diesem Fall ist es wahrscheinlich, dass, wenn nur einzelne Mitarbeiter in Deutschland tätig sind, aber kein Betrieb oder Betriebsteil im Sinne der obigen Definition, kein Kurzarbeitergeldanspruch besteht.

c) Persönliche Voraussetzungen

Nicht alle Arbeitnehmer eines Betriebs gehören zur Personengruppe, für die Kurzarbeitergeld in Anspruch genommen werden kann (§ 98 SGB III). Regelmäßige Voraussetzung ist, dass Versicherungspflicht in den gesetzlichen Sozialversicherungen besteht und dass das Beschäftigungsverhältnis auch nach dem Beginn des Arbeitsausfalls fortgesetzt wird. Ausgeschlossen vom Kurzarbeitergeld sind damit geringfügig Beschäftigte (entgelt- oder zeitgeringfügig Beschäftigte nach § 8 SGB IV) und Mitarbeiter, denen bereits gekündigt worden ist. Weiter ausgeschlossen sind noch unständig Beschäftigte (§ 27 Abs. 3 Nr. 1 SGB III).

Sobald das für den Bezug von Regelaltersrente maßgebliche Lebensjahr erreicht ist, besteht von dem darauffolgenden Monat an ebenfalls keine Berechtigung mehr zum Bezug von Kurzarbeitergeld. Während des Bezugs von Krankengeld oder Krankentagegeld (private Krankenversicherung) oder während der Teilnahme an einer beruflichen Weiterbildungsmaßnahme, die mit Arbeitslosengeld oder Übergangsgeld gefördert wird, kann kein Kurzarbeitergeld bezogen werden (§ 98 Abs. 3 SGB III). Kein Ausschlussgrund ist dagegen eine Erkrankung, für die ein Anspruch auf Entgeltfortzahlung im Krankheitsfall besteht (§ 3 EFZG). Grundsätzlich ist die Agentur für Arbeit berechtigt, Personen während des Kurzarbeitergeldbezugs in sozialversicherungspflichtige Beschäftigungen zu vermitteln, da die Vermittlungsleistung eine dem Bezug der Lohnersatzleistung „Kurzarbeitergeld" vorrangige Maßnahme darstellt. Sofern Sie an einer solchen Vermittlungsmaßnahme nicht mitwirken, erfüllen Sie ebenfalls nicht die persönlichen Voraussetzungen zum Bezug von Kurzarbeitergeld.

3. Praktische Umsetzung

Das Verfahren zur Erlangung von Kurzarbeitergeld läuft streng formal ab.

a) Anzeigeverfahren

Als erstes ist die Anzeige des Arbeitgebers über den Arbeitsausfall erforderlich. Auf diese hin prüft die Agentur für Arbeit die grundlegenden Voraussetzungen für den Kurzarbeitergeldbezug und stellt im Regelfall dann einen Grundlagenbescheid aus oder einen Ablehnungsbescheid, wenn die erforderlichen Voraussetzungen nicht erfüllt sind. Der Arbeitsausfall ist gemäß § 99 Abs. 1 SGB III durch den Arbeitgeber oder die Betriebsvertretung bei der Agentur für Arbeit, in deren Bezirk der Betrieb seinen Sitz hat, schriftlich anzuzeigen und glaubhaft zu machen. Eine Anzeige per Fax oder als Scan mit Unterschrift genügt diesen Anforderungen ebenso. Der Anzeige des Arbeitgebers muss eine Stellungnahme der Betriebsvertretung beigefügt sein, mit der der Einführung von Kurzarbeit im Betrieb zugestimmt wird. Sofern ein Betriebsrat nicht existiert, sind entsprechende Einzelvereinbarungen mit den Arbeitnehmern über die Einführung von Kurzarbeit erforderlich. Frühestens ab dem Zeitpunkt des Eingangs der Anzeige kann die Agentur für Arbeit den Arbeitsausfall feststellen. Die Feststellung beginnt immer mit dem

Monatsersten des Eingangsmonats und legt die maximale Bezugsdauer des Kurzarbeitergeldes fest. Die Berücksichtigung der Ausfallstunden richtet sich nach dem Datum, an dem im Betrieb die wirksamen Vereinbarungen über die Einführung der Kurzarbeit getroffen worden sind. Erst ab diesem Zeitpunkt können Ausfallstunden berücksichtigt werden.

BEISPIEL: Imbissbetreiberin A hat zwei Mitarbeiter B und C. Aufgrund einer am 20.3.2020 angeordneten pandemiebedingten sofortigen Betriebsschließung vereinbaren sie am 20.3.2020 als Ergänzung zum Arbeitsvertrag, dass rückwirkend ab 1.3.2020 Kurzarbeit eingeführt wird, da bereits seit Monatsbeginn die Gäste ausgeblieben sind und daher weniger zu tun war. Die Anzeige über Arbeitsausfall wird von A persönlich in den Briefkasten der Agentur für Arbeit eingeworfen. Die Agentur für Arbeit wird in diesem Fall nun feststellen, dass dem Grunde nach Kurzarbeitergeld ab dem 1.3.2020 bewilligt wird. Der Arbeitsausfall aber erst ab der Vereinbarung am 20.3.2020 berücksichtigt werden kann.

Achten Sie als Arbeitgeber oder Betriebsvertretung daher unbedingt auf ein rechtzeitiges Einreichen der Unterlagen. Rechnen Sie insbesondere in Krisenzeiten damit, dass der Postverkehr nicht wie üblich funktioniert, dass Faxgeräte überfordert sind und Email-Postfächer überquellen und nicht täglich komplett abgearbeitet werden.

b) Bezugsdauer und Höhe

Im zweiten Schritt beantragt der Arbeitgeber monatsweise die Erstattung von Kurzarbeitergeld für seine Mitarbeiter. Die Bundesagentur für Arbeit stellt dafür die Vordrucke Kug 107 (für Abrechnungszeiträume von 1.3.2020 bis 31.12.2020) und Kug 108 auf ihrer Homepage zur Verfügung (Suchbegriff „Kug 107", bzw. „Kug 108"). Die Berechnung und Vorab-Auszahlung des Kurzarbeitergeldes ist grundsätzlich Sache des Arbeitgebers. Zu beachten ist, dass der Antrag auf Kurzarbeitergeld spätestens innerhalb von drei Monaten nach dem Monat, für den Kurzarbeitergeld begehrt wird, gestellt werden muss. Der von der Kurzarbeit betroffene Mitarbeiter bekommt von dem ganzen Verwaltungsvorgang relativ wenig mit. In der Regel wird er seine Zustimmung zur Kurzarbeit erteilt haben und dann monatsweise eine geänderte Lohnabrechnung erhalten, auf der Kurzarbeitslohn ausgewiesen ist. Kurzarbeitergeld wird eigentlich maximal für eine Dauer von 12 Monaten geleistet (§ 104 SGB III); allerdings ist es in Krisenzeiten möglich, die Bezugsdauer durch eine Verordnung zu verlängern. Durch die Kurzarbeitergeldbezugsdauerverordnung (KugBeV) wurde die Bezugsdauer für Arbeitnehmer, deren Anspruch auf Kurzarbeitergeld bis zum 31.12. 2019 entstanden ist, auf bis zu 21 Monate, längstens aber bis zum 31.12.2020, verlängert. Weiter ist es möglich, wenn seit der letzten Bezugsdauer von Kurzarbeitergeld mindestens drei Monate vergangen sind, eine erneute Anzeige über Arbeitsausfall bei der Agentur für Arbeit zu erstatten und damit einen neuen Bezugszeitraum auszulösen.

Das Kurzarbeitergeld beträgt entweder 60 % (einfacher Leistungssatz) oder 67 % (erhöhter Leistungssatz für Arbeitnehmer, die mindestens ein Kind im Sinne von § 32 Abs. 1, 3 bis 5 EStG haben) der Nettoentgeltdifferenz (§ 106 SGB III) im Abrechnungsmonat (§ 105 SGB III). Ebenfalls durch das Sozialschutzpaket II wurde die Höhe des Kurzarbeitergeldes befristet bis 31.12.2020 im einfachen Leistungssatz ab dem 4. Bezugsmonat auf 70 % und ab dem 7. Bezugsmonat auf 80 % der Nettoentgeltdifferenz erhöht. Im erhöhten Leistungssatz beträgt der erhöhte Wert 77 % ab dem 4. Bezugsmonat und 87 % ab dem 7. Bezugsmonat.

Die Nettoentgeltdifferenz errechnet sich, indem vom pauschalierten Netto-Soll-Entgelt das pauschalierte Netto-Ist-Entgelt abgezogen wird. Das Soll-Entgelt ist dasjenige beitragspflichtige Bruttoentgelt, das der Arbeitnehmer im Abrechnungsmonat erhalten hätte, wenn keine Kurzarbeit gewesen wäre. Das Ist-Entgelt ist demgegenüber das tatsächlich im Abrechnungsmonat erzielte beitragspflichtige Bruttoentgelt. Die Ermittlung des pauschalen Nettoentgelts erfolgt nun, indem jeweils eine Sozialversicherungspauschale in Höhe von 20%, die Lohnsteuer nach der individuellen Lohnsteuerklasse und (jedenfalls zum Stand des Erstellens dieses Buches) der Solidaritätszuschlag abgezogen werden. Von dem errechneten Betrag (= Nettoentgeltdifferenz) wird dann entweder der erhöhte oder der einfache

Leistungssatz ausbezahlt. Die Bewilligungsentscheidung gegenüber dem Arbeitgeber erfolgt nach § 328 SGB III vorläufig unter dem Vorbehalt der nachträglichen Prüfung der Auszahlungsentscheidung und der Rückzahlung überzahlter Beträge (als ergänzende Hinweise im Auszahlungsbescheid aufgeführt). Klingt kompliziert? Ja, ist es auch. Deshalb ist eine Beratung der Arbeitgeber bereits vor der Einführung der Kurzarbeit im Betrieb sehr sinnvoll. Es sollte aber nunmehr möglich sein, anhand der oben dargestellten Berechnungsmethode die eigene Kug-Lohnabrechnung nachzuvollziehen. Für die Berechnung stellt die Bundesagentur für Arbeit die „Tabelle zur Berechnung des Kurzarbeitergeldes (Kug)" zur Verfügung, aus der bereits der rechnerische Leistungssatz abgelesen werden kann (online unter https://www.arbeitsagentur.de/datei/kug050-2016_ba014803.pdf, zuletzt abgerufen am 4.6.2020).

BEISPIEL: Im Monat April beantragt jetzt Imbissbetreiberin A für ihren Mitarbeiter B (Lohnsteuerklasse 3, 1 Kinderfreibetrag) Kurzarbeitergeld. Normalerweise hätte B 2.500 € brutto (= Soll-Entgelt) verdient, tatsächlich hat er infolge Kurzarbeit aber nur 1.500 € brutto (= Ist-Entgelt) erhalten. Aus der Tabelle zur Berechnung des Kurzarbeitergeldes können jetzt direkt der rechnerische Leistungssatz für das pauschalierte monatliche Netto-Soll-Entgelt (=1.295,11 €) und der rechnerische Leistungssatz für das pauschalierte monatliche Netto-Ist-Entgelt (804 €) abgelesen werden Die Differenz der Beträge (1295,11 € – 804 €) ist das dem B zustehende Kurzarbeitergeld. A kann also für B die Erstattung von Kurzarbeitergeld in Höhe von 491,11 € beantragen.

c) Soziale Absicherung während der Kurzarbeit und steuerliche Behandlung

Während des Bezuges von Kurzarbeitergeld sind die Betroffenen weiter in allen Zweigen der gesetzlichen Sozialversicherung pflichtversichert. Sie merken an dieser Stelle erst einmal nichts von der Kurzarbeit. Der Arbeitgeber führt auf den tatsächlich ausbezahlten Betrag die Sozialversicherungsbeiträge ab. Auf 80% der Nettoentgeltdifferenz werden Beiträge zur Kranken-, Pflege- und Rentenversicherung erhoben. Diese Beiträge trägt der Arbeitgeber grundsätzlich alleine, kann sich diese jedoch nach § 2 KugV für Arbeitsausfälle in der Zeit von 1.3.2020 bis 31.12.2020 in pauschalierter Form erstatten lassen (in Höhe der Sozialversicherungspauschale des § 153 Abs.1 S. 2 Nr. 1 SGB III abzüglich des Beitrags zur Arbeitslosenversicherung, da das Kurzarbeitergeld beitragsfrei in der Arbeitslosenversicherung ist). Sollten Sie während der Zeit, in der Sie Kurzarbeitergeld beziehen, eine Einladung zu einem Termin in der Agentur für Arbeit erhalten, sind Sie auf dem Weg zur Agentur für Arbeit zusätzlich gesetzlich unfallversichert.

Das Kurzarbeitergeld selbst ist steuerfrei (§ 3 Nr. 2 a EStG). Es wird aber im Rahmen der Steuerprogression berücksichtigt, wirkt sich also erhöhend auf die Einkommensteuer aus, die sie auf ihr restliches Einkommen bezahlen (§ 32 b Abs. 1 Nr. 1 a EStG).

d) Kug-Prüfung und Leistungsmissbrauch

Das vom Arbeitgeber zur Erstattung beantragte Kurzarbeitergeld wird im Regelfall von der Agentur für Arbeit geprüft. Sie prüft dabei die Voraussetzungen des erheblichen Arbeitsausfalls, der Mindestvoraussetzungen, der betrieblichen Voraussetzungen und die Lohnabrechnungsunterlagen. Die Prüfung erfolgt in der Regel am Betriebssitz des Arbeitgebers, da sich dort die Lohnunterlagen befinden (Kug-Außenprüfung). Sollte sich hier ergeben, dass fehlerhaft abgerechnet worden ist, sind zu viel ausbezahlte Beträge vom Arbeitgeber zu erstatten. Dies ist unproblematisch möglich, da die Auszahlung ja nur vorläufig nach § 328 SGB III erfolgt ist. Vorsätzliche oder grob fahrlässige Verstöße (z.B. Angabe unvollständiger oder unrichtiger Tatsachen) können als Ordnungswidrigkeit (nach § 404 Abs. 2 Nr. 25 SGB III) oder als Straftat (§ 263 StGB) verfolgt werden.

4. Transferkurzarbeitergeld (§ 111 SGB III) und Saison-Kurzarbeitergeld (§§ 92 S. 2, 101 ff. SGB III)

Das Transferkurzarbeitergeld ist eine Sonderform des Kurzarbeitergeldes, das dann bezahlt wird, wenn in einem Betrieb Personalanpassungsmaßnahmen durchgeführt werden müssen, die auf einer Betriebsänderung beruhen und einen dauerhaften und unvermeidbaren Arbeitsausfall verursachen. Weitere Voraussetzung ist, dass sich Arbeitnehmer und Arbeitgeber über einen Interessensausgleich oder Sozialplan geeinigt haben, mit dem die Chancen der betroffenen Mitarbeiter auf berufliche Re-Integration erhöht werden (§ 111 SGB III). Die Vorschriften zum „normalen" Kurzarbeitergeld sind weitgehend entsprechend anwendbar (§ 111 Abs. 9 SGB III). Für die Regelungen zum Transferkurzarbeitergeld stellt die Agentur für Arbeit das Merkblatt 8c „Transferleistungen" zur Verfügung (online abrufbar, zuletzt abgerufen am 2.6.2020 unter: https://www.arbeitsagentur.de/datei/merkblatt-8c-transferleistung_ba015390.pdf).

Saisonkurzarbeitergeld ist eine weitere Sonderform des Kurzarbeitergeldes. Betriebe des Bauhauptgewerbes haben während der Schlechtwetterzeit vom 1.12. bis 31.3. Anspruch auf Kurzarbeitergeld, wenn ein erheblicher saisonbedingter Arbeitsausfall vorliegt und die betrieblichen sowie die persönlichen Voraussetzungen (entsprechend derjenigen des konjunkturellen Kurzarbeitergeldes) vorliegen. Ein Arbeitsausfall ist dann erheblich, wenn er auf witterungsbedingten oder wirtschaftlichen Gründen oder einem unabwendbaren Ereignis beruht (§ 101 Abs. 5 SGB III). Für das Saisonkurzarbeitergeld gelten nach § 101 Abs. 7 SGB III die Vorschriften über das Kurzarbeitergeld – mit Ausnahme des § 99 SGB III – entsprechend, so dass an dieser Stelle auf die Ausführungen zum Kurzarbeitergeld verwiesen wird. Für die Regelungen zum Saisonkurzarbeitergeld stellt die Agentur für Arbeit das Merkblatt 8d „Saison-Kurzarbeitergeld" zur Verfügung (online abrufbar, zuletzt abgerufen am 2.6.2020 unter: https://www.arbeitsagentur.de/datei/merkblatt-8d-saison-kug_ba015391.pdf).

II. Insolvenzgeld

Dieses Kapitel müsste genau genommen „Insolvenz- und Lohnausfallgeld" heißen. Denn nicht in allen Fällen, in denen „Insolvenzgeld" für rückständige Löhne oder Gehälter gezahlt wird, wird wegen Überschuldung der Firma Ihres Arbeitgebers überhaupt die Eröffnung des Insolvenzverfahrens beantragt und nur wenige solcher Anträge führen zur Eröffnung des Insolvenzverfahrens; die anderen Anträge werden mangels Masse abgelehnt. In zahlreichen Fällen wird „Insolvenzgeld“ gezahlt, weil schlicht die betriebliche Tätigkeit vollständig endet und offensichtlich keine Insolvenzmasse vorliegt.

1. Insolvenzfälle

Ein Anspruch auf Insolvenzgeld wird ausschließlich begründet durch die im Gesetz (§ 165 Abs. 1 S. 2 Nr. 1 bis 3 SGB III) aufgezählten **drei Insolvenzfälle:**

- Eröffnung des Insolvenzverfahrens über das Vermögen des Arbeitgebers
- Abweisung des Antrags auf Eröffnung des Insolvenzverfahrens mangels Masse oder
- vollständige Beendigung der Betriebstätigkeit im Inland, wenn ein Antrag auf Eröffnung des Insolvenzverfahrens nicht gestellt wurde und offensichtliche Vermögenslosigkeit vorliegt.

Der Eintritt dieser drei Insolvenzereignisse ist einmal Voraussetzung für das Entstehen des Anspruchs. Zum anderen wird hierdurch die zweimonatige **Antragsfrist** (§ 324 Abs. 3 S. 1 SGB III) in Gang gesetzt. Schließlich bestimmt sich hiernach maßgeblich der Zeitraum, in dem Insolvenzgeld gewährt wird:

Es sind zwei mögliche **Insolvenzgeldzeiträume** zu unterscheiden: Wenn an dem Tag des Insolvenzereignisses das **Beschäftigungsverhältnis** noch **besteht,** so besteht ein Insolvenzgeldanspruch für die vorangegangenen letzten drei Monate.

BEISPIELE:
Insolvenzereignis 30.6. – letzter Tag, für den Ansprüche bestehen können: 31.3.
Insolvenzereignis 15.6. – letzter Tag, für den Ansprüche bestehen können: 15.3.

War das Beschäftigungsverhältnis schon **vorher beendet** (die **rechtliche,** nicht die faktische Beendigung ist maßgeblich), so endet die Dreimonatsfrist mit dem letzten Tag des Arbeitsverhältnisses. Soweit diese letzten drei Monate vor Beendigung des Arbeitsverhältnisses ohne Lohnzahlung blieben, ist ein Anspruch auf Insolvenzgeld gegeben.

BEISPIEL: Ende des Arbeitsverhältnisses 31.5.; Insolvenztag 18.8.; demnach besteht in dem Zeitraum 1.3. bis 31.5. ein Insolvenzgeldanspruch.

Achtung: Haben Sie in Unkenntnis – schädlich ist insoweit nur positive Kenntnis – eines Insolvenzereignisses weitergearbeitet oder die Arbeit aufgenommen, so besteht ein Anspruch auf Insolvenzgeld für die dem Tag der Kenntnisnahme vorausgehenden drei Monate des Arbeitsverhältnisses (§ 165 Abs. 2 SGB III).

BEISPIEL: Insolvenzereignis: 15.6; Kenntnis des Arbeitnehmers: 8.8.; Insolvenzzeitraum: 8.5. bis 7.8.

2. Welche Vorüberlegungen sind anzustellen?

Wie entscheiden Sie sich, wenn Sie bemerken, mit dem Betrieb ihres Arbeitgebers geht es steil bergab, weil es an Aufträgen, Kundschaft oder Gästen mangelt und der letzte Lohn oder das letzte Gehalt nicht oder nur zum Teil bezahlt wurde? In der Regel haben Sie vier Wahlmöglichkeiten: **Weiterarbeit,** (fristlose) **Kündigung, Freistellung** oder Ausübung des **Zurückbehaltungsrechtes.**

a) Weiterarbeit

Wenn Sie **weiterarbeiten,** so besteht die Chance, dass der Betrieb wieder in Gang kommt, sei es, dass der Arbeitgeber wieder zahlungsfähig wird oder der Betrieb mitsamt dem vorhandenen Personal und den Lohnrückständen von einem neuen Arbeitgeber übernommen wird. In beiden Fällen bleiben Ihr Einkommen und Ihr Arbeitsplatz erhalten. Dabei riskieren Sie allerdings selbst bei nur einem Monat Lohnrückstand den vollen Verlust, weil Sie nicht wissen können, ob zu einem späteren Zeitpunkt nicht doch noch ein Insolvenzereignis (Eröffnung des Insolvenzverfahrens, Abweisung des Antrags, ein solches zu eröffnen mangels Masse oder vollständiges Ende der betrieblichen Tätigkeit im Inland zuzüglich eines offensichtlichen Mangels an Insolvenzmasse) eintritt. Von diesem Tag (dem Insolvenztag) wird nämlich rückwärts gerechnet ein Lohn- oder Gehaltsrückstand nur für drei Monate als Insolvenzgeld gezahlt.

b) Kündigung

Zweite Möglichkeit: Sie **kündigen,** und zwar fristlos (nach § 626 BGB), weil Sie absehen, dass erheblicher Lohnrückstand nicht mehr befriedigt werden wird. Erheblich ist dabei schon die Hälfte eines Monatslohnes oder eines Monatsgehaltes. Mündlich können Sie eine Kündigung nicht wirksam erklären; Die Beendigung von Arbeitsverhältnissen durch **Kündigung** oder **Auflösungsvertrag** bedarf zu ihrer Wirksamkeit der **Schriftform** (§ 623 BGB). Da für die Kündigung aufgrund erheblichen Lohnrückstandes ein **wichtiger Grund** vorliegt (vgl. § 159 Abs. 1 S. 1 und 2 Nr. 1 SGB III), erhalten Sie – wenn die übrigen Voraussetzungen vorliegen – schon vom Tage der Arbeitslosmeldung und der Antragstellung an Arbeitslosengeld, **ohne** dass eine **Sperrzeit** wegen Ihrer Kündigung eintritt.

Dieses Vorgehen kann aber **taktisch unklug** sein. Denn wenn Sie beispielsweise schon dann fristlos kündigen, wenn nur ein Lohnrückstand von einem halben Monat vorliegt und nunmehr höchstens 67 % Arbeitslosengeld beziehen, so verlieren Sie für weitere $2^1/_2$ Monate die mögliche Zahlung von 100 % Ihres Nettoverdienstes als Insolvenzgeld; ferner gehen Ihnen möglicherweise mehrere Monats-Anteile eines rückständigen 13. Monatsgehaltes verloren. Anders ist die Lage, wenn Sie sofort wieder eine gut bezahlte Stelle finden.

c) Freistellung

Es bietet sich dann drittens die **Freistellung** an. Darunter versteht man, dass Ihr Arbeitsverhältnis ohne Arbeitsleistung und ohne Lohnzahlung fortbesteht, Sie aber gleichwohl berechtigt sind, Arbeitslosengeld zu beziehen (§ 157 Abs. 3 SGB III). Kommt es dann zu einem Insolvenzereignis, so erhalten Sie für bis zu drei Monate Insolvenzgeld abzüglich des schon gezahlten Arbeitslosengeldes nachgezahlt.

BEISPIEL: Im Gasthaus G bleiben die Gäste aus. Das Oktober-Gehalt 2019 zahlt der Wirt und Eigentümer des Gasthauses dem Kellner A nicht aus. Am 15.11.2019 vereinbart A mit dem Wirt die Freistellung und beantragt am 16.11.2019 Arbeitslosengeld. Zum 31.12.2019 wird das Lokal endgültig wegen Zahlungsunfähigkeit geschlossen. Damit erhält A für Oktober bis Dezember 2019 Insolvenzgeld abzüglich des bereits gezahlten Arbeitslosengeldes, welches verrechnet wird.

d) Zurückbehaltungsrecht:

Für eine Freistellung benötigen Sie die Mitwirkung des Arbeitgebers. Sollte diese nicht zu erreichen sein, so bietet sich als weitere Möglichkeit an, das Arbeitsverhältnis einerseits aufrechtzuerhalten, andererseits aber dem Arbeitgeber mitzuteilen, dass Sie im Hinblick auf den Lohnrückstand die Arbeitsleistung nicht weiter ausführen, sondern erst dann wieder, wenn der offene Lohn bezahlt ist. Rechtlich spricht man in diesem Zusammenhang von der Ausübung eines **Zurückbehaltungsrechtes.** Bitte berücksichtigen Sie aber, dass dieses Vorgehen lediglich für eine Zeitdauer von **bis zu drei Monaten sinnvoll** ist, weil Sie, wie oben ausgeführt, längstens für drei Monate Insolvenzgeld erhalten können. Jedenfalls zum Ablauf des dritten Monats ohne Lohnzahlung sollten Sie das Arbeitsverhältnis (schriftlich) **kündigen** und Arbeitslosengeld beantragen.

3. Durchsetzbarer Entgeltanspruch

Berücksichtigen Sie auch, dass Sie einen Insolvenzgeldanspruch nur dann haben, wenn für den Insolvenzgeldzeitraum ein **durchsetzbarer Entgeltanspruch** gegen Ihren Arbeitgeber bestanden hätte. Hieran fehlt es z.B. dann, wenn Ansprüche wegen des Ablaufs einer gesetzlichen, tariflichen oder vertraglich vereinbarten **Ausschlussfrist** ausgeschlossen sind. Dies ist ferner zu beachten, wenn das Arbeitsverhältnis durch Arbeitgeberkündigung beendet wurde und sich ein Insolvenzgeldanspruch oder ein längerer Anspruch hierauf nur für den Fall ergibt, dass die Kündigung rechtsunwirksam ist. Nach der Rechtsprechung des Bundessozialgerichts sind Sie dann, wenn für die Beurteilung der Kündigung das **Kündi-**

gungsschutzgesetz anwendbar ist, grundsätzlich gehalten, die Unwirksamkeit der Kündigung arbeitsrechtlich durch Klage (fristgebunden, **Dreiwochenfrist!**) geltend zu machen, und zwar sowohl bei einer ordentlichen als auch bei einer außerordentlichen Kündigung. Unterbleibt die fristgebundene Klageerhebung, so soll es Ihnen nach der Rechtsprechung des Bundessozialgerichts verwehrt sein, sich bei der Geltendmachung des Insolvenzanspruchs auf die Unwirksamkeit der Kündigung berufen zu können. Es gilt die **dreiwöchige Klagefrist** für – fast – **alle** Unwirksamkeitsgründe (auch im Kleinbetrieb). Die fristgebundene Klageerhebung ist seither in nahezu allen Fällen einer unwirksamen Kündigung erforderlich, um den Insolvenzgeldanspruch zu sichern.

Beachten Sie auch, dass von einem **arbeitsgerichtlichen Vergleich,** der sich über „alle gegenseitigen finanziellen Ansprüche" erstreckt, auch der Anspruch auf Insolvenzgeld umfasst sein kann. Wenn Sie sich also mit Ihrem Arbeitgeber im Hinblick auf dessen trostlose wirtschaftliche Situation beim Arbeitsgericht in der Weise vergleichen, dass keine weiteren finanziellen Ansprüche mehr gegeben sind, kann Ihnen dadurch der Anspruch auf Insolvenzgeld verloren gehen. Deshalb empfiehlt es sich, diesen Anspruch ausdrücklich bei der Vergleichsgestaltung von der Erledigung auszunehmen.

4. Vorfinanzierung/Abtretung

Können Ihnen Nachteile entstehen, wenn Sie – veranlasst, vermittelt oder sogar gedrängt durch Ihren Arbeitgeber – Ihre rückständigen **Löhne oder Gehälter** durch einen Dritten (z.B. eine Bank oder eine Sparkasse) **vorfinanzieren** lassen und dafür diesem Ihre Lohn- oder Gehaltsforderungen zur Sicherheit **abtreten** oder verkaufen? Selbst wenn dies Ihr Arbeitgeber deshalb so manipuliert, um die Eröffnung des Insolvenzverfahrens zu verzögern, dadurch möglicherweise zahlreiche Lohnrückstände über die Insolvenzgeld-Versicherung gezahlt werden und somit die Insolvenzmasse vergrößert wird, macht sich höchstens der Arbeitgeber der Bundesagentur für Arbeit gegenüber wegen Missbrauchs und Insolvenzverschleppung schadenersatzpflichtig (§ 826 BGB), nicht aber der einzelne, von seinem

Arbeitsplatz abhängige Arbeitnehmer, gleichgültig, wie groß seine Kenntnis im Einzelfall ist (z.B. Bilanzbuchhalter!).

Um die **missbräuchliche Inanspruchnahme** von Insolvenzgeld einzuschränken, wird dieses jedoch nach § 170 Abs. 4 SGB III dem Gläubiger (z.B. der Bank oder Sparkasse) nicht gezahlt, wenn ein Gläubiger des Arbeitgebers den Entgeltanspruch des Arbeitnehmers ohne Zustimmung der Agentur für Arbeit vorfinanziert hat und ihm vor Eröffnung des Insolvenzverfahrens der Anspruch übertragen oder verpfändet worden ist.

5. Antragsfrist

Besonders **wichtig** ist, dass Sie Ihren **Antrag rechtzeitig,** nämlich innerhalb von zwei Monaten nach dem Insolvenzereignis, stellen (§ 324 Abs. 3 S. 1 SGB III). Die oben erwähnten drei Insolvenzereignisse sind gleichrangig. **Entscheidend** für den Anspruch (und für den Fristbeginn) ist der **zeitlich erste** Insolvenztatbestand, was auch dann gilt, wenn z.B. die Betriebseinstellung dem Insolvenzantrag unmittelbar vorausgeht. Haben Sie diese **Frist** aus Gründen, die Sie nicht zu vertreten haben (nicht vorwerfbare Unkenntnis über das Insolvenzereignis), **versäumt,** wird Ihnen Insolvenzgeld dennoch gewährt, wenn Sie innerhalb einer **Nachfrist** von zwei Monaten nach Wegfall des Hindernisses den Antrag stellen (§ 324 Abs. 1 S. 2 SGB III).

Zu vertreten – mit der Folge, dass keine Nachfrist gewährt wird – hat der Arbeitnehmer zunächst in der Regel die **Unkenntnis** der Antragsfrist, es sei denn, Rechtsrat konnte nicht rechtzeitig eingeholt werden. Auch ein etwaiges **Verschulden** seines **Bevollmächtigten** muss sich der Arbeitnehmer anrechnen lassen. Schließlich hat der Arbeitnehmer die Versäumung der Antragsfrist insbesondere dann zu vertreten, wenn er sich nicht mit der erforderlichen Sorgfalt um die **Durchsetzung seiner Ansprüche** bemüht hat (§ 324 Abs. 1 S. 3 SGB III). Er muss also gegebenenfalls versuchen, sein ausgefallenes Arbeitsentgelt einzuklagen bzw. – nach Erstreiten eines arbeitsgerichtlichen Urteils – durch Vollstreckung bei seinem früheren Arbeitgeber beizutreiben.

Wer in **Unkenntnis** – schädlich ist insoweit nur positive Kenntnis – eines Insolvenzereignisses **weitergearbeitet** oder die Arbeit aufgenommen hat, kann Insolvenzgeld für die dem Tag der Kenntnisnahme vorausgehenden drei Monate des Arbeitsverhältnisses beantragen (§ 165 Abs. 2 SGB III). Die Zweimonatsfrist des § 324 Abs. 3 S. 1 SGB III beginnt in diesem Fall erst mit der nachträglich erlangten Kenntnis von dem Insolvenzereignis.

6. Einzelfragen

Die Agentur für Arbeit kann einen **Vorschuss** auf das Insolvenzgeld gewähren und muss über eine solche Vorschussgewährung entscheiden, wenn dies von Ihnen beantragt wird.

Folgende weitere Einzelfragen sind noch zu erwähnen:

Der Insolvenzgeldanspruch knüpft an Ihr **Arbeitsentgelt** an. Erfasst werden alle Zahlungen des Arbeitgebers, die im weitesten Sinne eine **Gegenleistung** für die von Ihnen erbrachten **Arbeitsleistungen** darstellen. Allerdings besteht ein Anspruch auf Insolvenzgeld nur insoweit, als das Arbeitsentgelt dem entsprechenden Insolvenzgeldzeitraum **zeitlich zuzuordnen** ist. Dies kann im Einzelfall problematisch sein, insbesondere bei vereinbarten **Jahressondervergütungen.** Hier ist das **Motiv** der Zahlung und der **arbeitsrechtliche Zweck** zu ermitteln, was schwierig ist, wenn sich aus dem Arbeitsvertrag hierfür keine eindeutigen Anhaltspunkte ergeben. Handelt es sich in erster Linie um eine **zusätzliche Vergütung,** so ist diese **anteilig** – mit maximal $^{3}/_{12}$ – beim Anspruch auf Insolvenzgeld zu berücksichtigen. War es Zweck der Sonderzahlung, **Betriebstreue** zu belohnen oder ein **„Weihnachtsgeschenk"** zu gewähren, so ist sie beim Insolvenzgeld **nur dann** zu berücksichtigen, wenn sie dem Zeitraum, für den das Insolvenzgeld bezahlt wird, zugeordnet werden kann. **Kein Anspruch** besteht auf eine Sonderzahlung, wenn diese erst **nach Ablauf** des Insolvenzzeitraumes **fällig** wird.

Ein Anspruch auf **Urlaubsabgeltung** (§ 7 Abs. 4 BUrlG) wird vom Anspruch auf Insolvenzgeld nicht erfasst. Ebenso wenig ein Schadensersatzanspruch wegen entgangenen Ersatzurlaubes.

Nicht insolvenzgeldfähig sind auch **Abfindungen,** die im Rahmen des Ausscheidens aus seinem Arbeitsverhältnis nach den Bestimmungen der §§ 9, 10 KSchG bezahlt werden.

Bitte beachten Sie auch, dass die **Höhe** des Insolvenzgeldes **begrenzt** ist. Nach § 167 Abs. 1 SGB III wird für die Berechnung des Insolvenzgeldes das Bruttoarbeitsentgelt begrenzt auf die monatliche **Beitragsbemessungsgrenze** in der Arbeitslosenversicherung. Diese entspricht der Beitragsbemessungsgrenze der Rentenversicherung und beläuft sich im Kalenderjahr 2020 auf 6.900 (bzw. 6.450 in den neuen Bundesländern) €/Monat. Maßgeblich ist dabei die vom Insolvenzverwalter für die Bundesagentur für Arbeit ausgestellte „Insolvenzgeldbescheinigung", in der die erforderlichen Informationen für die Bewilligung des Insolvenzgeldes enthalten sind.

Auch zum Anspruch auf Insolvenzgeld stellt die Bundesagentur für Arbeit ein **Merkblatt** zur Verfügung, das Sie bei Bedarf zu Rate ziehen sollten (Merkblatt 10). Weitere Informationen finden sich auch auf der Homepage der Bundesagentur für Arbeit unter dem Unterpunkt „Insolvenzgeld" (https://www.arbeitsagentur.de/finanzielle-hilfen/insolvenzgeld-arbeitnehmer, abgerufen am 19.5.2020).

III. Übergangsgeld

Übergangsgeld leistet die Agentur für Arbeit zur Sicherung Ihres Unterhalts dann, wenn eine Maßnahme erforderlich ist (z.B. Fortbildung oder Umschulung), um Ihre Erwerbsfähigkeit zu erhalten, zu verbessern, herzustellen oder wiederherzustellen und damit Ihre Teilhabe am Arbeitsleben auf Dauer zu sichern. Die Agentur für Arbeit ist dann zuständig, wenn Sie innerhalb der letzten drei Jahre vor dem Beginn der Fördermaßnahme mindestens 12 Monate in einem Versicherungspflichtverhältnis gestanden haben oder die Voraussetzungen für den Anspruch auf Arbeitslosengeld erfüllen und auch Arbeitslosengeld beziehen (§§ 119, 120 SGB III). Nach 15 Pflichtbeitragsjahren in der Sozialversicherung ist für Leistungen zur Teilhabe am Arbeitsleben inklusive Übergangsgeld allerdings ihr jeweiliger Rentenversicherungsträger zuständig. Für die Regelungen zum Übergansgeld stellt die Agentur für Arbeit das Merkblatt 12

„Förderung der Teilhabe am Arbeitsleben für Arbeitnehmerinnen und Arbeitnehmer“ zur Verfügung (online abrufbar, zuletzt abgerufen am 2.6.2020 unter: https://www.arbeitsagentur.de/datei/merkblatt-12-teilhabe_ba015371.pdf).

IV. Arbeitslosengeld bei Weiterbildung

Sofern Sie an einer von der Agentur für Arbeit geförderten beruflichen Weiterbildung (zu den Voraussetzungen siehe § 81 SGB III) teilnehmen, erhalten Sie in dieser Zeit Arbeitslosengeld bei Weiterbildung (Alg-W nach §§ 136 Abs. 1 Nr. 2, 144 SGB III).

Eine Sonderregelung für die Zeit der Weiterbildung ist deswegen erforderlich, da während der Weiterbildung das Merkmal der „Verfügbarkeit“ (§ 138 Abs. 1 Nr. 3 SGB III) nicht vorliegt. Der größte Vorteil der geförderten Weiterbildung durch die Agentur für Arbeit ist, dass sich der Arbeitslosengeldanspruch während des Bezugs von Alg-W jeweils nur um einen Tag pro zwei Teilnahmetage an der Weiterbildung mindert. Die Minderung endet dann, wenn nur noch ein Anspruchsrest von einem Monat (= 30 Tage) erreicht ist. Eine Minderung des Anspruchs auf weniger als 30 Tage unterbleibt. Sofern Sie allerdings bei Eintritt in die Maßnahme bereits weniger als 30 Restanspruchstage hatten, erfolgt keine Aufstockung auf 30 Tage. Es verbleibt dann bei dem bei Eintritt in die Maßnahme vorhandenen Restanspruch. Für ausführliche Informationen dazu stellt die Bundesagentur für Arbeit das Merkblatt 6 „Förderung der beruflichen Weiterbildung von Arbeitnehmerinnen und Arbeitnehmern“ zur Verfügung (online abrufbar, zuletzt abgerufen am 3.6.2020 unter: https://www.arbeitsagentur.de/datei/merkblatt-6-weiterbildung_ba015381.pdf).

BEISPIEL: Ihnen wird zum 1.3.2020 eine bis zum 31.5.2020 dauernde Weiterbildung angeboten. Am 1.3.2020 beträgt Ihr Restanspruch auf Arbeitslosengeld noch 60 Tage. Während der Teilnahme an der Maßnahme müsste sich Ihr Arbeitslosengeldanspruch eigentlich um 60 Tage mindern (§ 148 Abs. 1 Nr. 1 SGB III); aufgrund der Sonderregelung des § 148 Abs. 1 Nr. 7, Abs. 2 S. 3 SGB III bleibt Ihnen aber ein Rest von 30 Tagen erhalten.

4. Kapitel

Soziale Sicherung des Arbeitslosen

I. Sozialversicherungsschutz

1. Kranken-/Pflegeversicherung

Sobald Sie **Arbeitslosengeld beziehen**, sind Sie für den Fall der Krankheit/Pflegebedürftigkeit in der gesetzlichen Sozialversicherung pflichtversichert (§ 5 Abs. 1 Nr. 2 SGB V), und zwar bei ihrer bisherigen **gesetzlichen Krankenkasse**. Bezieher von Arbeitslosengeld II sind nach § 5 Abs. 1 Nr. 2a SGB V pflichtversichert in der gesetzlichen Krankenkasse. Die Versicherungspflicht in der sozialen Pflegeversicherung folgt dabei der Versicherungspflicht in der gesetzlichen Krankenversicherung (§ 1 Abs. 2 SGB XI). Das gilt auch in den Fällen, in denen Sie nur deswegen kein Arbeitslosengeld beziehen, weil der Anspruch wegen einer Sperrzeit oder einer Urlaubsabgeltung ruht.

a) Gesetzlich oder privat versichert?

Der Zugang zur gesetzlichen Pflichtversicherung ist Personen verwehrt, die bereits das 55. Lebensjahr vollendet haben, in den letzten fünf Jahren vor dem Beginn des Arbeitslosengeldbezugs nicht gesetzlich versichert waren und von diesen fünf Jahren mindestens zweieinhalb Jahre entweder versicherungsfrei, von der Versicherungspflicht befreit oder als Selbstständiger nicht versicherungspflichtig waren (= versicherungsfreie Personen nach § 6 Abs. 3a SGB V).

Sind Sie bisher bei einer **privaten Krankenversicherung** Mitglied, können Sie im Fall des Arbeitslosengeldbezugs also grundsätzlich in die gesetzliche Sozialversicherung als Pflichtversicherter zurückkehren, sofern Ihnen der Zugang nicht verwehrt ist. Wollen Sie in der privaten Krankenversicherung bleiben, so müssen Sie einige Dinge beachten. Wichtigste Voraussetzung ist, dass sie bereits seit fünf Jahren vor dem Arbeitslosengeldbezug nicht gesetzlich krankenversichert sind. Erfüllen Sie diese Voraussetzung nicht, werden Sie in einer gesetzlichen Krankenversicherung pflichtversichert. Weiter ist erforderlich, wenn Sie bereits seit mehr als fünf Jahren nicht mehr gesetzlich pflichtversichert sind, dass Sie sich von der Versicherungspflicht befreien lassen (§ 8 Abs. 1 Nr. 1a, Abs. 2 SGB V). Den Befreiungsbescheid stellt Ihnen Ihre letzte gesetzliche Krankenkasse aus, bei der Sie versichert waren. Die Befreiung ist innerhalb von **drei Monaten** nach Beginn der eigentlichen Versicherungspflicht aufgrund des Arbeitslosengeldbezuges zu stellen (§ 8 Abs. 2 SGB V). Versäumen Sie diese Frist, werden Sie gesetzlich krankenversichert. Der Befreiungsbescheid gilt immer nur für den jeweiligen Leistungsbezug in der Arbeitslosenversicherung. Werden Sie nach einer Beschäftigungsaufnahme also erneut arbeitslos, so ist ein neuer Befreiungsbescheid erforderlich. Privatversicherte haben Anspruch auf die Übernahme ihrer Beiträge entsprechend § 174 SGB III, wonach maximal diejenigen Beiträge übernommen werden, die für einen vergleichbaren gesetzlich Versicherten zu übernehmen wären. Die Befreiung von der Versicherungspflicht in der gesetzlichen Pflegeversicherung regelt § 22 SGB XI; hierfür ist ein Antrag erforderlich und ein Nachweis über eine private Pflegeversicherung.

Sofern Sie freiwilliges Mitglied in der gesetzlichen Krankenversicherung waren, endet ihre freiwillige Mitgliedschaft mit dem Beginn der Pflichtversicherung durch den Arbeitslosengeldbezug (§ 191 SGB V).

Bezieher von Arbeitslosengeld II, die vor dem Leistungsbezug privat krankenversichert waren und keinen Zugang zur gesetzlichen Krankenversicherung haben, haben Anspruch auf einen Zuschuss zu ihren privaten Krankenversicherungsbeiträgen nach § 26 SGB II.

b) Durchführung des Versicherungsschutzes

Grundsätzlich haben Sie gegenüber der Krankenversicherung den vollen Leistungsanspruch mit Ausnahme des Krankengeldes während einer Sperrzeit. Arbeitslose, die während einer **Sperrzeit** erkranken, dürfen nach der Intention des Gesetzgebers nicht besser behandelt werden als gesunde Arbeitslose, die während der Sperrzeit ihren Lebensunterhalt in der Regel auf andere Weise als durch Leistungsbezug bestreiten müssen. Solange Ihr Anspruch auf Arbeitslosengeld wegen des Eintritts einer Sperrzeit ruht, wird deswegen auch kein Krankengeld gezahlt (§ 49 Abs. 1 Nr. 3a SGB V). Ihnen bleibt der Kranken-/Pflegeversicherungsschutz also noch einen Monat nach dem Ausscheiden automatisch erhalten (§ 19 Abs. 2 SGB V), auch wenn ihr Arbeitslosengeldanspruch in dieser Zeit während einer Sperrzeit ruhen sollte.

BEISPIEL: Wird der Eintritt einer zwölfwöchigen Sperrzeit festgestellt, z.B. weil Sie ohne Vorliegen eines wichtigen Grundes gekündigt haben, so haben Sie für einen Monat den so genannten Nachversicherungsschutz und während des zweiten Monates bis zur zwölften Woche (trotz Sperrzeit) den Krankenversicherungsschutz über die Agentur für Arbeit (§ 5 Abs. 1 Nr. 2 SGB V), jedoch begrenzt auf Krankenpflege und sonstige Sachleistungen unter Ausschluss von Krankengeld, das für zwölf Wochen ebenfalls „gesperrt" wird (§ 49 Abs. 1 Nr. 3a SGB V).

Der Kranken-/Pflegeversicherungsschutz über die Agentur für Arbeit **beginnt** erst mit dem ersten und endet mit dem letzten Tag, für den der Arbeitslose Arbeitslosengeld **bezieht.** In zahlreichen Fällen reicht der Nachversicherungsschutz von einem Monat nach Ausscheiden aus dem Arbeitsverhältnis nicht aus, sei es, dass Arbeitslosengeld verspätet beantragt wurde, sei es, dass für eine längere Zeit der Bearbeitungsdauer Ihres Antrags Unsicherheit darüber besteht, ob Ihnen Arbeitslosengeld zusteht. Letzteres gilt insbesondere in den Fällen, in denen die Frage, ob ein Anspruch besteht oder nicht, erst im Klageverfahren abschließend geklärt wird. In diesen Fällen sollten Sie sich innerhalb von einem Monat nach der Beendigung des Arbeitsverhältnisses **vorbeugend** auf eigene Kosten bei ihrer Krankenkasse **freiwillig weiterversichern**. Haben anschließend ihr

Antrag auf Arbeitslosengeld bzw. ihr Widerspruch oder ihre Klage Erfolg, so werden Sie **rückwirkend pflichtversichert**, was zu einer Erstattung der von Ihnen selbst entrichteten Beiträge führt. In einer finanziellen Notlage ist stattdessen über einen **Antrag auf Arbeitslosengeld II** der Versicherungsschutz herzustellen (Bezieher von Arbeitslosengeld II sind nach § 5 Abs. 1 Nr. 2a SGB V pflichtversichert).

Wer während des Bezuges von Arbeitslosengeld **arbeitsunfähig krank** wird, erhält die bisherigen Leistungen bis zu sechs Wochen weiter (§ 146 SGB III; dazu siehe S. 70 f.). Ab der siebten Woche erhält der erkrankte Arbeitslose von der Krankenkasse Krankengeld, und zwar in Höhe des zuletzt bezogenen Arbeitslosengeldes (§ 47b Abs. 1 S. 1 SGB V). Dazu müssen der Krankenkasse der Bewilligungs- und der Aufhebungsbescheid eingereicht werden. Eine Ausschlussfrist besteht hier nicht; Krankengeld wird von der Krankenkasse auch rückwirkend bezahlt, wenn die Bescheide erst später bei ihr eingehen. Dennoch sollten Sie schnell handeln.

Ein Anspruch auf Gewährung von Krankengeld besteht allerdings nur dann, wenn dessen **Höchstdauer** (grundsätzlich 78 Wochen innerhalb von drei Jahren, gerechnet vom Tage der Arbeitsunfähigkeit an) wegen derselben Erkrankung noch nicht ausgeschöpft ist.

Der Arbeitslose muss – zur Vermeidung von Nachteilen – sowohl die Krankschreibung als auch die Gesundschreibung sofort der Agentur für Arbeit **melden.** Die Arbeitsunfähigkeitsbescheinigung (wie auch jede weitere) des Arztes müssen Sie der Agentur für Arbeit einsenden, nach mehr als sechs Wochen Erkrankung auch Ihrer Krankenkasse (§ 49 Abs. 1 Nr. 5 SGB V). Die Mitteilung der Arbeitsunfähigkeit ist eine Anspruchsvoraussetzung für das Krankengeld, das Risiko des verzögerten Zugangs trägt der Berechtigte. Nach Ihrer Gesundung brauchen Sie keinen neuen Antrag auf Arbeitslosengeld zu stellen, sofern Sie **bis zu sechs Wochen** krank waren. Für die weitere Gewährung von Arbeitslosengeld genügt die **rechtzeitige Mitteilung**, dass Sie wieder gesund sind. Anders ist die Lage bei einer Erkrankung von **mehr als sechs Wochen**. Hat der Arbeitslose zuletzt das Krankengeld durch die Krankenkasse erhalten, ist zur Vermeidung von Nachteilen sofort ein **neuer Antrag** auf Wiederbewilligung von Arbeitslosengeld nach seiner Gesundung zu stellen. Leistungen werden erst von dem Tag an gezahlt, an dem Ihr Antrag auf Wiederbewilligung bei der Agentur für Arbeit eingeht. Sie sollten diesen Antrag daher nicht per Post, sondern **persönlich** stellen.

Wer kein Arbeitslosengeld mehr bezieht – Erlöschen, Versagen, Abmeldung etc., die Gründe spielen keine Rolle – scheidet damit auch aus der Kranken-/Pflegeversicherung aus, hat aber wiederum einen nachwirkenden Versicherungsschutz von einem Monat, welcher (außer beim Eintritt einer Sperrzeit) auch Krankengeld einschließt (§ 19 Abs. 2 SGB V). Zu beachten ist allerdings, dass eine Familienversicherung nach § 10 SGB V dem Nachversicherungsschutz vorrangig ist und dort ausdrücklich kein Krankengeld versichert ist (§ 44 Abs. 2 S. 1 Nr. 1 SGB V). Innerhalb dieses Monats kann die freiwillige Weiterversicherung beantragt werden (§ 9 SGB V).

Tritt während des Bezuges von Krankengeld eine **Änderung Ihrer** familiären oder sonstigen **Verhältnisse** ein, wodurch sich Ihr Arbeitslosengeld erhöhen würde, wird das Krankengeld auf Ihren Antrag erhöht und zwar auf den Betrag, der als Arbeitslosengeld zu leisten wäre (§ 47b Abs. 2 SGB V). Dieser Antrag ist bei Ihrer Krankenkasse zu stellen. Minderungen des Krankengeldes treten nicht ein.

Wie ausgeführt, ist das Krankengeld, das während der Arbeitslosigkeit bezogen wird, genauso hoch, wie das Arbeitslosengeld. Wenn Sie bereits **vor** der **Beendigung des Arbeitsverhältnisses arbeitsunfähig** erkrankt sind, sollten Sie sich eine Arbeitsunfähigkeits-Bescheinigung besorgen und Krankengeld beantragen, bevor Sie arbeitslos werden Der Anspruch auf Krankengeld entsteht regelmäßig von dem Tag an, der auf den Tag der ärztlichen Feststellung der Arbeitsunfähigkeit folgt (§ 46 Abs. 1 Nr. 2 SGB V). Liegt dieser Beginn noch während des Bestehens des Arbeitsverhältnisses, so berechnet sich einmal das Krankengeld nach dem bisherigen Entgelt (höchstens 90 % des letzten Nettoverdienstes). Zudem sind Sie während des Bezuges von Krankengeld trotz zwischenzeitlicher Beendigung des Arbeitsverhältnisses nach § 192 Abs. 1 Nr. 2 SGB V weiter krankenversichert. Schließlich beläuft sich der Anspruch auf bis zu 78 Wochen.

BEISPIEL: Ihr Arbeitsverhältnis endet zum 30.6. eines Jahres, Sie sind ab dem 29.6 krank. Eine am 29.6. ausgestellte ärztliche Arbeitsunfähigkeit begründet einen Anspruch auf Krankengeld – bis zu 78 Wochen – ab dem 30.6., der sich nach Ihrem letzten Verdienst richtet. Gehen Sie erst am 30.6. zum Arzt, so beginnt der Krankengeldanspruch ab dem 1.7. für maximal einen Monat als nachwirkender Anspruch nach § 19 Abs. 2 SGB V. Erkranken Sie erst am 2.7. nach der Arbeitslosmeldung am 1.7, so erhalten Sie nach der sechswöchigen Weiterzahlung des Arbeitslosengeldes Krankengeld von der Krankenkasse in Höhe des Arbeitslosengeldes.

2. Unfallversicherung

Wer Arbeitslosengeld bezieht, ist nur in sehr beschränktem Umfang gesetzlich gegen Unfälle versichert. Versichert sind nur Unfälle, die entstehen, während Sie auf Aufforderung der Agentur für Arbeit diese oder andere Stellen aufsuchen (z.B. Vorstellung bei einem Arbeitgeber, ärztliche Untersuchung). Wurde Ihnen gekündigt und gehen Sie bereits vor Ihrem Ausscheiden zu einer mit der Agentur für Arbeit vereinbarten Arbeitsberatung, so haben Sie auch auf diesem Weg zur Agentur für Arbeit gesetzlichen Unfallversicherungsschutz. Nach der Rechtsprechung des Bundessozialgerichts besteht der gesetzliche Unfallversicherungsschutz allerdings nur dann, wenn die Stellenvermittlung durch die Agentur für Arbeit erfolgt und der Arbeitgeber auf deren Veranlassung hin aufgesucht wird, nicht dagegen, wenn der Arbeitslose sich selbst eine neue Arbeitsstelle sucht und dabei verunglückt. Die Gleichbehandlung aller Arbeitslosen und das Recht auf freie Berufswahl werden dadurch nicht verletzt. Unfälle sind der Agentur für Arbeit sofort mitzuteilen. Tritt ein Unfall ein, so erhalten Sie Verletztengeld in Höhe des Arbeitslosengeldes (§ 47 Abs. 2 SGB VII) sowie Krankenpflege wie in der Krankenversicherung. Der Unterschied der Leistungen zwischen Krankenversicherung und Unfallversicherung besteht im Wesentlichen darin, dass bei einem Arbeitsunfall – wozu auch die vorerwähnten Wege zur Agentur für Arbeit bzw. zum Leistungsträger der Grundsicherung für Arbeitsuchende zählen – zuzüglich zu der Krankenpflege und dem Krankengeld (hier Verletztengeld) ab der 27. Woche eine Unfallrente gezahlt wird, wenn wegen der Unfallfolgen eine dauernde Minderung der Erwerbsfähigkeit um mindestens 20 % vorliegt (§ 56 SGB VII).

BEISPIEL: A wird von der Agentur für Arbeit aufgefordert, sich bei einem Arbeitgeber vorzustellen. Auf dem Weg dorthin kommt es zu einem Unfall, der zu einer bleibenden Versteifung des linken Beines führt. Damit ist A für einen bestimmten, vom zuständigen Träger der gesetzlichen Unfallversicherung festgesetzten Prozentsatz, der sicher mehr als 20 % betragen wird, dauernd erwerbsgemindert und erhält eine entsprechende Unfallrente. Hätte er den Unfall in seiner Freizeit erlitten, so stünden ihm nur die der Krankenversicherung entsprechenden Leistungen (Krankenpflege und Krankengeld) zu.

Ein weiterer Unterschied liegt darin, dass die Unfallrente grundsätzlich **ohne zeitliche Befristung** bezahlt wird.

Unfallversicherungsschutz besteht auch dann, wenn ein Arbeitsloser, der bereits der **Meldepflicht unterliegt** (dies ist frühestens für den Tag der Fall, für den er Arbeitslosengeld beansprucht – § 309 Abs. 1 S. 1 SGB III), aufgefordert wird, erneut **„möglichst persönlich“** bei der Agentur für Arbeit vorzusprechen.

3. Rentenversicherung

Während des Bezugs von Arbeitslosengeld sind Sie nach § 3 S. 1 Nr. 3 SGB VI versicherungspflichtig in der gesetzlichen Rentenversicherung. Der Bezug von Arbeitslosengeld II dagegen löst keine Versicherungspflicht in der gesetzlichen Rentenversicherung aus. Weitere Voraussetzung ist, dass Sie im letzten Jahr vor Beginn des Arbeitslosengeldbezugs versicherungspflichtig waren. Beiträge werden in Höhe des jeweils gültigen Beitragssatzes zur Rentenversicherung abgeführt und zwar nicht auf die Höhe des Arbeitslosengeldes, sondern auf 80% des der Berechnung des Arbeitslosengeldes zugrunde liegenden Arbeitsentgelts (§ 166 Abs. 1 Nr. 2 SGB VI). Die Zeiten des Arbeitslosengeldbezugs sind Pflichtbeitragszeiten, die sich erhöhend auf Ihre Rentenanwartschaften auswirken. Neben den Pflichtbeitragszeiten für den Bezug von Arbeitslosengeld gibt es noch die Anrechnungszeiten. Das sind Zeiten, in denen ein Versicherter wegen Arbeitslosigkeit bei einer deutschen Agentur für Arbeit als arbeitslos gemeldet war, eine versicherungspflichtige Beschäftigung oder selbstständige Tätigkeit unterbrochen hat und eine öffentlich-rechtliche Leistung bezogen oder nur wegen zu berücksichtigenden Einkommens oder Vermögens nicht bezogen hat (z.B. kein Arbeitslosengeld II wegen fehlender Bedürftigkeit, § 58 Abs. 1 Nr. 3, 3a, Abs. 2 S. 1 SGB VI). Zeiten des Bezugs von Arbeitslosengeld II sind daher Anrechnungszeiten. Zwischen dem 17. und 25. Lebensjahr ist keine Unterbrechung einer der vorgenannten Tätigkeit erforderlich, sondern es reicht die Arbeitslosmeldung aus.

Ihre Arbeitslosenzeit ist also auch dann eine Anrechnungszeit, wenn der Anspruch auf Arbeitslosengeld zwar im Prinzip (nach der erarbeiteten Anwartschaftszeit) gegeben ist, jedoch z.B. wegen Nebeneinkommen nicht zu Leistungen führt. Umgekehrt ist Ihre Arbeitslosenzeit keine berücksichtigungsfähige Anrechnungszeit, wenn Sie wegen fehlender Anwartschaftszeit, Sperrzeit oder mangelnder Verfügbarkeit keine Leistungen erhalten.

BEISPIEL 1: A meldet sich nach fünf Jahren Hausfrauenarbeit arbeitslos und wünscht eine Erwerbstätigkeit. Die Zeit ihrer Arbeitslosigkeit ist keine Anrechnungszeit und wird ihr für ihre Rentenversicherungszeit nicht angerechnet.

BEISPIEL 2: A meldet sich sofort nach seinem Examen als Diplom-Politologe arbeitslos. Auch diese Arbeitslosenzeit ist keine Anrechnungszeit und für seine Rentenversicherungszeit wertlos.

Arbeitslosigkeit ist regelmäßig durch die **Arbeitslosmeldung** bei der Agentur für Arbeit nachzuweisen. Fehlt eine Arbeitslosmeldung, so muss die Arbeitslosigkeit, insbesondere auch die Beschäftigungssuche, anderweitig dargetan werden. Hierbei gelten aber strenge Anforderungen. Zu Beweiszwecken sollten Sie sich ihre **Meldung** bei der Agentur für Arbeit **quittieren** lassen.

Anrechnungszeiten sind nach § 252 Abs. 7 Nr. 3 SGB VI sodann auch

- Zeiten vor dem 1.7.1978, wenn der Versicherte wegen Arbeitslosigkeit bei einer deutschen Agentur für Arbeit als Arbeitsuchender gemeldet war und eine öffentlich-rechtliche Leistung bezogen hat und
- Zeiten zwischen dem 1.7.1978 und dem 31.12.1991, wenn diese Voraussetzungen vorliegen oder wenn Leistungen nur wegen des zu berücksichtigenden Einkommens oder Vermögens nicht bezogen wurden.

Weitere Voraussetzung ist, dass die Arbeitslosigkeit **mindestens einen Monat** dauerte.

Anrechnung der Zeiten der Arbeitslosigkeit bedeutet, dass diese Zeit der Höhe nach mit dem Durchschnitt Ihrer Gehälter oder Löhne bewertet wird, den Sie aufgrund Ihrer bisherigen Beitragsleistung in Ihrem Berufsleben erreicht haben. In zeitlicher Hinsicht steigern Anrechnungszeiten die Anzahl der Versicherungsmonate und wirken insoweit rentenerhöhend. Ihr persönlicher Bemessungsfaktor bleibt jedoch unverändert, d.h. er steigert sich nicht. Schließlich werden Anrechnungszeiten berücksichtigt bei der rentenrechtlichen Wartezeit von 35 Jahren. Diese Wartezeit von 35 Jahren ist erheblich bei der Altersrente für schwerbehinderte Menschen nach § 37 SGB VI und bei der Rente für langjährig Versicherte nach § 36 SGB VI.

Diese Ausführungen zeigen, dass Sie auch dann, wenn Ihnen keine Leistungen zustehen und Sie keine Vermittlung in eine Arbeitsstelle mehr von der Agentur für Arbeit erwarten, sich zum Erhalt von Anrechnungszeiten arbeitslos melden und sich diese Meldung quittieren lassen sollten. Die Arbeitslosmeldung muss **alle drei Monate erneuert** werden.

Der Arbeitslose erhält am Ende des Leistungsbezuges über die rentenrechtlich wirksame Versicherungszeit einen **Leistungsnachweis** mit Entgeltbescheinigung. Damit kann er bei der späteren Rentenberechnung das maßgebende Bruttoentgelt nachweisen. Außerdem meldet die Agentur für Arbeit dem Rentenversicherungsträger Versicherungszeit und Bruttoentgelt. Voraussetzung hierfür ist, dass der

Arbeitslose dieser seine Renten-Versicherungsnummer mitteilt. Zu beachten ist dabei allerdings, dass gemäß § 51 Abs. 3a S. 1 Nr. 3 SGB VI Pflichtbeitragszeiten und Anrechnungszeiten in den letzten beiden Jahren vor Renteneintritt nicht bei der Erfüllung der Wartezeit von 45 Jahren (erforderlich für die Altersrente für besonders langjährig Versicherte nach § 38 SGB VI) berücksichtigt werden, außer die Arbeitslosigkeit ist aufgrund der Insolvenz oder der vollständigen Geschäftsaufgabe des ehemaligen Arbeitgebers eingetreten. Der Einzelne mag diese Regelung als ungerecht empfinden, das Bundessozialgericht hatte aber keine Bedenken gegen die Verfassungsmäßigkeit dieser Regelung.

Die Bundesagentur für Arbeit trägt auch dann die Beiträge zur Altersversorgung des Arbeitslosen, wenn er von der **Versicherungspflicht in der gesetzlichen Rentenversicherung befreit** ist, etwa weil er Mitglied einer berufsständischen Versicherungs- oder Versorgungseinrichtung ist (§ 6 Abs. 1 S. 1 Nr.1 SGB VI). Die Versicherungsfreiheit wird durch einen entsprechenden Befreiungsbescheid nachgewiesen (dieser ist bei vorher selbstständig Tätigen, die einen Anspruch aus Pflichtversicherung auf Antrag erworben haben, nicht erforderlich). Es werden maximal diejenigen Beiträge getragen, die für eine entsprechende Versicherung in der gesetzlichen Rentenversicherung zu übernehmen gewesen wären (§ 173 SGB III). **Auf Antrag** trägt die Bundesagentur für Arbeit auch die Beiträge, die der Arbeitslose aufgrund **freiwilliger Versicherung** zur gesetzlichen Rentenversicherung zu entrichten hat.

Wenn Sie Fragen haben, die den Zusammenhang von Arbeitslosigkeit und Rentenversicherung (z.B. Berücksichtigung von Anrechnungszeiten) betreffen, wenden Sie sich – wie dies im Merkblatt für Arbeitslose von der Agentur für Arbeit empfohlen wird – an die dafür zuständigen Auskunfts- und Beratungsstellen Ihres Rentenversicherungsträgers. Für erste Informationen zur Auswirkung von Arbeitslosigkeit auf die Rente stellt die Deutsche Rentenversicherung z.B. die Broschüre „Arbeitslos – was Sie beachten sollten“ zur Verfügung“ (zu bestellen bei der Deutschen Rentenversicherung oder online abrufbar unter: https://www.deutsche-rentenversicherung.de/SharedDocs/Downloads/DE/Broschueren/national/arbeitslos_was_sie_beachten_sollten.pdf?__blob=publicationFile&v=4, abgerufen am 27.5.2020).

II. Weitere Leistungen der Agentur für Arbeit

Es können für Sie auch andere Leistungen der Agentur für Arbeit in Frage kommen, auf die Sie bei Vorliegen der Voraussetzungen einen Rechtsanspruch haben können. Die Aufzählung und Erörterung aller Möglichkeiten würde aber den Rahmen und das Anliegen dieses Buches, nämlich die Darstellung der Entgeltersatzleistungen, sprengen. Zu beachten ist allerdings, dass es sich bei den Förderleistungen im Regelfall um Ermessensleistungen der Agentur für Arbeit handelt. Das bedeutet, dass Sie keinen unmittelbaren Rechtsanspruch haben, sondern die zuständige Vermittlungsfachkraft nach Abwägung aller Umstände individuell entscheidet.

Die Bundesagentur für Arbeit gibt über ihre örtlichen Agenturen für Arbeit über diese und andere Leistungen kostenlos ausführliche Informationen heraus, in denen die Voraussetzungen, die Art und die Höhe der Leistungen mit Rechenbeispielen erklärt werden und auf die hier verwiesen werden kann; zu nennen ist insbesondere das „Merkblatt 3 – Vermittlungsdienste und Weisungen". Dieses finden Sie im Internet unter www.arbeitsagentur.de – Stichwortsuche: „Merkblatt 3"; bzw. https://www.arbeitsagentur.de/datei/merkblatt-2-vermittlung_ba015379.pdf, abgerufen am 19.5.2020.

5. Kapitel

Rechtsschutz

I. Verwaltungsverfahren

1. Widerspruch

Entscheidungen der Agenturen für Arbeit – Ablehnungsbescheide, Bewilligungsbescheide, Sperrzeitbescheide etc. – sind Verwaltungsakte, gegen die Sie kostenfrei Widerspruch einlegen können.

Dies ist noch kein Sozialgerichtverfahren; vielmehr überprüfen die Widerspruchsstellen der Agentur für Arbeit die Bescheide und können Fehler berichtigen. Stets erhalten Sie auf Ihren Widerspruch einen Abhilfebescheid oder einen mit Gründen versehenen Widerspruchsbescheid.

Zu beachten sind Frist und Form: Die **Frist,** innerhalb derer ein Widerspruch erhoben werden kann, beträgt **einen Monat,** seitdem Ihnen der Bescheid zusammen mit einer Rechtsbehelfsbelehrung bekannt gegeben wurde. Fehlt die Rechtsbehelfsbelehrung, so beträgt die Widerspruchsfrist ein Jahr seit Bekanntgabe (dies ist allerdings äußerst selten der Fall). Maßgebend für die Bekanntgabe bei Ihnen ist nicht das Datum des Poststempels, sondern der tatsächliche Zugang des Bescheids in Ihrem Machtbereich (z.B. Briefkasten). Beweispflichtig für den Tag der Bekanntgabe ist die Agentur für Arbeit. Aus Beweisvereinfachungsgründen wird **gesetzlich vermutet,** dass Ihnen ein Bescheid spätestens am dritten Tage nach Postaufgabe bekannt gegeben wurde (§ 37 Abs. 2 SGB X).

BEISPIEL: Ein Ablehnungsbescheid der Agentur für Arbeit datiert vom 2.11. Der Postabgangsvermerk bei der Behörde lautet auf den 3.11. Dann wird gesetzlich vermutet, dass Ihnen der Bescheid am 6.11. bekannt gegeben wurde. Danach läuft die Einmonatsfrist. Letzter Tag für den Eingang Ihres Widerspruchs bei der Agentur für Arbeit ist somit der 6.12. (bis 24.00 Uhr). So wird auch in der Praxis verfahren, weil nämlich bei persönlichem Einwurf in deren Briefkasten, der auch nachts zugänglich ist, die mit der Frühleerung am 7.12. eingegangene Post noch den Eingangsstempel des Vortages, also des 6.12. erhält.

Die Frist wird auch gewahrt, wenn Ihr Widerspruchsschreiben innerhalb der Frist bei einer **anderen Behörde** (Sozialamt, Polizeirevier, Rathaus, nicht jedoch Post oder Bahn) eingeht oder abgegeben wird. Diese Behörde muss das Schreiben sodann ohne Verzögerung an die Agentur für Arbeit weiterleiten. Durch Einwurfeinschreiben bzw. – noch sicherer – durch Einschreiben mit Rückschein wird der Zugang bei der Behörde bewiesen. Oft billiger und schneller ist jedoch die persönliche Abgabe.

Ist der letzte Tag der Frist für die Erhebung des Widerspruchs ein Samstag, Sonntag oder Feiertag, dann verlängert sich die Frist bis zum Ende des darauf folgenden Werktages. Haben Sie die **Frist versäumt,** so denken Sie daran, dass möglicherweise ein **Wiedereinsetzungsantrag** in Betracht kommt (dazu siehe S. 215 ff.). Auch bleibt noch die Möglichkeit eines Antrags auf **Rücknahme** des **Bescheids** nach **§ 44 SGB X** (dazu siehe S. 217 ff.). Es ist allerdings dringend zu empfehlen, die Frist nicht bis zum letztmöglichen Tag auszureizen. Besser legen Sie zunächst Widerspruch zur Fristwahrung ein und erklären, dass Sie die Begründung nachreichen. Vorgeschrieben sind die **Schriftform** oder eine mündliche Erklärung zur Niederschrift bei der Behörde. Im letztgenannten Falle fertigt Ihnen der aufnehmende Beschäftigte der Agentur für Arbeit ein Protokoll aus, das Ihnen zur Durchsicht und Unterschrift vorgelegt wird. Für den weiteren Fortgang des Verfahrens ist es hilfreich, dass Sie stets eine Kopie oder einen Durchschlag Ihres Widerspruchsschreibens oder

Ihrer Erklärung zur Niederschrift aufbewahren. **Ein Widerspruch per einfacher Email ist nicht zulässig.**

Ihr Widerspruchsschreiben sollte die folgenden Angaben enthalten:

> Hans Berger
> Albrecht-Dürer-Str. 15
> 12623 Berlin
> Berlin, den 10.5.2020
> An die
> Agentur für Arbeit – Widerspruchsstelle –
> Charlottenstraße 87–90
> 10 969 Berlin
> Betr.: Meine Kunden-Nr. / Ihr Zeichen:...
> Ihr Bescheid vom 2.5.2020
>
> Sehr geehrte Damen und Herren,
> gegen Ihren Bescheid vom 2.5.2020, den ich am 3. 5.2020 erhalten habe, erhebe ich (z.B.: wegen des Eintrittes einer Sperrzeit)
> **Widerspruch.**
>
> **Begründung:** ... Ich bitte um Abhilfe.
>
> Mit freundlichen Grüßen
> Unterschrift: Hans Berger

Die Erhebung eines Widerspruchs kommt etwa in Frage

- gegen die **Ablehnung der Bewilligung des Arbeitslosengeldes,** z.B. bei fehlerhafter Berechnung der Anwartschaftszeit
- gegen die **Versagung des Arbeitslosengeldes**, z.B. wegen fehlender Mitwirkung
- wegen **zu geringer Höhe des Arbeitslosengeldes**, z.B. bei einer möglichen fehlerhaften Berechnung wegen unrichtiger Angaben des Arbeitgebers über die Höhe Ihres Entgeltes
- wegen **zu geringer Dauer der Bewilligungszeit** (Beispiel: Die Agentur für Arbeit hat übersehen, dass Sie zum Zeitpunkt des Entstehens Ihres Anspruchs auf Arbeitslosengeld bereits das 55. Lebensjahr vollendet hatten. Hierdurch kann sich im Einzelfall Ihre Anspruchsdauer deutlich erhöhen; § 147 Abs. 2 SGB III; dazu siehe S. 48 ff.)

- gegen den Eintritt einer **Sperrzeit wegen verhaltensbedingter Kündigung durch den Arbeitgeber.** Hier sollte Ihr Widerspruch mit dem Satz schließen: „Ich bitte um Abhilfe, hilfsweise um Minderung der Sperrzeit von zwölf auf sechs Wochen, wie es § 159 Abs. 3 S. 2 Nr. 2 b SGB III für den Fall einer besonderen Härte vorsieht. Diese liegt bei mir darin, dass …“ Hierbei zählen allerdings nur solche Tatsachen als besondere Härte, die unmittelbar mit dem Sperrzeitereignis zusammenhängen, nicht zum Beispiel Ihre finanziellen oder sozialen Verhältnisse. Beruht z.B. die Kündigung auf häufigem „Zuspätkommen“ und können Sie durch ein Arztattest die Krankheit Ihres Sohnes während dieser Zeit nachweisen, kann hierin eine besondere Härte in der Feststellung einer zwölfwöchigen Sperrzeit liegen. War beispielsweise ein Streit, der zur Kündigung führte, von der anderen Seite regelrecht herausgefordert worden und können Sie dies durch das Zeugnis eines dabei anwesenden Betriebskollegen nachweisen, so kann auch hierin eine besondere Härte liegen
- gegen den Eintritt einer Sperrzeit **wegen Ablehnung einer von der Agentur für Arbeit angebotenen Arbeit.** Die Gründe für einen Widerspruch können ebenso vielfältig sein wie die Bedingungen, die die Agentur für Arbeit für eine zumutbare Arbeit (dazu siehe S. 7 ff.) einhalten muss:
  - Wurde Ihnen die Tätigkeit nach Art, Ort, Zeit und Bezahlung genannt?
  - Werden tarif- oder ortsüblicher Lohn gezahlt und Betriebsvereinbarungen sowie Arbeitsschutzbestimmungen eingehalten?
  - Wurde die tägliche Fahrzeit zum und vom Arbeitsort richtig berechnet?
  - Liegen familiäre oder gesundheitliche Hindernisse für einen bis zu $2^1/_2$-stündigen täglichen Berufsweg vor?
  - Wurden bei der Zumutung des Wochenendpendelns oder des Umzuges alle familiären, gesundheitlichen und sonstigen persönlichen Umstände besonders berücksichtigt?
  - Trifft die Darstellung des Arbeitgebers vom Verlauf des Einstellungsgespräches zu?

2. Kostenfreiheit/Kostenerstattung/Beratungshilfe

Für das Widerspruchsverfahren erheben die Agenturen für Arbeit keine Gebühren oder Auslagen; es ist kostenfrei (§ 64 SGB X).

Ihr eigener Arbeits- und Zeitaufwand wird nicht erstattet, wohl aber notwendige Auslagen wie Porto, Papier- und Kopierkosten sowie Fahrtauslagen und die Kosten eines Rechtsanwalts, und zwar ganz oder zum Teil, je nachdem, ob der Widerspruch ganz oder zum Teil Erfolg hatte (§ 63 SGB X). Allerdings muss die Zuziehung eines Rechtsbeistandes oder Rechtsanwaltes notwendig gewesen sein. Diese Notwendigkeit wird in der Regel angenommen, da der Bürger allein vielfach nicht in der Lage ist, seine Rechte ausreichend zu wahren. Dies gilt insbesondere im Bereich des Sozialrechtes, das – wie kaum ein anderes Rechtsgebiet – ständigen Gesetzesänderungen unterworfen ist. Dass ein Rechtsbeistand oder Rechtsanwalt Ihre rechtlichen Interessen verfolgt, ist grundsätzlich Ihr gutes Recht. Dies bedeutet aber im Gegenzug, dass bei einfachen, völlig naheliegenden Erledigungen, die Sie ohne weiteres selbst vornehmen könnten, die Zuziehung eines Rechtsanwalts nicht erforderlich sein dürfte.

Wenn Sie für das Widerspruchsverfahren eine anwaltliche Vertretung wünschen, aber finanziell nicht in der Lage sind, das Anwaltshonorar zu bezahlen, können Sie bei dem Amtsgericht Ihres Wohnortes Beratungshilfe beantragen. Hierbei müssen Sie Ihre wirtschaftlichen und persönlichen Verhältnisse darlegen. Eine Bewilligung von Beratungshilfe wird in der Regel dann vorzunehmen sein, wenn Sie zusätzlich zum Arbeitslosengeld aufstockende Leistungen nach dem SGB II erhalten. Die Gerichte haben in den letzten Jahren allerdings oft Anträge mit der Begründung abgelehnt, die Betroffenen könnten sich mit Ihrem Anliegen direkt an die Agentur für Arbeit wenden, die ja gehalten sei, den Sachverhalt von Amts wegen aufzuklären. Diese Auffassung ist in dieser Allgemeinheit abzulehnen. Ein (auch) **verfassungsrechtlich hergeleiteter Anspruch** auf Gewährung von Beratungshilfe besteht jedenfalls dann, wenn die Betroffenen sich nach Ablehnung eines Antrags wegen der Durchführung des **Widerspruchsverfahren** beraten lassen wollen.

Die Bewilligung von Beratungshilfe hat zur Folge, dass der Anwalt aus der Landeskasse eine Pauschgebühr erhält. Ferner kann der Anwalt von dem Rechtsuchenden, dem er Beratungshilfe gewährt, eine Gebühr von in der Regel 15 € verlangen, die er je nach dessen Verhältnissen allerdings auch erlassen kann.

Die **Rechtschutzversicherer** übernehmen nach den allgemeinen Bedingungen, die den Versicherungsverträgen zugrunde liegen, im Sozialrecht regelmäßig **nicht** die **Anwaltskosten** für das **Widerspruchsverfahren,** sondern treten erst ab Klageerhebung ein (von einigen sog. „Premium-Policen" abgesehen). Eventuell kommen Sie als Gewerkschaftsmitglied in den Genuss einer gewerkschaftlichen Vertretung. Als Mitglied in einem Sozialverband besteht im Regelfall die Möglichkeit der Verbandsvertretung.

Dem Anwalt steht für das Widerspruchsverfahren nach dem Rechtsanwaltsvergütungsgesetz i.V.m. dem Vergütungsverzeichnis ein Honorar zwischen 50 € und 640 € zu, jeweils zuzüglich Auslagen und Mehrwertsteuer. In einem durchschnittlichen Fall beträgt das gesetzliche Honorar einschließlich Nebenkosten und Mehrwertsteuer zurzeit 380,80 € (Schwellengebühr von 300 €, 20 € Post-Telekommunikationspauschale und 60,80 € MwSt.).

II. Klage

1. Klageerhebung und Klageverfahren

Mit der Klage zum Sozialgericht wird die Entscheidung (oder Untätigkeit) der Agentur für Arbeit durch ein unabhängiges Gericht überprüft, welches den Sachverhalt von Amts wegen zu erforschen hat (§ 103 SGG). Dabei muss – abgesehen von der sog. Untätigkeitsklage – zuvor ein Widerspruchsverfahren abgeschlossen sein. Sie müssen auf Ihren Widerspruch von den Behörden einen schriftlichen Widerspruchsbescheid erhalten haben, der Ihrem Begehren ganz oder zum Teil nicht abhilft. Zulässig ist die Klage nur dann, wenn sie **binnen eines Monats,** nachdem Ihnen der Widerspruchsbescheid bekannt gegeben wurde, bei Gericht oder einer inländischen Behörde (Polizei, Sozialamt) eingeht (Eingangsstempel!).

Wird Ihnen beispielsweise der Widerspruchsbescheid am 2.11. bekanntgegeben, dann muss die Klage bei Gericht am 2.12. spätestens um 24.00 Uhr (Nachtbriefkasten!) eingehen. Ist dieser letzte Tag ein Samstag, Sonntag oder Feiertag, dann verlängert sich die Frist bis zum Ende des darauf folgenden Werktages. Haben Sie die **Frist versäumt,** so denken Sie daran, dass möglicherweise ein **Wiedereinsetzungsantrag** in Betracht (dazu siehe S. 215 ff.). Auch bleibt noch die Möglichkeit eines Antrags auf **Rücknahme** des **Bescheids** nach **§ 44 SGB X** (dazu siehe S. 217 ff.). Vor dem Sozialgericht können Sie sich – ebenso wie vor dem Landessozialgericht – selbst vertreten. Ein Rechtsanwalt oder eine Gewerkschafts- bzw. Verbandsvertretung ist nicht zwingend erforderlich.

Was die Klageschrift, die dem Gericht in zweifacher Ausfertigung zugehen soll, andererseits aber auch zu Protokoll der Geschäftsstelle des Sozialgerichtes mündlich erklärt werden kann, mindestens enthalten sollte, zeigt das folgende Musterbeispiel:

Hans Berger
Albrecht-Dürer-Str. 15
12623 Berlin
Berlin, den 31.5.2020
An das
Sozialgericht Berlin
Invalidenstraße 52
10557 Berlin

Klage
des Hans Berger – Kläger –
gegen
die Bundesagentur für Arbeit,
vertreten durch den Vorstand,
dieser vertreten durch die Geschäftsführung der
Agentur für Arbeit I Berlin, Händelplatz 1, 12203 Berlin – Beklagte –
wegen Zahlung von Arbeitslosengeld (Sperrzeit).

Ich beantrage, den Erlass des folgenden Urteils:

1. Der Sperrzeitbescheid vom 12.4.2020 in Gestalt des Widerspruchsbescheids vom 10.5.2020, mir zugegangen am 12.5.2020, wird aufgehoben.

2. Die Beklagte wird verurteilt, mir Arbeitslosengeld auch für die Zeit vom 18.3. 2020 bis zum 9.6.2020 (Zwölf-Wochen-Sperrzeit), hilfsweise für die Zeit vom 1.5.2020 bis zum 9.6.2020 (Sechs-Wochen-Sperrzeit) zu zahlen.

Begründung:
Der Eintritt einer Sperrzeit wurde festgestellt, weil ich zum Umzug nach Kronach, wo wegen Kasernenbauten Arbeitskräfte meines Faches gesucht werden, als Lediger (28 Jahre) nicht bereit bin. Meine Weigerung beruht darauf, dass ich seit 3 Jahren mit Angela Schmitt, Albrecht-Dürer-Str. 15, 12 623 Berlin, Erzieherin, in einer Lebensgemeinschaft zusammenlebe, für die in Kronach und Umgebung keine passende Stelle zu finden ist, weil dort für deren Beruf seit langem Arbeitsplatzmangel herrscht. Eine Heirat ist derzeit nicht möglich, weil der Ehemann meiner Freundin, von dem sie seit drei Monaten getrennt lebt, sich weigert, in die Scheidung einzuwilligen. Hinzu kommt nunmehr, dass wir ein Kind erwarten und meine Lebenspartnerin im Anschluss an die Entbindung und ihre Mutterschutzzeit ihre Stelle als Teilzeitangestellte fortsetzen kann und will.
Beweis über die Schwangerschaft: Attest der Gynäkologin, Frau Dr. med. … (Adresse)
Die Feststellung des Eintrittes einer Sperrzeit ist ungerechtfertigt, da die Beklagte trotz Kenntnis der Sachlage es versäumt hat, bei der Frage, ob ein Umzug zumutbar ist, die „sonstigen persönlichen Umstände des Arbeitslosen besonders zu berücksichtigen". Mindestens liegt hilfsweise ein Grund für das Vorliegen einer besonderen Härte vor, so dass allenfalls der Eintritt einer auf die Hälfte verminderten Sperrzeit in Frage kommt.

Anlage in Kopie
Widerspruchsbescheid vom 10.5.2020; Attest

Unterschrift: Hans Berger

Das Gericht hat die gesetzliche **Verpflichtung** zur **umfangreichen Aufklärung** des Sachverhalts. Der bzw. dem Vorsitzenden der Kammer des Sozialgerichtes obliegt es einmal darauf hinzuwirken, dass Formfehler beseitigt, unklare Anträge erläutert, sachdienliche Anträge gestellt, ungenügende Angaben tatsächlicher Art ergänzt sowie alle für die Feststellung und Beurteilung des Sachverhalts wesentlichen Erklärungen abgegeben werden (§ 106 Abs. 1 SGG). Ferner hat das Gericht bereits vor der mündlichen Verhandlung alle Maßnahmen zu treffen, die notwendig sind, um den Rechtsstreit möglichst in einer mündlichen Verhandlung zu erledigen (§ 106 Abs. 2 SGG).

2. Berufung

Die Berufung gegen eine Entscheidung des Sozialgerichtes zum Landessozialgericht ist immer dann möglich, wenn eine Geld- oder Sachleistung von mehr als 750 € oder wiederkehrende bzw. laufende Leistungen für mehr als ein Jahr im Streit sind. Liegen diese Voraussetzungen nicht vor, so ist die Berufung nur zulässig, wenn sie vom Sozialgericht nach Maßgabe des § 144 Abs. 2 SGG im Urteil zugelassen wurde.

Lässt das Sozialgericht die Berufung nicht zu, so kann dies durch Beschwerde angefochten werden. Auch über diese Nichtzulassungsbeschwerde entscheidet das Landessozialgericht (§ 145 SGG).

Das Landessozialgericht prüft im Rahmen einer zulässigen bzw. zugelassenen Berufung den Streitfall in gleichem Umfang, wie das Sozialgericht. Es hat auch neu vorgebrachte Tatsachen und Beweismittel zu berücksichtigen. Im Rahmen der Berufung erhalten Sie somit eine **komplette Überprüfung** des erstinstanzlichen Urteils **in rechtlicher und tatsächlicher** Hinsicht. Die Berufung ist ausgeschlossen, wenn es sich um die Kosten des Verfahrens handelt (§ 144 Abs. 4 SGG).

3. Revision

Gegen das Urteil des Landessozialgerichtes steht Ihnen das Rechtsmittel der Revision an das Bundessozialgericht in Kassel zu. Hierdurch erreichen Sie eine nochmalige **Überprüfung** des Rechtsstreites in dritter und letzter Instanz, allerdings **nur** bezüglich der **Rechtsfragen** (**nicht des Sachverhalts**). Dieses weitere Rechtsmittel ist nur dann gegeben, wenn es in dem Urteil des Landessozialgerichtes aus den in § 160 Abs. 2 SGG genannten Gründen zugelassen ist. Hat das Landessozialgericht die Revision nicht zugelassen, so kann auch dies durch Beschwerde angefochten werden, über die dann das Bundessozialgericht entscheidet.

Vor dem Bundessozialgericht besteht **Vertretungszwang.** Sie können dort nicht selber tätig werden, sondern müssen sich z.B. der Hilfe eines Rechtsanwaltes oder einer Gewerkschaft bedienen.

4. Kosten/Prozesskostenhilfe

Gerichtskosten werden gegenüber Versicherten und Leistungsempfängern in allen drei Instanzen nicht erhoben, auch nicht für Zeugen- und Sachverständige (§ 183 SGG). Etwas anderes kann dann gelten, wenn

- durch **Verschulden** eines am Prozess Beteiligten die **Vertagung** einer mündlichen Verhandlung oder die **Anberaumung** eines **neuen Termins** zur mündlichen Verhandlung nötig geworden ist oder
- ein Prozessbeteiligter den Rechtsstreit fortführt, obwohl ihm vom Vorsitzenden die **Missbräuchlichkeit** der **Rechtsverfolgung** oder **-verteidigung** (wegen objektiver Aussichtslosigkeit des eingenommenen Rechtsstandpunktes) dargelegt worden und er auf die Möglichkeit der Kostenauferlegung bei Fortführung des Rechtsstreites hingewiesen worden ist (§ 192 Abs. 1 SGG). Gegen einen entsprechenden Beschluss des Sozialgerichtes kann Beschwerde nach § 172 SGG eingelegt werden.

Von solchen Sonderfällen abgesehen, geht es bei der Kostenfrage nur um die Ihnen selbst entstehenden Kosten des Unterliegens, etwa die für Ihren Anwalt. Die Kosten der Agentur für Arbeit trägt diese stets selbst, auch wenn sie den Prozess voll gewinnt. Einen Prozess, den Sie ohne Anwalt führen und verlieren, verlieren Sie somit regelmäßig kostenfrei zum „Nulltarif".

Ihnen entstehen auch keine eigenen Kosten, wenn Sie eine Rechtsschutz-Versicherung mit Einschluss des Sozialgerichtsrechtsschutzes abgeschlossen haben (von einer evtl. vereinbarten Selbstbeteiligung pro Rechtsschutzfall abgesehen) oder wenn Sie Gewerkschaftsmitglied oder Sozialverbandsmitglied sind und sich von dem Rechtsbeistand der Gewerkschaft oder des Sozialverbands vertreten lassen. Wenn Sie dagegen auf eigene Rechnung einen Anwalt bevollmächtigten, so stehen diesem Gebühren zu, die sich aus dem **Rechtsanwaltsvergütungsgesetz** und dem hierzu ergangenen **Vergütungsverzeichnis** ergeben:

Im Verfahren vor dem Sozialgericht entsteht eine **Verfahrensgebühr,** die zwischen 50 € und 550 € liegt. Ist eine Tätigkeit im Widerspruchsverfahren vorausgegangen, so werden auf die Verfahrensgebühr maximal 175 € angerechnet. Im Verfahren vor dem Landessozialgericht in Berufungssachen beläuft sich die Verfahrensgebühr auf 60 € bis 680 €.

Ferner fällt eine **Terminsgebühr** an, die zwischen 50 € und 510 € beträgt (in gleicher Höhe beim Landessozialgericht). Die Terminsgebühr entsteht in Höhe vom 90 % auch, wenn in einem Verfahren, für das die mündliche Verhandlung vorgesehen ist, im Einverständnis mit den Parteien ohne mündliche Verhandlung entschieden wird, die Sozialgerichte einen Gerichtsbescheid erlassen oder wenn das Verfahren nach angenommenem Anerkenntnis ohne mündliche Verhandlung endet.

Schließlich kann eine Gebühr bei **Mitwirkung** an einer **Einigung oder Erledigung** in Höhe der Verfahrensgebühr anfallen.

Geht man davon aus, dass Ihr Anwalt bereits im Widerspruchsverfahren tätig war und nimmt man ferner an, dass in der Praxis meist die Mittelgebühr angesetzt wird, so dürfte in den meisten gerichtlichen Verfahren eine Verfahrensgebühr in Höhe von 150 € und zusätzlich eine Terminsgebühr in Höhe von 280 € anfallen. Hinzu kommen Auslagen und Mehrwertsteuer.

Wenn Sie mit dem Anwalt ein höheres Honorar vereinbart haben, ist die Agentur für Arbeit, falls sie den Prozess verliert, nur verpflichtet, in dem gesetzlichen Rahmen die Anwaltsgebühren zu übernehmen.

Sollten Sie nicht über die finanziellen Mittel verfügen, um einen Anwalt zu bezahlen, so können Sie direkt beim Gericht oder über Ihren Anwalt **Prozesskostenhilfe** beantragen. Die Bewilligung der Prozesskostenhilfe, verbunden mit der Beiordnung eines Anwaltes nach § 121 Abs. 2 ZPO bewirkt, dass die Rechtsanwaltskosten von der Bundes- oder Landeskasse übernommen werden. Sie haben an Ihren Anwalt nichts zu bezahlen. Eine etwaige davon abweichende Honorarvereinbarung ist ungültig.

Die Bewilligung von Prozesskostenhilfe hat einmal zur Voraussetzung, dass die Rechtsverfolgung hinreichende Aussicht auf Erfolg bietet. Die Sozialgerichtsbarkeit legt hier meist einen **großzügigen Maßstab** an. Es reicht, wenn eine **gewisse Erfolgswahrscheinlichkeit** gegeben ist. Hiervon ist auszugehen, wenn das Gericht den Standpunkt des Klägers aufgrund dessen Angaben und der von ihm vorgelegten Unterlagen für zutreffend oder doch zumindest für vertretbar hält. Hinsichtlich der Tatsachen muss das Gericht mindestens von der Möglichkeit eines Beweises überzeugt sein; ein günstiges Beweisergebnis darf nicht unwahrscheinlich erscheinen.

Die **Bedürftigkeit** bestimmt sich nach Ihren Einkommens- und Vermögensverhältnissen, die Sie dem Sozialgericht gegenüber – im Idealfall – mit dem amtlichen Vordruck „Erklärung über die persönlichen und wirtschaftlichen Verhältnisse“ nachweisen. Sofern Sie einen Anwalt beauftragt haben, ist dieser sicher gerne bei der Erledigung der Formalitäten behilflich.

Sofern ihr Nettoeinkommen geringfügig über der Bedürftigkeitsgrenze liegt, kann ggf. dennoch Prozesskostenhilfe gewährt werden. Doch erschöpft sich diese darin, die Anwaltskosten der Landeskasse in **zinslosen Raten** zu erstatten, während die Landeskasse Ihrem Anwalt das Honorar als Einmalzahlung vergütet. Mit den Raten sollten Sie nicht in Rückstand geraten, da das Gericht bei einem Rückstand von mehr als drei Monatsraten die Prozesskostenhilfe entziehen kann (§ 124 Nr. 5 ZPO).

Wenn – wie im sozialgerichtlichen Verfahren erster und zweiter Instanz – eine Vertretung durch Anwälte **nicht vorgeschrieben** ist, wird im Rahmen der Prozesskostenhilfe ein **Anwalt** nur dann **beigeordnet**, wenn dies **erforderlich** ist oder – was bei sozialrechtlichen Leistungsträgern selten vorkommt – wenn der Gegner anwaltlich vertreten ist (§ 121 Abs. 2 ZPO). Die **Erforderlichkeit** der Beiordnung ist im Sozialrecht **regelmäßig zu bejahen**.

Bitte berücksichtigen Sie auch, dass die Justizkasse über einen **Zeitraum von vier Jahren** nach Rechtskraft der Entscheidung überprüfen kann, ob sich die persönlichen und wirtschaftlichen Voraussetzungen, die der Bewilligung von Prozesskostenhilfe zugrunde lagen, geändert haben. Solange müssen Sie mit **Anfragen** des Gerichtes rechnen. Beantworten Sie diese Anfragen nicht, so kann allein deswegen die Bewilligung von Prozesskostenhilfe aufgehoben werden

(§§ 120 Abs. 4, 124 Nr. 2 ZPO). Gleiches gilt, wenn sich innerhalb dieser vier Jahre Ihre wirtschaftlichen Verhältnisse so gebessert haben, dass Sie jetzt zumindest Raten auf die verauslagten Kosten bezahlen können.

Ihre **eigenen Auslagen** im Zusammenhang mit der Gerichtsverhandlung (Fahrkosten, Nebenverdienstausfall etc.) erstattet das Gericht auf Ihren Antrag, wenn Sie als Kläger vor Gericht **persönlich geladen** sind oder das Gericht auch ohne ausdrückliche Ladung Ihr Erscheinen hinterher für geboten hält, z.B. weil Sie zur Aufklärung des Sachverhalts beigetragen haben (§ 191 SGG).

III. Aufschiebende Wirkung und einstweiliger Rechtsschutz

In manchen Fällen ist es mit der Einlegung des Widerspruchs bzw. mit der Klageerhebung allein nicht getan. So wollen Sie etwa erreichen, dass eine bereits bestehende **Rechtsposition,** die die Agentur für Arbeit nunmehr beseitigen will, Ihnen bis zur gerichtlichen Klärung **vorläufig erhalten bleibt.** Zum anderen werden Sie überlegen, wie Sie möglichst schnell in den Genuss einer beantragten Leistung gelangen können. Diesen Interessenlagen gelten folgende Ausführungen:

1. Anfechtungssachen

Wenn die Agentur für Arbeit in bereits anerkannte Rechtspositionen eingreift (etwa bezahlte Leistungen zurückfordert oder eine laufende Leistung herabsetzt), spricht man von Anfechtungssachen. Es handelt sich hierbei um Verfahren, in denen der Bürger geltend macht, durch eine belastende Maßnahme der öffentlichen Gewalt in seinen Rechten verletzt zu sein. Ein wesentliches **Prozessziel** besteht in solchen Fällen darin, wenn nicht endgültig, so doch **so lange wie möglich,** von der **belastenden Maßnahme verschont** zu bleiben.

Soweit gesetzlich **nichts anderes bestimmt** ist, haben Widerspruch und Klageerhebung **aufschiebende Wirkung** (§ 86a Abs. 1 S. 1 SGG), so unter anderem bei der Rückforderung von Leistungen. In diesem Fall brauchen Sie bis zur Rechtskraft der Entscheidung keine Zahlung vorzunehmen. Unter bestimmten Voraussetzungen kann die Behörde allerdings die sofortige Vollziehung des Bescheids anordnen (§ 86a Abs. 2 Nr. 5 SGG), wogegen, bei Bedarf bereits während des Widerspruchverfahrens, Rechtsschutz beim Sozialgericht beantragt werden kann (§ 86b Abs. 1 S. 1 Nr. 2 und Abs. 3 SGG).

Wird im Arbeitsförderungsrecht (SGB III) gegen einen Verwaltungsakt, der eine laufende Leistung aufhebt, zurücknimmt, widerruft oder herabsetzt, Widerspruch erhoben, so besteht keine aufschiebende Wirkung (§ 86a Abs. 2 Nr. 2 SGG). Auf Ihren Antrag hin kann allerdings in Fällen des Arbeitsförderungsrechtes nach dem SGB III die Agentur für Arbeit im Widerspruchsverfahren den Vollzug des Verwaltungsakts einstweilen ganz oder teilweise aussetzen (§ 86a Abs. 3 SGG). Bleibt dieser Versuch erfolglos, so bleibt die Möglichkeit, eine entsprechende Anordnung bei Gericht zu beantragen und zwar ebenfalls bereits während des Widerspruchsverfahrens (§ 86b Abs. 1 S. 1 Nr. 2 und Abs. 3 SGG).

2. Vornahmesachen

Verfahren, bei denen sich der Bürger gegen die Unterlassung oder Ablehnung einer beantragten Amtshandlung wendet, nennt man Vornahmesachen. Wenn Sie z.B. Arbeitslosengeld beantragen, so sind Sie daran interessiert, **möglichst frühzeitig** in den **Genuss** der **beantragten Leistung** zu gelangen. Unter Umständen kommt in solchen Fällen vor einer gerichtlichen Entscheidung im Hauptverfahren vorläufiger Rechtsschutz durch Erlass einer einstweiligen Anordnung in Betracht (§ 86b Abs. 2 SGG). Die Voraussetzung ist allerdings, dass ohne Erlass einer einstweiligen Anordnung **schwere** und **unzumutbare,** anders nicht abwendbare **Nachteile** entstünden, zu deren nachträglichen Beseitigung die Entscheidung in der Hauptsache nicht mehr in der Lage wäre. Eine Bewilligung von Arbeitslosengeld wird daher im Wege des einstweiligen Rechtsschutzes nicht in Betracht kommen, da die Möglichkeit besteht beim zuständigen Träger Grundsicherungsleistungen nach dem SGB II zu beantragen.

IV. Sonstige Rechtsbehelfe

1. Versäumnis von Fristen – Wiedereinsetzung

Waren Sie ohne Verschulden – infolge Krankheit, Unfall, Urlaub etc. – daran gehindert, die Widerspruchsfrist oder die Klagefrist einzuhalten, so kann Ihnen auf Antrag von der Agentur für Arbeit (bei Widerspruch) bzw. vom Sozialgericht (bei Klage) „Wiedereinsetzung in den vorigen Stand" gewährt werden. Damit wird Ihre Rechtsposition in den Stand der Dinge zurückgesetzt, wie er vorher bestand, so dass nunmehr der versäumte Widerspruch bzw. die versäumte Klage als rechtzeitig erhoben gilt. Widerspruch bzw. Klage müssen allerdings **innerhalb von zwei Wochen** (bei Widerspruch) bzw. **eines Monats** (bei Klage) nach Wegfall des Hindernisses (z.B. der Krankheit) erhoben werden. Nach einem Jahr seit dem Ende der versäumten Frist entfällt eine Wiedereinsetzung, es sei denn, es liegt höhere Gewalt (außergewöhnliche Ereignisse, Unruhen etc.) vor (§ 27 SGB X und § 67 SGG).

Entscheidend ist die **„unverschuldete Verhinderung"**. Bei Krankheit müssen Sie ernstlich erkrankt sein (ein grippaler Infekt reicht eher nicht aus, wohl aber eine plötzliche Blinddarmoperation), so dass Sie weder selbst handeln noch einen Bevollmächtigten beauftragen konnten. Das Gleiche gilt bei einem Unfall. Wer an dem Unfall schuld ist, spielt keine Rolle. Heikel ist die **Urlaubsfrage**:

Einerseits brauchen Sie keine besonderen Vorkehrungen für mögliche Zustellungen und Nachsendungen treffen, wenn Sie sich für **längstens sechs Wochen** anderswo aufhalten; andererseits müssen Sie besondere Vorkehrungen treffen, wenn Sie mit einer alsbaldigen **Zustellung rechnen** mussten. Die sechs Wochen sind keine starre Grenze; im Einzelfall kann ein längerer oder auch ein kürzerer Zeitraum angemessen sein. Was im einzelnen Fall jeweils vorliegt, kann strittig sein. Arbeitsüberlastung, mangelnde Rechtskenntnis oder falsche Fristberechnung entschuldigen jedenfalls nicht. Der Fall einer sechswöchigen Abwesenheit ist keineswegs theoretisch: sechs Wochen Urlaub ist auch bei einem Arbeitslosen nach Absprache mit seinem Arbeitsvermittler möglich.

Wollen Sie daher in jedem Fall sichergehen und die Frist wahren, so ist Ihnen jedenfalls im Inland und mit fester Urlaubsanschrift ein Postnachsendeantrag möglich oder – z.B. bei einem Urlaub mit wechselnden Urlaubszielen oder im Ausland – ein vorbereiteter Blanko-Widerspruch mit Unterschrift (Widerspruch nach obigem Muster), den eine Person Ihres Vertrauens nach Empfang und Öffnung der Post mit den Daten des Bescheids und des Zugangs vervollständigt und abschickt. In dem Widerspruch steht dann am Ende: „Begründung: (folgt nach Rückkehr aus meinem Urlaub)". Unterschrift (vor der Reise schon unterzeichnet).

Auf die gleiche Weise kann vorbeugend auch die Klage vorbereitet und eingereicht werden. Haben Sie einen Widerspruch bzw. eine Klage nicht vorbereitet und auch nicht mit alsbaldiger Zustellung rechnen müssen oder haben Sie aus anderen Gründen (z.B. wegen einer nachweisbar falschen Auskunft) unverschuldet die Frist versäumt, so müssen Sie innerhalb der zweiwöchigen Frist (bei Widerspruch) oder der einmonatigen Frist (bei Klage) **beide Rechtshandlungen** vornehmen: den Wiedereinsetzungsantrag und zugleich den Widerspruch bzw. die Klage. Dies geschieht im gleichen Schriftsatz, d.h. der Wiedereinsetzungsantrag wird an Ihren Widerspruch oder an Ihre Klage (Muster siehe S. 203, 207 f.) wie folgt angefügt:

> „Zugleich beantrage ich, mir wegen Versäumung der Widerspruchsfrist (oder Klagefrist)
>
> **Wiedereinsetzung in den vorigen Stand**
> zu gewähren.
>
> **Begründung:**
> Mein Urlaub betrug nach Absprache mit dem Arbeitsvermittler fünf Wochen und währte vom 6.4. bis 10.5.2020. Mit einer so schnellen Zustellung des Bescheids von der Agentur für Arbeit bereits in der ersten Urlaubswoche, nämlich am 8.4. 2020, musste ich nicht rechnen. Ein Nachsendeantrag war aufgrund wechselnder Campingplätze nicht möglich. Als Belege zur Glaubhaftmachung füge ich die Campingplatz-Quittungen bei. Meine Ehefrau, die mich begleitete, kann die Urlaubsfahrt und -dauer bestätigen. Da ich erst seit gestern wieder zurück bin,

ist durch den heutigen Widerspruch samt Wiedereinsetzungsantrag die Zwei-Wochenfrist eingehalten.
Unterschrift

Das Gleiche gilt für einen Wiedereinsetzungsantrag, der an eine verspätet eingereichte Klage angehängt wird, mit dem Unterschied, dass die Frist, das Versäumte nachzuholen, einen Monat beträgt.

Soweit Belege vorhanden sind (z.B. Krankenhausbescheinigung, Arztattest), sind sie beizufügen. Andererseits dürfen an die Glaubhaftmachung keine zu strengen Anforderungen gestellt werden. Unter Umständen genügt eine „schlichte" Erklärung, wenn es sich um einen nach der Lebenserfahrung nahe liegenden Versäumnisgrund (Urlaub in der allgemeinen Ferienzeit) handelt.

Beachten sollten Sie auch, dass Sie sich bei der Wiedereinsetzung **Verschulden** eines gesetzlichen Vertreters oder eines **Bevollmächtigten** anrechnen lassen müssen.

2. Antrag auf Rücknahme eines rechtswidrigen, belastenden Verwaltungsakts

Wenn Sie gegen einen Bescheid der Agentur für Arbeit keinen Rechtsbehelf einlegen, so wird dieser zunächst einmal für die Beteiligten **bindend.** Entsprechendes gilt, wenn ein Widerspruchsbescheid nicht mit Klage angefochten wird.

Eine in der Praxis **sehr wichtige Ausnahme** von diesem Grundsatz ist in § 44 SGB X geregelt. Diese Vorschrift ermöglicht die Durchbrechung der materiellen Bestandskraft eines rechtswidrigen nicht begünstigenden Verwaltungsakts:

§ 44 Abs. 1 SGB X bestimmt:

Soweit sich im Einzelfall ergibt, dass bei Erlass eines Verwaltungsaktes das Recht unrichtig angewandt oder von einem Sachverhalt ausgegangen worden ist, der sich als unrichtig erweist und soweit deshalb **Sozialleistungen zu Unrecht nicht erbracht** oder **Beiträge zu Unrecht erhoben** worden sind, ist der Verwaltungsakt, auch nachdem er unanfechtbar geworden ist, **mit Wirkung** für die **Vergangenheit zurückzunehmen.**

BEISPIEL: Die Agentur für Arbeit fordert von Ihnen im Hinblick auf eine zunächst nicht angegebene Nebenbeschäftigung teilweise erhaltenes Arbeitslosengeld zurück. Im Vertrauen auf die Richtigkeit des Bescheids unternehmen Sie hiergegen nichts und bezahlen den Rückforderungsbetrag. Monate später stellen Sie fest, dass sich die Agentur für Arbeit bei der Höhe der Rückforderung zu Ihren Ungunsten verrechnet hat. Nach § 44 Abs. 1 SGB X können Sie bei der Agentur für Arbeit beantragen, den früheren Bescheid aufzuheben und den zu viel bezahlten Rückzahlungsbetrag zu erstatten. Gibt diese Ihrem Antrag nicht statt, so können Sie gegen den ablehnenden Bescheid Widerspruch und gegen einen ungünstigen Widerspruchsbescheid Klage erheben.

Bitte bedenken Sie, dass Ihr **Anspruch** auf Arbeitslosengeld **erlöschen** kann, wenn Sie Anlass für den Eintritt von **Sperrzeiten** mit einer Dauer von insgesamt **mindestens 21 Wochen** gegeben haben (dazu siehe S. 123 ff.). Wenn Sie einen Sperrzeitbescheid erhalten, der in Verbindung mit einem früheren Bescheid die Summe an Sperrzeiten von 21 Wochen erreicht, so stellt sich gelegentlich die Frage, ob auch der frühere, zunächst nicht angegriffene Bescheid noch auf seine Rechtmäßigkeit hin überprüft werden kann. Dies ist grundsätzlich nach § 44 SGB X möglich. Wie das Bundessozialgericht entschieden hat, ist es hierfür nicht notwendig, dass Sie wegen der Überprüfung des früheren Bescheids ein gesondertes Verfahren nach § 44 SGB X bei der Bundesagentur für Arbeit einleiten. Es reicht aus, wenn Sie im Rahmen des Widerspruchs gegen den jetzigen Bescheid auch eine Überprüfung des früheren, bestandskräftigen Bescheids verlangen.

§ 44 SGB X ist eine **zentrale Verfahrensvorschrift** für Leistungsberechtigte und ihre Vertreter. Da Sie stets die Überprüfung eines belastenden Verwaltungsakts zeitlich unbegrenzt verlangen können und diese Überprüfung den Rechtsweg neu eröffnet, kennt das Sozialrecht – anders als etwa das Zivilrecht – praktisch keine materielle Rechtskraft. Allerdings müssen Sie berücksichtigen, dass die Rückwirkung in § 44 Abs. 4 S. 1 SGB X auf einen Zeitraum von **vier Jahren** vor der Rücknahme begrenzt ist.

Von dem Grundsatz des § 44 SGB X macht § 330 Abs. 1 SGB III teilweise eine **Einschränkung** zu **Lasten** des **Leistungsberechtigten:** Soweit die Unrichtigkeit des Bescheids auf einer Rechtsnorm beruht, die nach Erlass des Verwaltungsakts für unvereinbar mit dem Grundgesetz erklärt oder in ständiger Rechtsprechung anders als durch die Agentur für Arbeit ausgelegt worden ist, kommt eine Fehlerkorrektur **nur für die Zukunft** in Betracht, d.h. für die Zeit nach der Entscheidung des Bundesverfassungsgerichtes oder nach dem Entstehen der ständigen Rechtsprechung.

3. Untätigkeitsklage

Bleibt die Agentur für Arbeit auf Ihren Antrag hin untätig, so ist eine Untätigkeitsklage erst **sechs Monate** nach Antragstellung zulässig (§ 88 Abs. 1 SGG). Dieser Fall tritt in der Praxis nur selten ein. Anders sieht es mit der ausstehenden Entscheidung über einen von Ihnen eingelegten Widerspruch aus. Hierüber muss die Widerspruchsstelle binnen **drei Monaten** entscheiden (§ 88 Abs. 2 SGG). Die Untätigkeitsklage hat aber nur Erfolg, wenn die Behörde **ohne zureichenden Grund** nicht in angemessener Zeit entschieden hat. Als zureichenden Grund sehen die Sozialgerichte jedoch z.B. eine vorübergehende besondere Belastung der Behörde (z.B. wegen einer Gesetzesänderung) oder auch notwendige lang dauernde Ermittlungen bzw. die Einholung eines Gutachtens in einem schwierigen Fall an. Grundsätzlich ist allerdings zu sagen, dass Untätigkeitsklagen in der Praxis sehr selten zur Beschleunigung eines Verfahrens beitragen. Eine Nachfrage bei der Agentur für Arbeit ist ggf. eher von Erfolg gekrönt, da die Agentur für Arbeit auch selbst ein Interesse daran hat, Anträge rasch zu bearbeiten.

Muster für Untätigkeitsklage

Berlin, 30.7.2020
An das
Sozialgericht Berlin
Invalidenstraße 52
10557 Berlin

Klage
des Hans Berger, Albrecht-Dürer-Straße 15, 12623 Berlin – Kläger –
gegen
Bundesagentur für Arbeit,
vertreten durch den Vorstand,
dieser vertreten durch die Geschäftsführung der
Agentur für Arbeit I Berlin, Händelplatz 1, 12203 Berlin – Beklagte –
wegen
Zahlung von Arbeitslosengeld (Sperrzeit).
beantrage ich den Erlass folgenden Urteils:

1. Die Beklagte wird verurteilt, über den Widerspruch des Klägers vom 19.4. 2020 gegen den Bescheid der Beklagten vom 26.3.2020 zu entscheiden.
2. Die Beklagte trägt die dem Kläger entstandenen notwendigen außergerichtlichen Kosten.

Begründung:
Die Beklagte hat durch den genannten Bescheid den Eintritt einer Sperrzeit festgestellt. Ich habe hiergegen Widerspruch eingelegt. Trotz Erinnerung vom 31.5.2020 wurde über den Widerspruch bislang nicht entschieden. Die Beklagte hat überhaupt nicht reagiert und mir auch nicht mitgeteilt, warum eine Entscheidung noch nicht möglich sein soll.

Unterschrift
(Hans Berger)

4. Dienstaufsichtsbeschwerde

Dieser Rechtsbehelf ist **formlos** (ein einfacher Brief an die Geschäftsführung der Agentur für Arbeit genügt). Er ist **fristlos** zu jeder Zeit möglich, er ist jedoch keineswegs immer fruchtlos, wenn er sich auf seine Funktion beschränkt. **Die Dienstaufsichtsbeschwerde eignet sich nicht, wenn Streit über die Frage, ob, ab wann oder in welcher Höhe ein Anspruch besteht.** Im Einzelfall kann dieses Mittel allerdings dann geeignet sein, wenn es um die Art geht, wie man Sie behandelt hat. Beispielsweise könnte ein Mitarbeiter der Behörde zu Ihnen und anderen Antragstellern beleidigend, provozierend oder aggressiv sein. Wenn sich, was vorkommt, dabei die Beschwerden von verschiedenen Seiten häufen, so kann man sicher sein, dass den Vorfällen nachgegangen wird.

V. Bußgeld und Strafe

Hier geht es vor allem um wissentlich oder fahrlässig unterlassene, unrichtige, unvollständige oder verspätet **mitgeteilte Angaben.** In den Anträgen der Agenturen für Arbeit unterschreibt jeder Antragsteller am Ende die folgende oder eine inhaltlich ähnliche Erklärung:

> „Ich versichere, dass meine Angaben zutreffen. Änderungen werde ich unverzüglich anzeigen. Das Merkblatt 1 für Arbeitslose, und das Hinweisblatt aus Anlass der persönlichen Arbeitsuchendmeldung habe ich erhalten und von seinem Inhalt Kenntnis genommen."

Dass die Agentur für Arbeit bei Verstoß gegen eine der zahlreichen Mitwirkungspflichten (z.B. unterlassener Nachweis über die Höhe von Nebeneinkommen) und nach erfolgloser Abmahnung die Leistung bis zur Nachholung der Mitwirkung ganz oder teilweise versagen kann (§ 66 Abs. 1 und 3 SGB I) ist nur eine Seite der Medaille und dem Gesetzgeber nicht genug.

Zum einen droht jedem ein **Bußgeld** bis zu 5.000 €, der eine **Änderung** in den Verhältnissen, die für einen Anspruch für eine laufende Leistung erheblich ist, nicht, nicht richtig, nicht vollständig oder nicht unverzüglich anzeigt (§ 404 Abs. 2 Nr. 26, Abs. 3 SGB III, § 63 Abs. 1 Nr. 6, Abs. 2 SGB II i.V.m. § 60 Abs. 1 S. 1 Nr. 2 SGB I).

Zum anderen droht **Strafe** wegen Betruges demjenigen, der wissentlich bei der Antragstellung falsche oder unvollständige Angaben macht.

BEISPIEL: Studenten, welche bei der Arbeitslosmeldung die Frage im Antrag: „Besuchen Sie als Student eine Hochschule oder werden Sie in den kommenden Monaten eine solche Ausbildung beginnen oder fortsetzen?" bewusst falsch, d.h. mit Nein beantworten, müssen mit einem staatsanwaltschaftlichen Ermittlungsverfahren rechnen. Da Studenten nur unter bestimmten engen Voraussetzungen Arbeitslosengeld beziehen können (dazu siehe S. 21 ff.), ist solches Verhalten je nach Sachlage als versuchter oder vollendeter Betrug strafbar (§ 263 StGB).

Sind die Angaben **von Anfang an wissentlich falsch** oder unvollständig, so droht die **Versagung** der Leistung (vorübergehend oder endgültig, ganz oder teilweise) **und Strafe.** Werden dagegen **spätere Änderungen wissentlich** überhaupt nicht, falsch, unvollständig oder verspätet mitgeteilt, so droht neben der **Versagung** der Leistung wegen des **Zusammentreffens einer Ordnungswidrigkeit und einer Straftat** entweder eine Geldstrafe nach dem Strafgesetzbuch oder ein Bußgeld, wobei das Strafgesetz vorrangig angewandt wird. Wird jedoch eine Strafe nicht verhängt, so kann die Handlung als Ordnungswidrigkeit mit Bußgeld geahndet werden (§ 21 OWiG).

BEISPIEL: Bei einer Kontrolle nach dem Gesetz zur Bekämpfung von Schwarzarbeit wird auf einer Baustelle ein im Leistungsbezug stehender Arbeitsloser angetroffen, der seinen Nebenverdienst nicht gemeldet hatte. Vermögensschaden durch diesen Sozialleistungsbetrug: 1.000 €. Abgesehen von der Rückzahlung von Arbeitslosengeld ist mit dem Erlass eines Strafbefehls wegen Betruges zu rechnen.

Sachverzeichnis

A

B

F

G

H

I

J

K

V

W

Z

Klein
Eheverträge
Sicherheit für die Zukunft.
Rechtsberater
6. Aufl. 2020. 276 S. **NEU**
€ 19,90. dtv 51244
Auch als **ebook** erhältlich.
Neu im August 2020

Umfassend informiert zum Ehevertrag.

Eheverträge regeln die wirtschaftlichen Folgen einer Ehe. Wann aber ist ein Ehevertrag überhaupt sinnvoll? Gibt es **Vor- und Nachteile?** Welche **Gestaltungsmöglichkeiten** gibt es, um die Rechtsbeziehungen zwischen Eheleuten vertraglich zu regeln?

Dieser Rechtsberater gibt **wertvolle Tipps anhand von vielen Beispielsfällen und Mustern** für die Regelungen im Ehevertrag – vor Schließung der Ehe, während der Ehe und im Fall von Trennung und Scheidung.

Die anschauliche und verständliche Darstellung des Themas schafft schnell und sicher Klarheit. Berücksichtigt sind die aktuelle höchstrichterliche Rechtsprechung und die wichtigsten Änderungen bei Unterhalt, Zugewinn und Versorgungsausgleich sowie die neueste Düsseldorfer Tabelle.

Vorteile auf einen Blick:

- anschauliche und verständliche Darstellung des Themas
- mit vielen Beispielsfällen, Musterformulierungen und wertvollen Praxistipps sowohl für vorsorgende Eheverträge als auch für Trennungs- und Ehescheidungsfolgenverträge
- mit der aktuellen höchstrichterlichen Rechtsprechung und wichtigen neuen gesetzlichen Regelungen, einschließlich der EU-Güterrechtsverordnung

Der **Autor Michael W. Klein** ist Rechtsanwalt und Fachanwalt für Familienrecht.

Zimmermann
Ratgeber Betreuungsrecht
Hilfe für Betreute, Betreuer
und Angehörige.
Rechtsberater
11. Aufl. 2020. 335 S.
€ 21,90. dtv 51240
Auch als **ebook** erhältlich.

TOPTITEL

Schnelle Information zu betreuungsrechtlichen Fragen.

Dieser Rechtsberater informiert umfassend über Rechte und Pflichten der Beteiligten bei einer Betreuung. Beantwortet sind alle wesentlichen Fragen zum Betreuungsrecht, u. a.:

- Wann und wie wird ein Betreuer bestellt?
- Was kann ich mit einer Patientenverfügung regeln?
- Welche Kosten entstehen und wer muss sie tragen?

Alle Vorteile auf einen Blick:

- Praxisnahe Beispiele, tabellarische Übersichten und Lösungsvorschläge
- Änderungen im Verfahrens-, Vergütungs- und Unterbringungsrecht werden berücksichtigt

Der Autor **Prof. Dr. Walter Zimmermann** ist Vizepräsident des Landgerichts Passau a. D. und Honorarprofessor für Bürgerliches Recht und Zivilprozessrecht an der Universität Regensburg.

Schaub/Koch
Arbeitsrecht von A–Z
verständlich, übersichtlich, klar
Rechtsberater
24. Aufl. 2020. 808 S.
€ 19,90. dtv 51238

TOPTITEL

Arbeitsrecht in rund 350 Stichworten.

Mit diesem Lexikon erfahren Sie in rund 350 Stichworten leicht verständlich, was Sie vom Arbeitsrecht wissen sollten. Die Stichworte geben mehr als eine erste Orientierung. Dargestellt ist **das gesamte Arbeitsrecht** von der Begründung bis zur Beendigung des Arbeitsverhältnisses. Zusätzlich werden viele Randgebiete behandelt, wie zum Beispiel Arbeitsvermittlung, Arbeitslosenversicherung, Ausbildungsförderung, Lohnpfändung und Lohnsteuerrecht. Einen weiteren Schwerpunkt bildet das Recht besonderer Gruppen von Arbeitnehmern, etwa von Jugendlichen, schwerbehinderten Menschen und Heimarbeitern.

Für die Neuauflage haben die Autoren neue Stichworte ergänzt und die bestehenden hinsichtlich Rechtsprechung und Gesetzgebung komplett überarbeitet. Behandelt werden u. a. Schlagworte wie **Arbeit 4.0,** Entgelttransparenzgesetz und aktuelle Entwicklungen im **Datenschutz und Teilzeit- und Befristungsrecht.**

Die Verfasser

Prof. Dr. Ulrich Koch ist Vors. Richter am Bundesarbeitsgericht in Erfurt und Honorarprofessor an der Universität Göttingen. Als Autoren sind weiter beteiligt: RiBAG Dr. Martina Ahrendt, VorsRiBAG a.D. Prof. Klaus Bepler, VorsRiBAG a.D. Dr. Mario Eylert, VorsRiBAG Edith Gräfl, RiBAG Oliver Klose, Vizepräsident des BAG Dr. Rüdiger Linck und RiBAG Dr. Sebastian Roloff.

Sozialleistungen

SGB II/SGB XII · Grundsicherung für Arbeitsuchende – Sozialhilfe
u. a. mit den neuen Vorschriften der Sozialhilfe (SGB XII) und der Grundsicherung für Arbeitsuchende (SGB II), einschließlich dem Angehörigen-Entlastungsgesetz.
Textausgabe TOPTITEL
16. Aufl. 2020. 861 S.
€ 16,90. dtv 5767

Kreitz/Theden/Weiß
Arbeitslosengeld II · Hartz IV von A–Z
Hilfe für Betroffene in über 300 Stichworten.
Rechtsberater
2. Aufl. 2017. 351 S.
€ 16,90. dtv 50797
Auch als **ebook** erhältlich.

Hüttenbrink/Kilz
Sozialhilfe und Arbeitslosengeld II
Hilfe zum Lebensunterhalt (Hartz IV), Grundsicherung, sonstige Ansprüche (z. B. Hilfe zur Pflege), Verfahren, Verwandtenregress.
Rechtsberater
13. Aufl. 2018. 276 S.
€ 12,90. dtv 50737
Auch als **ebook** erhältlich.

Mit vielen Checklisten, Beispielen und Muster-Berechnungen. Mit den neuen Regelsätzen aus dem Hartz-IV-Kompromiss, dem neuen Schulpaket und vielen aktuellen Urteilen.

Sozialversicherung, sonstige Versicherungen und Altersvorsorge

SGB · Sozialgesetzbuch

Sämtliche Bücher des Sozialgesetzbuches (I bis XII) sowie Sozialgerichtsgesetz.

Textausgabe **TOPTITEL**
49. Aufl. 2020. 2171 S. **NEU**
€ 19,90. dtv 5024
Neu im Mai 2020

SGB V · Recht des öffentlichen Gesundheitswesens

Textausgabe **TOPTITEL**
21. Aufl. 2020. 1221 S. **NEU**
€ 25,90. dtv 5559
Neu im Juni 2020

Mit zahlreichen Gesetzen und Verordnungen aus dem Rechtsgebiet des öffentlichen Gesundheitswesens. Enthalten sind u. a. Vorschriften zur vertragsärztlichen Versorgung (BÄO, MBO-Ä, PsychThG und Ärzte-ZV), zum Krankenhausrecht (KHG, KHEntgG), zur Heilmittelversorgung (MPhG, PodG, ErgThG), zur Hilfsmittelversorgung (HwO, MPG) und zur Arzneimittelversorgung (AMG, AMPreisV und ApoG).

VersR · Privatversicherungsrecht

Textausgabe **TOPTITEL**
26. Aufl. 2020. 675 S.
€ 14,90. dtv 5579

Der Band enthält die wichtigsten Bestimmungen des Privatversicherungsrechts. Mit Versicherungsvertragsgesetz, Versicherungsaufsichtsgesetz, Pflichtversicherungsgesetz, VersicherungsvermittlungsVO, Auszügen aus BGB, EGBGB, HGB und GewO und weiteren Vorschriften.

SGB XI · Soziale Pflegeversicherung

Textausgabe
13. Aufl. 2017. 716 S.
€ 21,90. dtv 5581

Bitte neu aufnehmen: Die Textsammlung umfasst alle wichtigen Vorschriften rund um das Recht der sozialen Pflegeversicherung. Enthalten sind u. a. das SGB XI, SGB I und SGB IV, das SGB V, VI und XII in Auszügen sowie das Pflegezeitgesetz und das Familienpflegezeitgesetz.